古代氏族の研究⑨

吉備氏

桃太郎伝承をもつ地方大族

宝賀寿男

青垣出版

目次

資料編

装幀／松田　晴夫（クリエイティブ・コンセプト）
見返し写真／古代山城鬼ノ城の復元角楼（岡山県総社市）

一　序説

吉備氏とはなにか―本書の目的

岡山県から広島県東部にかけての吉備地方（備前・備中・美作・備後の四国）に四、五世紀代に広く大勢力をもったのが、皇別を称した吉備氏である。その勢力のほどは造山・作山という巨大古墳や吉備各地の数多い古墳でも窺われる。地方では、出雲や東国の毛野と並ぶ有力地方豪族として大きく発展し、大和王権の伸張動向に応じて、ときに列島平定事業や中央政局にも関与した。その結果、五世紀後半の雄略朝では畿内王権からの討伐の対象にもなってしまい、その後は大きく衰えた。奈良時代には、中央の官人として吉備一族から出て高官となった吉備真備などの活動で見える。これも、平安前期以降では政治的にあまり大きな役割を果たさず、平安後期まで下級官人で見えるものの、その後はどこに消えたのか殆どが不明である。中世では、吉備などにいくつかの祠官家が知られる程度で、族裔の武家でも目立った動きが見えず、有力な戦国大名も幕藩大名も出さなかった。

本シリーズでは、これまで、和珥氏からはじまり物部氏まで中央の古代氏族を合計で八氏取り上げ、検討を加えてきた。これまで取り上げた古代氏族により、いわば横糸的に上古代からの歴史動向を具体的にチェックしたが、歴史の大きな流れのなかで体系的に整合性をなしていた。その意味で、これで一段落ついた感もないでもないが、このあと幾つかの氏族を取り上げれば、上古史検討も全体像をほぼカバーするのではないかという認識もあった。そうしたなかでは、中央では紀氏や鴨関係氏族がまだ残り、地方では出雲氏が残るが、後者は拙著『越と出雲の夜明け』でその初期段階の動向を見た。これらを除くと、地方豪族では吉備氏、毛野氏や尾張氏がまだあり、渡来系の豪族では秦氏、漢氏や朝鮮系諸氏があげられよう（この辺は順次、当シリーズで取り上げることを考えたい）。

最近、古代氏族シリーズのなかで吉備氏を取り上げないのかという声もいくつか聞き、おりから検討の必要性を感じていたところでもあって、本書で取り上げる。吉備氏研究については、最近、めぼしい動きがさほどあるわけではないが、といってその研究が十分な実態解明に至っているかは、極めて疑問でもある。なぜか「邪馬台国吉備説」という主張もあって、特殊器台形埴輪が集中する吉備と大和との密接な関連性もある。だから、上古史解明のためにも、この重要地域をしっかり検討し、追求していきたい。

実のところ、吉備氏はその始祖以来の系譜などで、たいへん難解な古代氏族である（個人的な実感では、古族中で最難関の一つではないか）。戦後の古代史学界では、津田史学の影響で応神天皇より前の時代の文献研究を切り捨て気味に等閑視してきたこともあって、吉備氏関係の研究者の数があまり多くない。しかも、それが岡山の地元にほぼ限定されており、これまでの研究・論考の数はかなり多くあっても、ある意味偏りないしは誤解のある見方をもって、把握・対応されてきたのではないかとみられる事情もある。

私自身も二十数年まえに書いた草稿を読み返したところ、吉備氏絡みのいくつかの誤りに気づいてきた。記紀や『姓氏録』あたりの吉備氏関係記事でも、成立時点で既に大きな改編をうけている可能性がある。これら諸事情からも、吉備氏は様々な意味で誤解を招きやすい氏族である。現存の史料もあまり多くないうえに、実態把握が難しいものも多い。これまでの体験からいうと、文献ばかりではなく、祭祀や考古学的研究などを総合的に適切に組み合わせて行う必要性がある氏族は、他に殆どない。それなのに、それがなされてこなかったし、吉備氏に関する「氏族系譜」の研究も乏しい。このため、吉備氏一族についての諸問題が適切に解決されておらず、それで済ませてよい位置づけでもない。

本書では、新たな目で史料等を総合的に踏まえて行った検討の結果を示したい。これまでの見方からは多少とも違和感を感じる面もあるかもしれないが、合理的総合的な歴史体系のなかで冷静に拙論を読み、ご理解・ご批判をいただけたらと思う次第でもある。

吉備氏の概観

吉備地方は瀬戸内海沿岸部で、陸路・海路の交通の要衝を占めてきた。しかも、かなり広い平野部をもち（上古では海湾部のなかに含まれた地域もかなりあるが）、美作も含めて鉄資源が豊かだったから、この地に育まれた古代豪族が強大になる基盤は十分にある。地域の名をうけた吉備氏は、早く四世紀前半ごろから活動が見えており、五世紀代にはおおいに繁栄し、そして著しく衰えたものの、その後も細々ながら存続し、平安時代中期以降では次第に歴史のなかに埋没していった。ここでは、まず吉備氏についての概観を見ておく。

戦後の古代史学界では総じて否定されがちであるが、記紀等の記事では、当初期の吉備の勢力拡大は、大和王権の勢力圏伸張と軌を一にする。これは地方豪族では珍しいと言えよう（美濃西部の

備前一宮の吉備津彦神社（岡山市北区一宮）

豪族も実質的にそうした動きをするが、蔭に隠れた形で史料には端的に見えない）。

すなわち、崇神天皇のときに全国四道に向けて大和王権が将軍を派遣して、それぞれの地方の平定を行ったとき、吉備津彦兄弟は播磨を基盤に吉備平定にあたり、その後の出雲討伐にも関与した。次ぎに、景行朝の倭建命の遠征では、吉備武彦一族は東征に随従して、経路上の駿河中央部の盧原《いおはら》や越前南部の角鹿（敦賀）などに一族を遺した。景行天皇の皇后や倭建命の妃が吉備一族から出たという通婚伝承もある。一族の鴨別命が神功皇后の九州遠征に随ったともいう。このように、大和王権のもとにあって、吉備氏は日本列島の統一事業と王権の発展・拡大に寄与した。応神天皇は妃・兄媛の兄・御友別の居る吉備に行幸して、その子弟一族を各々、吉備五県に封じた、と伝える。吉備地方に設置された国造については時期・数などに諸説あるが、吉備氏一族はそのいくつかの枢要な国造を占め、主要な氏には備前の上道臣、三野臣、備中の下道臣、賀陽臣、笠臣などがあった。

大和王権との関係では吉備地域は、半独立ないし独立性をもったとみる説もある。吉備の平野の農業生産力に加え、特産の塩・鉄の管掌もあって吉備氏は巨富を築き、それが、墳丘部の長さの規模では、史上を通じて全国十位のなかに二つも入る巨大古墳、造山古墳（全国第四位の前方後円墳）・作山古墳（同、第九位ほど）やその他多くの古墳など築造した基礎ともなった。四世紀後葉になると、大和王権は朝鮮半島南部まで勢力を進展させ、吉備氏もこれに従って韓地に行き、軍事・外交に活動する者を出した。

五世紀後半頃の雄略朝になって、「吉備氏の反乱」とされる事件が相次いで起こった。主に『日本書紀』の記述によれば、雄略朝期に吉備下道臣前津屋《さきつや》や、吉備上道臣田狭《たさ》の反乱が相次いで起き、雄略崩御の後（書紀紀年では上記両者の反乱から十六年後）には吉備稚姫を母とする星川稚宮皇子に与して吉備が反乱の動きを見せた。これら数度にわたる「反乱」について、後世の造作ないし潤色という説もあるが、現実に政治動向のなかで吉備氏は勢力を次第に削がれていき、築造される古墳の規模が小さくなる（横穴式石室の大きさからいうと、それほどの衰えはないという見方

全国第４位の巨大古墳・造山古墳（岡山市北区新庄下）
＝岡山県古代吉備文化財センター提供

もあるが）。それとともに、六世紀中葉には白猪屯倉などの朝廷の屯倉も吉備地方におかれたから、五世紀後半以降、吉備氏の朝廷従属度が強まったことは否定できない。なんでも造作とか反映とかとみる歴史の見方は疑問が大きい。

それでも、天武十三年（六八四）の八色之姓の制定では、吉備から下道臣と笠臣の二氏が朝臣姓を与えられた。奈良時代には、正二位右大臣の吉備真備、従三位尚蔵の吉備由利の姉弟や従四位上吉備国造の上道斐太都（後に正道に改名、朝臣賜姓）など、朝廷の高官や国司に任じて活躍する者も出た。平安前期の『新撰姓氏録』では、下道臣系統で真備大臣の後が吉備朝臣、支族で河内の岡田毘登の後が吉備臣であげられるなど、畿内在住の一族諸氏が記載される。平安期では、賀陽氏や笠氏の一族が中央・地方で活動するものの、特筆される動きはなく、平安中期以降の下級官人に笠・上道・賀陽の諸氏が僅かに見える。

中世になると、吉備一族で存続するのは吉備津神社などの祠官関係者が多く、臨済宗の開祖栄西も吉備津神社社家の賀陽氏の出身であった。有力な中世武家も殆ど出ず、吉備氏の族裔とみられるのが平家家人として名が見える妹尾氏や小田郡の大族陶山《すやま》氏くらいであった。戦国大名や近世の幕藩大名などになる有力武家を出すこともなかった。

吉備氏族関係の系図史料

吉備氏一族からは平安中期以降は有力な中央官人も中世武家も殆ど出ず、その活躍が見られない。そのため、一族後裔の系図が『尊卑分脈』に掲載されず、『群書類従』にも見えない。吉備氏の上古代の部分の系譜については、記紀、『旧事本紀』や『姓氏録』にかなり断片的な記事が見えるくらいである。

吉備津神社の神主家で近代まで続いた賀陽氏も、本宗の神主家が戦国時代末期に断絶している。その支庶家が残ったものの、本宗家の鎌倉期以降の系図には混乱がある。祠官として長く残った三野臣氏の系統では、東大史料編纂所に備前一宮の『吉備津彦神社神主系図』（大守隆智原蔵、岡山県津高郡一宮村）があるが、これは戦国末期以降の神主家大守氏の系図である。若狭の笠朝臣姓祠官家の系図『牟久系図』は平安期からのものにすぎない。

管見に入った吉備氏族の古代部分については、栗原信充の『玉簾』のなかに「吉備朝臣系図」（無窮会文庫蔵）という初期部分の簡単な系図があり、郷土史家の永山卯三郎（生没が一八七五～一九六三年。倉敷市に「玄石文庫」を遺した）が編著の『岡山県通史』（上・下で、一九三〇年刊、一九七六年復刻）には賀陽氏の系図が三種、掲載される（これと同系の「賀陽氏本系畧」「賀陽氏家牒畧」が明治元年十月の『吉備津彦神社書上』のなかにある）。

明治に系譜の収集・研究に精力的な活動をした鈴木真年・中田憲信関係の系譜史料のなかでは、吉備氏一族諸氏はかなり数の系図が見える。なかでも最も詳細そうなのが、中田憲信編『諸系譜』の第十三冊に所収の「吉備氏、妹尾氏」（鈴木真年本など）や「賀陽氏家牒略写」であり、同第一冊には「笠朝臣」及び「三野臣」がある。皇族の総括系図ともいうべき『皇胤志』の吉備氏部分も参考になる。これら以外では、鈴木真年編著の『百家系図』の巻十七に「吉備氏」、同巻二八に「矢掛」、同じく『百家系図稿』には巻一に「菴原公系図」、巻二に「角鹿直系図」、巻五に「妹尾系図」、巻九に「春庭宿祢系図」、巻十に「横尾系図」と吉備一族諸氏が見える。利波臣に関する『越中石黒系図』もある。

こういったところが現存吉備氏関係系図の概観で、今までのところ、吉備氏族についての古代及び中世の部分に関する主要な吉備氏の後裔諸氏（後裔と称する氏も含む）について管見に入ったもののほぼ全てである。だから、太田亮博士の目にとまったものも少なく、『姓氏家系大辞典』では簡単な系図しか記されない。これら系譜や所伝が内容的にかなりマチマチでもあって、記紀や『新撰姓氏録』、各種文献資料などと比較検討しつつ、全体として整合性のある合理的理解に努めなければならない。全国には吉備氏とは別流・別系統のように伝える一族の系図もありそうである。この辺にも十分留意していきたい。

第１図　初期吉備氏の概略系図

※掲載順は兄弟順とは異なるものあり

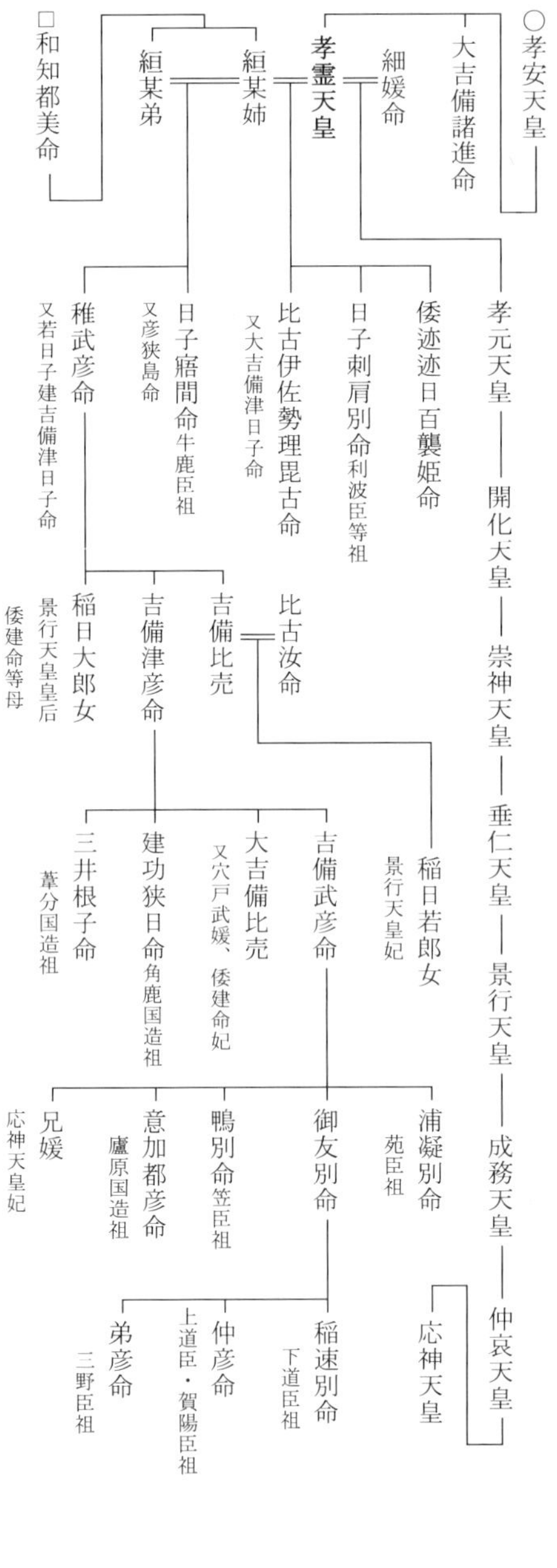

本書の流れや記事を理解していただくために、上記の吉備氏部分等を踏まえて、初期の吉備氏について比較的通行する系図の概略（主に『姓氏家系大辞典』に拠る）を先ずあげた。この第1図が従来認識された所伝系図の一応の目安であって、吉備氏の史実原型を考えればかなり疑問がある。本書での検討の叩き台ということであり、巻末では吉備氏族を検討後の系譜（推定を含む試案。第3図）もあげることにしたい。

吉備氏及び同族を称する諸氏と吉備地方についての主な研究

吉備氏は、上古代では全国的な活動をしたとはいえ、基本的に地方氏族でとどまったから、その氏族研究の研究者や論考は、これまで地元に比較的多い形で限定される傾向があり、そのうえ総じてあまり多くはない。岡山・広島県の地元には、研究者がかなり多くおられるなか、岡山大学の藤井駿氏（吉備津神社社家の出）や吉田晶氏などが文献研究の代表的な存在としてあげられ、その地位等から両氏の発言力は比較的大きなものであった。しかし、この分野でのこうした主流派の学説が妥当かどうかは別問題であり、これらを含めて地元研究者の論述には、総じて誤解が多いように私には思われる。これら諸研究や『岡山県史』などにかかわらず、戦前主体の永山卯三郎（生没が一八七五〜一九六三）の著作・研究はもっと見直されてよいのではなかろうか（薬師寺慎一氏にも同旨の見解が見られる）。

吉備氏に関連しそうな海神族系の動向や広く朝鮮半島や出雲の方面、あるいは一部に全国的な展開を見せる同族諸氏まで吉備氏の範囲を拡げると、これら研究もいくらかある。ともあれ、多くの系図史料にあたったはずの太田亮博士の見解を見ても、吉備氏についてはかなり多くの誤解がある。本書で改めて検討してみて、私自身でも過去の誤解をいくつか認めざるをえない。様々な意味で、吉備氏研究にあっては、その原型ないし実態の探索は複雑で困難なことが多く、その解明にはほど遠いのが現状ではないかとみられる。

吉備氏研究を管見に入った主なところで見ていくと（順不同）、氏族研究でいうと、太田亮博士『姓氏家系大辞典』のキビとカミツミチ・シモツミチ・カサなどの一族・諸氏のほか、ミワ・カモなどの条や、佐伯有清氏の『新撰姓氏録の研究』の関係記事などがある。祭祀・社寺関係では、『式内社調査報告』『日本の神々』『気比宮社記』などや、難波俊成氏の「吉備における産土神の一考察」（『倉敷の歴史』二所収。一九九二年）、神野力氏の『おかやまの古寺巡礼』（一九八四年刊）、村上正名氏の『備後の社寺』（一九八七年刊）など、がある。

個別の著作・論考、刊行物は多数あって網羅しがたいが、主なものは次のとおり。

志田諄一氏の「吉備臣」（『古代氏族の性格と伝承』所収。一九七一年）、永山卯三郎の『岡山県通史』（一九三〇年刊）及び『吉備郡史』（一九三七年刊。一九七一年復刻）、門脇禎二氏の『吉備の古代史』（一九九二年刊）、門脇禎二・狩野久氏等の『古代を考える　吉備』（二〇〇五年刊）、岩本次郎氏の「古代吉備氏に関する一考察」（『ヒストリア』二六所収。一九六〇年）、藤井駿氏の『吉備地方史の研究』（一九七一年刊）及び『吉備津神社』（一九七三年刊）、「加夜国造の系譜と加陽氏について」（『岡山大学法文学部学術紀要』二所収。一九五三年）、「古代史上の吉備の児島」（『西田先生頌寿記念　日本古代史論集』一九六二年）など、吉田晶氏の『吉備古代史の展開』（一九八八年刊）及び「吉備地方における国造制の成立」を含む『日本古代国家成立史論』（一九七三年刊）、「吉備氏伝承に関する基礎的考察」（『岡山の歴史と文化』所収。一九八三年）、「吉備一族の消長と海部」（『古代日本の豪族』所収。一九八八年）、「古代邑久地域史に関する一考察」（『岡山県史研究』第七号。一九八四年）、「吉備からみた大和」（『図説検証原像日本3』所収。一九八八年）など多数、直木孝次郎氏の「吉備の渡来人と豪族」（『岡山の歴史と文化』所収。一九八三年）や「吉備氏と古代国家」（『古代日本の豪族』所収。一九八八年）など、西川宏氏の『吉備の国』（一九七五年刊）、『岡山と朝鮮』（一九八二年刊）及び「吉備の王者とその舞台」（『古代の日本4　中国・四国』一九七〇年）、「吉備政権の性格」（『日本考古学の諸問題』、一九六四年）、「吉備の諸氏と近畿政権」（『月刊　歴史読本』一九八六年十月号の「特集　古代豪族と天皇家の興亡」）、松原弘宣氏の「畿内王権の成立と瀬戸内海支配」等を含む同氏編の『古代王権と交流　六』（一九九五年刊）、など。

さらに少し古くから更に見ていけば、山内洋子氏の「古代地方豪族の中央進出」（『九州史学』八号。一九五八年）、中山薫氏の「笠氏についての一考察」（『岡山史学』十五。一九六五年）及び「吉備国と吉備大宰について」（『続日本紀研究』一二七号。一九六五年）、大橋信弥氏の『「吉備氏反乱伝承」の史料的研究」（『日本史論叢』三。一九七三年）、鳥越憲三郎氏の『吉備の古代王国』（一九七四年刊）、中西洋子氏の「吉備氏伝承の発生基盤」（『國學院雑誌』六八巻三号。一九六七年）、三品彰英氏の「上代における吉備氏の朝鮮経営」（『朝鮮学報』三六輯。一九六五年）、前川明久氏の「吉備の反乱」（『雄略天皇とその時代』所収。一九八八年）志野敏夫氏の「古代の吉備における加耶について」（『岡山理科大学紀要』第三五号。一九九九年）、湊哲夫氏の「吉備と伊予の豪族」（『新版古代の日本第四巻　中国・四国』所収。一九九二年）及び「地方連合王国の解体―吉備臣」（『月刊　歴史読本』一九九〇年三月号臨時増刊の「特集　古代豪族総覧」）、出宮徳尚氏の「吉備氏」（『月刊　歴史読本』二〇一一年八月号の「特集　古代豪族の正体」。後に再編集して『古代豪族のルーツと末裔たち』という名で新人物文庫に刊行）及び「吉備津彦伝承と造山古墳」（『吉備されど吉備』所収。二〇〇〇年）、「吉備の古代山城試論」（『考古学研究』

二五―二。一九七八年）など、石井英雄氏の「上代地方豪族吉備氏に関する一考察」（『白山史学』六・七通号。一九六〇年）、平野邦雄氏の「吉備氏と和気氏」（『古代の日本4　中国・四国』所収。一九七〇年）、高見茂氏の『吉備王国残照』（一九九二年刊）、間壁忠彦・葭子夫妻の『古代吉備王国の謎』（一九七二年刊）及び『吉備古代史の未知を解く』（一九八一年刊）、薬師寺慎一氏の「古代備中国の中枢部と秦氏」（『東アジアの古代文化』九五号。一九九八年春）及び『祭祀から見た古代吉備』（二〇〇三年刊）、『岡山の式内社』（二〇一〇年刊）、黒住秀雄氏らとの共著『古代日本と海人―長江・隼人・吉備ルート』（一九八九年刊）、近藤喜博氏の「笠氏の古伝承」（『伝承文学研究』五・六号。一九六四年）、立石定夫氏の『美作立石一族』（一九八六年刊）、小野里了一氏の「「吉備臣」氏の系譜とその実像」（『日本古代の王権と地方』所収。二〇一五年）等もある。

山陽新聞社編で『古代吉備国論争（上・下）』『古代吉備をゆく』（ともに一九七九年刊）及び『古代吉備国』（一九八八年刊）があり、『岡山県史』（古代関係は吉田晶氏が執筆）などの県史や関係各市町村史がある。このほかの吉備同族諸氏についての研究は省略する。

考古学関係は著作・論考が多いので、管見に入った主なものだけあげると、春日秀爾氏の「造山・作山古墳とその周辺」（『岡山の歴史と文化』所収。一九八三年）、葛原克人氏（もと岡山県立博物館館長）の『吉備考古論考集』（二〇一一年刊）及び「前方後円墳時代」（『岡山県史』原始・古代I。一九九一年）、村上幸雄・葛原克人両氏の編『古代山城・鬼ノ城を歩く』（二〇〇二年刊）、『吉備の古墳　上・下』（二〇〇〇年刊。上は乗岡実編、下は葛原克人・古瀬清秀編）、近藤義郎氏（岡山大学名誉教授）の「吉備の考古学」（『えとのす』二四・二五号。一九八四年）及び『吉備考古点描』（一九九〇年刊）など、近藤義郎・河本清編『吉備の考古学　吉備世界の盛衰を追う』（一九八七年刊）、高橋護氏の「吉備と古代王権」（『古墳と地方王権』

所収。一九九二年)、保育社の「日本の古代遺跡」シリーズ23の『岡山』(間壁忠彦・葭子共著、一九八五年刊)・『広島』(脇坂光彦・小都隆共著、一九八六年刊)、宇垣匡雅氏の『吉備における古墳時代の政治構造』(二〇〇八年刊)及び『両宮山古墳』(二〇〇六年刊)、など。

人物関係では、宮田俊彦氏の『吉備真備』(一九六一年刊)、平野邦雄氏の『和気清麻呂』(一九八六年刊)、多賀宗隼氏の『栄西』(一九六五年刊)などの人物叢書のシリーズもあり、米田雄介氏が『古代国家と地方豪族』(一九七九年刊)で真備・清麻呂及び利波臣氏を取り上げる。以上を含め、吉備の歴史を通観するためにも、『岡山県の歴史』(山川出版社、二〇〇〇年刊。原始・古代は狩野久氏、中世は竹林榮一氏が執筆)も参考になる。

関連する桃太郎伝承については、柳田国男の「桃太郎の誕生」や前田晴人氏の『桃太郎と邪馬台国』(二〇〇四年刊)、臼井洋輔氏らの

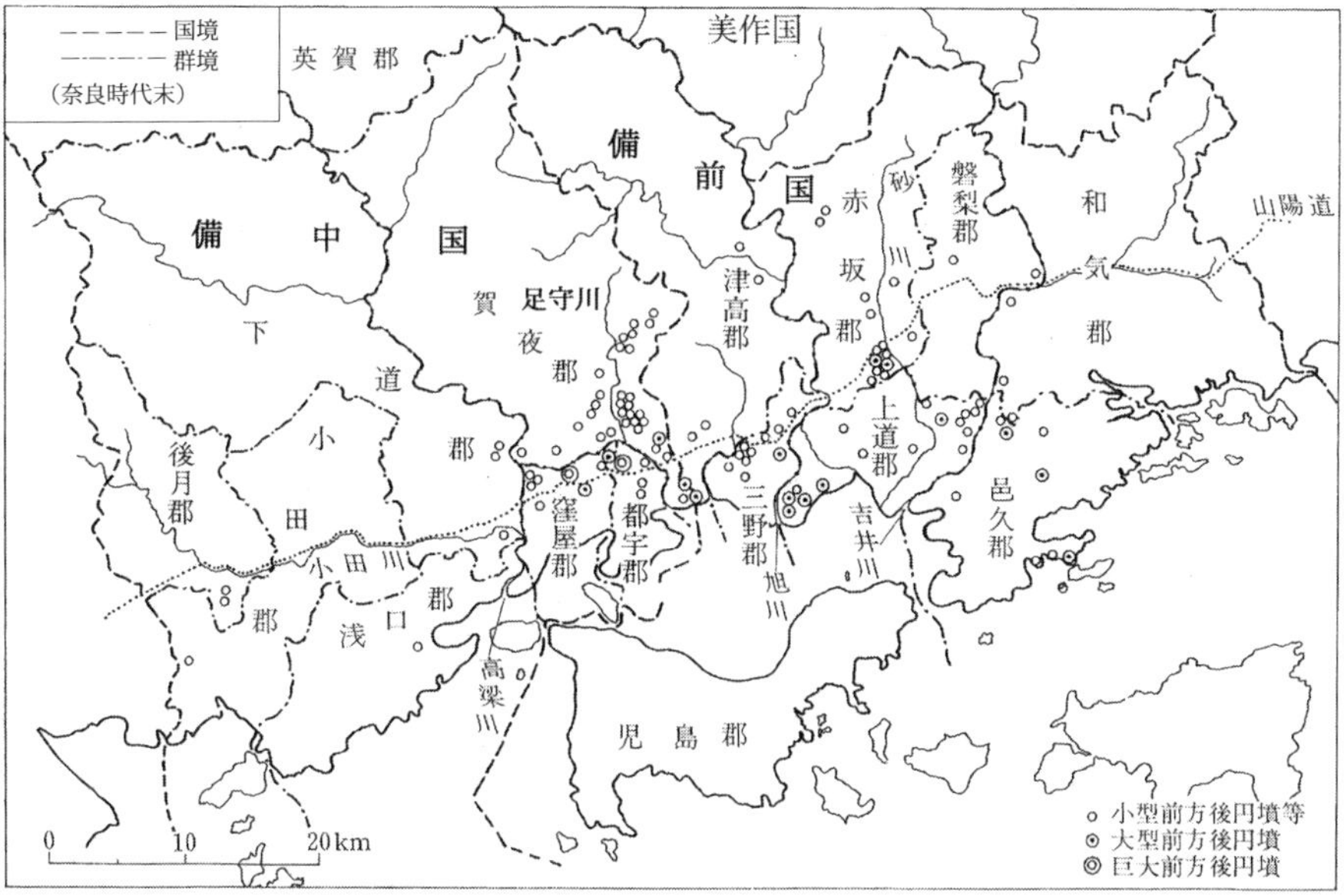

吉備地方中心地域の諸郡配置(出宮徳尚氏作成の「古墳時代前半期前方後円墳等分布図」を基礎とする)

著『桃太郎は今も元気だ』（二〇〇五年刊）をはじめとして数多くの研究・紹介があるが、殆どが歴史研究の立場では取り上げていない面があるので、これら以外の関係書掲載は省略する。

（これら著作・論考の出版元・所収の書など詳細情報は、最近では図書館等でのネット検索が可能であり、ここでは省略する。上記の年は、論考初出の年というよりは、主に所収本の刊行年を記した）

吉備氏については、その実態の系譜や関連する諸氏族を考えると、祭祀傾向や伝承などを含めて、その始源には遠く神統譜まで絡むことに留意したい。そのため、神話的な伝承もあながち否定できない。それとともに、記紀の記事についても後世の改編を十分考える必要性がある。だからといって、古代史料や関係系譜の記事の史実性を簡単に否定しては問題が大きい。その場合、伝承はもちろん、地名や神名・人名などについても、記事をあまりに素朴に受けとりすぎると、かえって混乱して誤解を生じかねない。自らの理解が及ばないことを、後世の造作や創出だと逃げ込むべきではなく、津田博士亜流関係者による造作論あるいは反映説という観念論では、吉備氏と関連諸族の総合的な実態解明や古代史研究の立証に役立つはずがないことに留意される。

吉備氏と同族諸氏に関する問題点（順不同）

吉備氏について最も大きい問題点と思われるのが、吉備氏はいつ頃に始まり、その系は一系で諸氏は皆、同族か（吉備氏が単一氏族か）、その祖先は誰かという問題点である。

この氏は吉備津彦兄弟という複数者を氏の始祖とする特殊事情があって、こうしたことは毛野以外の他の古代氏族に見えないから、この辺も解釈に注意を要する。そのうえ、吉備氏と大和王権や播磨の関係、古代からの吉備の祭祀・考古遺物など、考古学の観点を十分踏まえて、上古史解明の観点からは整理されるべき重要な点がかなり多い。これらの把握がこれまでいい加減な感もあり、論ずる研究者には総じて古代氏族系譜の知識が乏しい面もあるから、肝腎の吉備氏の系譜が的確に理解できていない。長年見てきた筆者が感じるのはこの点である。古代氏族にあっては、一族に大別して二系があって、これを中心に複数の系列で長くつながる例など殆どないから（上記の毛野氏の場合は例外か）、こうした問題点をもつだけ、吉備氏は古代でも特殊な存在であった。

その他、個別の問題点は多く、主な問題を順不同で以下に列挙すると次のとおり（本書でこれらをどこまで解明できるかという課題があり、本書を読むうえでの主な問題意識にもなる）。

○吉備氏の先祖は誰だったか、「吉備津彦」とは何者か。その同名異人が史料に見えるのか。実際に孝霊天皇など天皇（大王）家の後裔だったか。

○神武東征時に吉備はどう対応したのか。神武は吉備地方をどのように使ったのか。

○弥生時代の吉備の開発者はどのようなものか。吉備の「鬼」とされる温羅とは何者か。百済など韓地と所縁があったのか。岡山の鬼ヶ城の造成年代は何時だったか。関連して、吉備氏は秦氏ないし渡来系の流れか。

○「桃太郎」伝説の意味するものは何か。その随従者「犬、猿、雉」の子孫はいるのか。

○吉備と出雲との関係はどうだったのか。「出雲建討伐」に吉備は関与したのか。

○吉備氏は一系かあるいは二系か。異氏との族的結合、「系譜の擬制的結合」という形態はあったのか（有力首長の同盟ないし連合関係にある政治結合か）。吉備氏同族と称する諸氏に実態的な同祖関係は本当にあったのか。記紀に見える吉備氏の三種類ほどの氏族系譜について整合的、合理的な理解ができるのか。
○大和王権の内征・外征に従った吉備一族があったか。
○吉備武彦の系譜はどうか。吉備氏の本宗は何だったか。
○吉備地方に置かれた国造はどのようなものがあったか。大国造としての吉備国造はあったか。吉備一族は吉備地方の国造をどのくらいを占めたか。
○「吉備王国」とも呼ぶべき地域国家はあったのか。それが「連合国家」か部族同盟か。
○吉備氏がどのような形で后妃、宮人や采女を出したのか。どのような背景が后妃を輩出した事情にあったか。
○吉備臣と吉備海部直、吉備弓削部とは同族か。これら諸氏との関係はどうだったか。
○吉備における多数の巨大古墳築造の意味・基盤とその被葬者はどうか。
○吉備一族が奉斎した神社や神々は何か。どのような形で祭祀に関与したのか。吉備氏関係でいわれる「加夜奈留美命」とは実在したのか。吉備氏関係の氏寺はどうだったか。
○吉備にはミワ・カモ、神氏・三輪氏に関連するらしい神社・祭祀が多く見られるが、これは何を意味するものか。
○吉備地方は物部氏の起源地や崇神天皇と関係するか。
○「吉備窪屋臣」は姓氏なのか。吉備氏の臣姓の意味はなにか。
○吉備氏の反乱伝承の評価はどうか。これら反乱は史実か。
○吉備氏一族や関係する神社は日本列島にどのように分布するか。その奉斎者はどうか。

○越中の利波臣は吉備氏につながるのか。
○加賀の白山大社神主家の上道氏は吉備一族の出か。
○白猪屯倉と児島屯倉との関係はどうか。その管掌氏族は何か。吉備一族は関与したのか。
○吉備真備の子孫はどうなったのか。平清盛の家人妹尾氏は吉備氏の末裔か。
○中世・近世の吉備氏一族後裔の動向はどうか。武家として活動したものはあったか。
○吉備氏の同族で、ほかの地方に大族はないのか。それら諸氏の動向はどうだったのか。

二　吉備氏の起源と動向

吉備のはじまり―大和王権の吉備への勢力伸張

戦後の歴史学界にあっても、総じて言えば、応神天皇以降の時代は史実性をもつものと解されてきている。その意味で、応神天皇の時代に活動したと『書紀』にいう吉備兄媛と御友別の兄妹から本書を書き始める考え方もあろう。しかし、それでは吉備地方での歴史の大きな流れを捉えるために適当とは言えないようだから、やはり吉備の起源、すなわち吉備津彦兄弟の吉備平定にまつわる伝承から、本書は始めざるをえない。

この兄弟の吉備遠征は、当時の大和朝廷が派遣した四道将軍の一環として語られることが多い。『古事記』では崇神朝のときの吉備への将軍派遣を記さないから、『書紀』とは若干ニュアンスが異なる。しかし、その活動年代等を考えると、『古事記』では孝霊天皇の段にその皇子として吉備関係の記事がおかれても、吉備津彦兄弟の活動を考えると、崇神朝の時期とみるのが自然である。だから、同時に四道（四方面）に派遣されたかはともかく、大和王権の拡大・発展のなかでの大きな動きの一つとしてとらえられる。基本的に四世紀前葉の崇神朝以降の大和朝廷の動向は、史実検討に値するとしてよかろう。

大和王権の勢力が崇神朝頃以降に列島各地に進展したなか、吉備方面へも伸張した。これに因り、その地に上古代の大族吉備氏一族を生み出したと記紀に伝える。当時、吉備には既に討伐対象となる勢力ができていたと伝えるから、そうした行動を基礎に成立した吉備氏は、明らかに東方の畿内から来た外来の勢力であって、吉備に自生した氏族ではない。一般に「地名＋津彦」と呼ばれる古代の人名（通称）は、当該地の初代開発者を指すから、「吉備津彦」もその例に漏れない。もっとも、吉備には先住者があって「吉備冠者」と呼ばれており、征服者に対して「吉備」の名を献上したとも伝える。

これらに先立つ神武東征にあっては、大和への侵攻の基地として吉備の高島宮に神武が数年滞在して軍備を整えたと見える（『書紀』は三年、『記』は八年の滞在と記載）。このときに、吉備では現地住民から抵抗を受けたとの伝承がなく、上古の当地にはさほどの勢力が育ってなかった（神武をおおいに支援とみるのも想像過多）。高島宮の地については諸説あるが、比定地が児島湾に浮かぶ高島という小島（岡山市宮浦沖）とか、その南側対岸の宮浦とするのは、狭隘すぎて疑問が大きい。そこで、岡山市の竜ノ口山南麓からJR高島駅にかけての地域がふさわしい。いまでも「高島」とよばれ、『和名抄』の上道《かみつみち》郡上道郷の地で、吉備氏一族でも本宗的存在の吉備上道臣氏の本拠であった。旭川東岸の北端に位置して、南方に操山《みさおやま》（標高一六九メートル）を望み、古くから吉備文化の開けて備前平野の穀倉地帯であった。近隣には、湯迫《ゆば》古墳群や備前国府跡、備前総社宮、高島神社が散在する。

「吉備王国」論の疑問

吉備氏一族の始祖は、『古事記』にいう大吉備津日子命（大吉備津彦命）とその弟の若日子建吉備津日子命（稚武吉備津彦命）の兄弟とされる（以下の本書では基本的に〔原典表記を除く〕、両名を「吉備津彦兄弟」といい、兄のほうをたんに「吉備津彦」ともいう。紛らわしさの解消のため、この区別の必要性に留意）。兄弟は、神武を初代と数えて第七代目の孝霊天皇の皇子とされる。この者の畿内からの到来が具体的に否定されず、とくに吉備には政治的自立というほどの動きも記録・伝承にないのだから、大和王権とは独立した「吉備王国」という見方自体は論拠がない。吉備全土を支配した独自の政治組織はなかったということである。

いったい、常備の軍隊や徴税力など行政組織を具体的にもった政治体が上古の何時、どのように吉備にあったと王国論者はいうのだろうか。吉備には部族的な存在があって各々の族長がいても、「国王」たる存在の者はいなかった。巨大古墳を多く造るのと国王・王国とは別問題である。この辺は、感覚論ではなく、冷静な議論が必要である。

造山や作山などの巨大古墳が吉備の独立性や地域国家としての吉備の証とされることが多い。これは、考古学的に見ても疑問が大きい。造山・作山の墳丘規格は河内の巨大古墳と共通するし、当時の畿内でも採用された最新技術で製作された埴輪を吉備も同じく有することをあげて、都出比呂志氏は疑問を呈する（『古代国家はこうして生まれた』の総論部分）。といって、都出氏が言う「畿内と吉備との連合体制」ということも疑問であり、吉備勢力の政治的独立性を考えるのは根拠が薄い。吉備の大古墳数などを畿内と比較しても、概ねその十分の一程度の規模である（広瀬和雄氏）。

こうした諸事情からみて、大和王権から独立の政治勢力がいた古代王国を吉備に考えるのは無理がある（武光誠氏『日本誕生』も、「客観的にみれば、吉備氏は朝廷の忠実な配下の役割」と評価）。記紀もいうように、崇神朝頃から大和王権の勢力圏のなかに吉備があった。

繰り返しになるが、畿内の大王陵に匹敵するほどの巨大規模の古墳が吉備にいくつかある事情だけとらえて、論じてはならない。大王家とは独自な『吉備王国』ともいうべき勢力を認める見解は認めがたい。同様に、古墳の規模・総数や考古遺物だけで見て、その他の各地域でも、安易に「王国」とか「王権」を考えるべきではない。古墳時代に入って前方後円墳が地方に及ぶ時期、少なくとも崇神朝後期以降では、吉備王権（国家）あるいは出雲王権、毛野王権という形の表現をすることは、避けるのが穏当であろう。こうした地域豪族が大和朝廷から独立した統治機構（官吏組織）を持ったことの具体的な証明は、吉備に限らず他の地域でも、これまで何らなされていない。これら諸事情から、吉備についていては、始祖としての吉備津彦兄弟による平定を考えるのは自然である。

（注）**王権**は、「国家」とも密接に関連する語であり、「すくなくとも国家（国）の成立には、王と官僚を中心とする政治組織と、それをささえる軍事力と、徴税体系が必要なのである」（井上辰雄氏『天皇家の誕生』二〇〇六年刊）。近代国家の概念としては、領土・人民・主権の三要件が必要だといわれるが、古代であっても、これらに通じるものが必要である。奈良時代の律令国家とは異なる原始国家であっても、一定の領域・人民に対して実効的な政治支配を行うため、①官人による政府としての組織と、②これを支える財源（徴税力）と、③軍事・警察力（法的規制、強制力）をもち、④排他的な統治権（他から独立した主権）、をもつことが必要だから、これらを備えた組織が「国」として認められる（外交・軍事については、半独立的な状況でも、国と呼んでよい場合がないでもないが）。古代では、さらに祭祀権・交易権なども伴うことが多い。

だから、こうした要件を実態として具備しない部族や地方・地域の首長を、安易に「王」と呼んではならない。戦後の古代史の学究のなかには、「国」の定義もきちんと踏まえないで、地域あるいは部族の大首長的な存在を安易に「王」と呼ぶものも、最近屡々見うけられるが（この辺が吉備では、「連合国家」「部族同盟」論に通じるか)、これでは、古代であっても、科学的にみて問題が大きい。考古学者などの論考に見られるヤマトの「政権」とならんで、疑問の大きい用語である。

吉備に限らず、出雲、丹波、毛野などの地域の上古の首長ないし族長をもって「王」とする表現は、最近かなりみられるが、これら地域が「国」としての概念に合うかどうかの検討が個々具体的に必要である。門脇禎二氏は、①地域独自の王統とその支配・外交策、②独自の支配領域、③独自の支配理念または文化、の三条件をあげるが、当該地域のなかで完結する官人組織(軍備・財源)という要素も欠かせない。これら諸要素を備えた地域が、大和王権に服属する前の出雲、丹波あたりにあったかが問題であり、それ以外の地域に「国、王」をいうのは、更に疑問が大きい。

古代では、政治権力は現代的な意味の「政権」とは明らかに違う。また、中央の氏族・部族ないし地方豪族まで含めての「広域の政治連合」という概念など、いったい何によって証明されるのか。巨大古墳の築造状況だけを見ても、畿内の王権と地方首長との勢力には隔絶した差異がある。吉備や毛野には、畿内に次ぐ大古墳が築造されても、その築造のための労働総力には大和と大きな差異があったと数量分析されており、これら地域が独立した政治組織体ではなかった。かつ、これら部族・地域の勢力との政治的な「連合」を基礎にして大和の王権が存在した、というわけでは決してない。

小林敏男氏も、「部族連合」という規定が日本古代史には適合しないことを論じる(『日本古代国家形成史考』)。中国の歴史家・沈仁安氏も、その著『中国からみた日本の古代』で、五世紀に倭国は政治統一を完成したとし、統一に伴って「王権の専制傾向の強化と政治制度がいっそう整備され、大王は最高支配者として倭国の権力は完全な意味での国家になったと考える」とする。その「大王政権は統一政権であって連合政権ではなかった」とも強調する。この辺の部族連合論や地域の「王」という概念は、門脇禎二氏の「地域王国論」や主流派考古学者（白石太一郎氏など）にもよく見られるが、ともに空想論にすぎない。

吉備津彦兄弟の吉備平定譚

吉備津彦兄弟は、播磨西部を根拠にして吉備に攻め入った。『古事記』の孝霊天皇段には、この兄弟が針間（播磨）の氷河《ひかわ》の前の地に忌瓮《いわいべ》（祭祀用の大型土器）を据えて神を祀り、吉備へ進軍したと見える。この頃までに、大和の王権は播磨までの地域を押さえたことになる。吉備進攻の時期については、『記』の記事内容からみて、孝霊朝とは限られず、『書紀』崇神十一年四月条にいう崇神朝頃（四世紀前葉）としてとくに問題はない。

備中の足守川流域には、弥生末期に倉敷市矢部の**楯築《たてつき》遺跡**（全長約七二メートル、墳丘直径五〇メートル）という全国最大級の弥生墳丘墓（双方中円型墳墓）が造られた。朱の敷き詰められた棺と木製の槨の痕跡が見つかり、特殊器台土器・特殊壺や大量の玉類も出た。その後には、矢藤治

楯築遺跡（倉敷市矢部）

山墳丘墓（約三五メートル。吉備中山の南部に位置）、鯉喰神社墳丘墓、生石神社墳丘墓、雲山鳥打墳丘墓などの同系列の弥生墳丘墓も多くある（弥生墳丘墓か初期古墳かは判別しにくい面もあることに留意）。後述する温羅《うら》伝承も考え併せれば、吉備が大和王権にまだ属さなかった時代に、在地勢力（地域王権）がこの地を中心に数世代にわたり続いたとみても、不思議がない。その征服戦が吉備津彦兄弟の吉備侵攻であった。こうした記事は、吉備や播磨の各種伝承とあわせても、とくに否定すべきものはない。

針間の「氷河」とは、印南郡を流れる加古川のことで、その下流左岸には「氷丘、日岡山」の地名がある。加古川市加古川町大野には、日岡山の北麓に印南・賀古両郡通じて唯一の式内社・日岡坐天伊佐々比古《あめのいささひこ》神社（現・日岡神社）があり、この地で上記の祭儀が行われた。祭神の天伊佐々彦命は兄弟の祖系の人とみられる（具体的には父にあたる者で、越前気比社の「イササワケ」とも同人か。この神は孝霊天皇ではないし、王族の一員とも思われない）。

印南郡には稚武吉備津彦命の娘が居て、「針間のイナビの大郎女」（『書紀』に播磨稲日大郎姫。イナビ＝印南）と名乗り、景行天皇の皇后になったとされる。その陵墓というのが、いま「比礼《ひれ》墓（日岡陵古墳、ひれ塚）」と呼ばれて、日岡山古墳群のなかに現存する（上記式内社の南方近隣、山の中腹にあり、古墳群の最大規模で全長約八五メートル）。この古墳群は加古川平野最大のもので、石釧や銅鏡の出土があり、三角縁神獣鏡など「同笵鏡」（今は「同型鏡」という表現が多い）をもつ古墳の存在から大和王権との深い関係が窺われる（『日本古墳大辞典』）。日岡山の東方近隣には西条古墳群もあり、そのなかに全長一〇〇メートルほどの規模で前期末～中期初頭頃の行者塚古墳（中国製金銅帯金具や円筒埴輪Ⅲ式、鉄刀、巴形銅器などが出土）もある。

吉備津彦兄弟の活動時期は、その子孫の世代対応からみても、『書紀』に記すように崇神朝とみてよい。『記』の記事は孝霊段に見えるが、吉備氏が孝霊天皇の後裔と系譜に位置づけられたことで、兄弟の活動が孝霊段に併せ記されたにすぎない。『書紀』でも、兄の五十狭芹彦は崇神紀のなかに活動が見える。崇神十年の武埴安彦の乱の時、その妻・吾田姫が大坂（大和国葛城郡の二上山北方の穴虫峠）から入って都を襲おうとしたのを、五十狭芹彦はおおいに打ち破ってこれを殺す功績があり、その直後の十月に吉備に向かったと見える。半年後には、四道将軍が戎夷（東西のまつろわぬ者たちの蔑称）の平定を報告したと記事にあるが、この辺は平定の行動が迅速すぎて時期的に疑問もある。

温羅征伐伝承と鬼ノ城

崇神朝当時の吉備には、温羅《うら》と呼ばれる海外からの渡来伝承をもつ鍛冶部族がいた、との伝承が残る。総社市東北部の山地の「鬼ノ城《きのじょう》」を根拠に勢力を張って、温羅と吉備津彦（双方の随従軍団）とが吉備各地で激しい戦闘を繰り広げたという。そのなかには、血吸川《ちすい》（足守川支流で阿曽の地を貫流）や、矢喰宮・鯉喰神社などの地名起源伝承があって吉備津彦側の苦戦ぶりを伝えており、吉備津神社の「鳴釜神事」にもつながる。この神事は、上田秋成の『雨月物語』で「吉備津の釜」という物語でも取り上げられる。

温羅征伐の伝承については諸伝あるが、要点を簡単に触れると、次のようなものか。

温羅は変幻自在の身のため、それとの戦いは困難をきわめ、吉備津彦も攻めあぐねた。吉備津彦の射る矢はいつもこの鬼神の矢と空中で噛み合って落ちた（岡山市高塚にある矢喰宮にはその弓矢を祀る)。そこで、吉備津彦は強弓を以って同時に二矢を発射したところ、一矢は噛み合って落ちたが、残る一矢は温羅の左眼に当たったので、そこから流水のように血が流れた(総社市の血吸川はその名残という)。この吉備津彦の矢に温羅も怖じけ、雉と化して山中に隠れたので鷹となって追いかけ、次ぎに鯉と化して血吸川に逃げたが、吉備津彦(軍団か)は鵜となってこれを噛みあげた(鯉喰神社の由縁)。温羅は絶体絶命となり吉備津彦の軍門に降って、おのれの名「吉備冠者」を吉備津彦に献上し、吉備津彦命が鬼の頭を刎ねて曝した(岡山市の首部の由縁)。

ところが、この首が何年となく大声を発し、唸り響いて止まらないため、部下の犬飼建に命じ犬に喰わし髑髏となったが、なお止まらず鳴り響いた。そしてある夜、吉備津彦の夢に温羅の霊が現われ、「わが妻、阿曽姫にミコトの釜殿の神饌を炊かせよ」とのお告げがあった。これが、古来行われてきた釜鳴神事の起源である。

鬼ノ城の遠景(岡山県総社市奥坂)

以上の温羅と吉備津彦との戦のなかでの変身伝承は、高句麗の初代王という朱蒙の『三国史記』

などに見える伝承にも類似する面もある。そうした先行伝承に脚色、影響されたものか。全体としては吉備津彦軍団と温羅との戦とされるが、鵜となったのが楽々森《ささもり》彦だともいい（こちらのほうが妥当であろう）、その荒魂を鯉喰神社では祀るという。温羅も吉備津神社の東北角に「丑寅みさき」（艮御崎）、末社に温羅神社、岡山市北区辛川市場の艮御崎神社で祀られ、明治初期の「一品吉備津宮社記」にも「波《は》津《つ》登《と》玖《く》神社。祭神温羅命」（八徳神社のことで、現在は八徳寺の遺跡）の記事がある（薬師寺慎一氏の『考えながら歩く吉備路』）。

温羅の本拠地と伝える**鬼ノ城**付近は、古来、鉄産地として吉備でも著名であった。東麓には日本最古級の製鉄遺跡（千引カナクロ遺跡、五世紀代？）があり、東南麓にも鉄につながる地名の「阿曽」（温羅の妻・阿曽売。鋳物師の集積居住地であった総社市阿曽）や、随従軍団関係では久米の地名が残る。他の日本各地（伯耆、丹後、津軽など）に残る「鬼」伝承も産鉄民にまつわるのが多いし、温羅の名前自体も、鉄に通じる「湯」に関係するという。

鯉喰神社（倉敷市矢部）

現在発掘が進む鬼ノ城の遺跡は、標高約四百㍍の地にあって、水門・角楼（望楼施設）・土塁などを持つ七世紀中葉の朝鮮式山城として構造が明らかになりつつある。これまで出土した須恵器は七世紀の第3四半期を上限としてその後半期に属するとみられるものが圧倒的多数とされることで、この遺跡の年代が測られる。

だからといって、それだけにとどまらず、鬼城山（伝承にいう「新山《にいやま》」）あたりには、これに先行する城塞が上古にあったことも考えられる。鬼ノ城の頂にある磐座的な岩群付近から七世紀より遥かに古いとみられる土師器片も出ており、山城用の列石を取り除いて見ると山城用ではない列石、磐座や「嶺の岩《みねたか》」などがまだ残る（『古代日本と海人』）。足守駅南方近隣の矢喰宮がある高塚は、阿曽の南方近隣に位置するが、**高塚遺跡**からは弥生後期の銅鐸（最も新しい新段階の突線流水文銅鐸で、吉備の銅鐸としても最後）や王莽期の貨泉二五枚（現時点の日本列島で最多出土枚数）が出ており、この辺りに弥生後・末期頃にかなりの勢力をもつ集団の存在が知られる。

鬼ノ城のほか、吉備にはもう一個所、上道郡（岡山市東区の草ケ部と同区・瀬戸町観音寺笹岡との境界あたり）に大廻小廻山《おおめぐりこめぐりやま》城跡という朝鮮式山城がある。これについても『書紀』等に記録がなく、「神籠石」とも呼ばれる事情などからも、七世紀後半のものではなく、鬼ノ城の古いほうと対応するのかもしれない。草ケ部の小廻山からは袈裟襷文の銅鐸が出ている。このほか、岡山県内で銅鐸の出土が多く（県内合計で二三という）、岡山市の足守や兼基（笠井山麓、鳥坂山等合計三個）、百枝月、総社市の神明遺跡、美作では苫田郡鏡野町（二個の出土を所伝）、勝田郡勝央町植月北などから出た。

桃太郎の鬼退治伝説

吉備津彦の遠征は、のちに転訛して昔話「**桃太郎の鬼退治**」となる。これに加え、その配下の「犬、猿、雉」と子孫伝承も無視できない。吉備氏と配下の後裔と伝える一族諸氏が吉備各地に多く残り、

桃太郎の鬼退治（ＪＲ岡山駅前の銅像）

犬養氏などが備前・備中の吉備津彦関係社の神官家を永く世襲した（後述）。桃太郎とともに日本の三大お伽話とされる「かぐや姫、浦島太郎」についても、原型としての史実が一部認められるので（拙著『神功皇后と天日矛の伝承』参照）、これらをあながちお伽話だと低くみることはない。出雲平定関係でふれるが、吉備ばかりではなく出雲の討伐にあたっても、桃太郎とその従者軍団が大きな役割を果たした。

なぜ「犬、猿、雉」かについては、鬼ヶ島は鬼門を表し、これに刃向かう西の方位の「申・酉・戌」をもってきたという説もあるが、これは当たらない。上古日本の動物トーテミズムを理解しない見方であり、上古代の種族の習俗・祭祀を考えない結果であった。桃太郎伝承は濃尾や讃岐にも遺るが、これらは後世の造作とまでは言いきれない。

備前・備中の「犬、猿、雉」については後で見るが、先に美作の例を次ぎに見ておく。

美作一宮の例に見る犬と猿

猿に関し、美作では一宮の**中山神社**（津山市一宮。祭神は一に鏡作神、大己貴神などだが、『神道大辞典』もいう産鉄神金山彦命とするのが妥当。仲山大明神ともいう。金属神の天糠戸神・石凝姥神を配祀）の裏山・長良嶽の磐座（巨岩）に猿神社が鎮座する。『今昔物語集』（巻二十六第七）には、「美作の国の猿神退治」という説話が見えて、「中参《ちゅうさん》（＝中山神社）」の神体が猿だという。中山社の神主家のうち、荷前神主の有木氏は、温羅退治のときの吉備津彦の副将巨智麿《こちまろ》（有木神社の祭神。系譜等は不明）の後裔で賀陽郡有木に起るという。備前備中の国境・有木山に有木神社（岡山市北区吉備津。備中の吉備津神社の東北約五〇〇《メートル》で、吉備中山山頂とのほぼ中間地点。吉備津社の元宮に関係か）も鎮座し、磐座として「不動岩」の巨岩がある。

中山神社（津山市一宮）

「中山、猿」の組合せは、美濃一宮・名神大社の仲山金山彦神社（現・南宮大社。岐阜県不破郡垂井町）と近江の日吉大社の神使たる猿を思わせる。両社に「樹下神社」が共通してあり、樹下家（鴨県主一族で祝部宿祢姓）は日吉の有力祠官である。美濃では三野前国造が鍛冶神金山彦命を祀り、見野尊（同国造初祖の神骨命〔神大根王〕か）を配祀といい、社伝では八咫烏も配祀という。境内の美濃総社たる数立《かずたて》神社が猿田彦命を祀るというが、神使の転訛か。日吉のほうの祭神、大山咋命は少彦名神や八咫烏の別名である。これら「美濃―近江―美作」とつながる祭祀は、いずれも少彦名神系の鴨族が関わることに留意される。

中山神社の神主家には美土路、中山（備前一宮でも社家）、中島などもあった。「美土路、ミドロ」については、播磨の佐用郡に見土路、和泉の和泉郡（日根郡）に箕土路（現・岸和田市域）の地があり、とくに後者は古くは村名を犬飼といい犬養神社があって久米田寺・久米田池にも近いから、上記の「犬」に関連するか。「ミドロ、ミトロ」（美土路、見土路、美登路、三戸呂など）の苗字は兵庫県に多い。大和中世の宇陀郡にも見度路荘が見え（建長二年七月の「沢氏古文書」。見土路とも書く）、現在の宇陀市菟田野平井の小字美登呂あたり（門神を祀る門僕神社が鎮座の漆部郷、現・曽爾村の西方近隣）とされる。

上記今昔物語に「高野ハ蛇」と記される美作二宮の**高野神社**（津山市二宮）も、神主立石氏を本宗とする漆間一族が明治まで長く奉斎したから、本来は犬狼祭祀とみられる。紀伊で同名の高野神社（和歌山県伊都郡かつらぎ町上平沼田）には、犬飼や狼信仰が見られる。伊都郡内に同様な例が多いが、同県内の丹生狩場神社など丹生関係社も同様である。かつらぎ町の上天野には丹生信仰の中心、丹生大社こと丹生都比売神社（紀国造同族の**丹生祝**〔天野祝〕氏が歴代祭祀）があり、その東方近隣の大和国宇智郡（現・五條市）の犬飼は丹生川と吉野川との合流点に近い。犬飼の転法輪寺は、寺伝によると空海の創設で、空海が南山犬飼（狩場明神）が引率の白黒二狗の先導で高野山を開いたと伝え、当寺に隣接して狩場明神社（祭神高野御子命）・丹生明神社（祭神丹生都比売命）がある（『奈良県の地名』など）。上掲の中島氏は、建武三年（一三三六）の感状等に中島丹後守隆家などが苫東郡高野郡の総領、地頭職で見え、苫西郡高野神社の末社に中島荒神があったから、立石氏と同族という可能性もあろう。戦国期に賀陽郡刑部郷の経山城主として中島大炊助元行（清水宗治の女婿）が見え、『中国兵乱記』を著した。系譜は藤姓二階堂庶流と称したが、古族末裔か。

平安前期の『丹生祝氏文』には、応神朝に犬甘《いぬかひ》として三野国に在る牟毛津《むげつ》と云う人の児、犬黒比を寄せ奉り、これが丹生人という姓の祖となるが、二伴の御犬を率いて弓矢を手にもち犬甘の神という名で石神となると記される。牟毛津は牟義都国造のことで、年代的に見て雄略朝に吉備へ派遣の身毛君丈夫《ますらお》の大叔父くらいにあたるか。この国造（美濃国武儀郡が領域）は景行天皇の子の大碓命後裔と称する系譜をもつが、実際は三野前国造と同族とみられ、犬飼の技術をもったこと、鴨県主との通婚が知られる。

備後一宮の吉備津神社（広島県福山市新市町宮内）

上記有木氏は、備後一宮の吉備津神社（広島県福山市新市町宮内）の社家にもある。近隣の府中市には南宮神社もある。十世紀前葉の延喜年間頃に備中の吉備津神社を備前・備後に分祭した際に、備後に来て宮司になったと伝える。同社の西の山にあった鳶尾城（同じ宮内のうち）の城主有木小次郎俊信は、元弘元年（一三三一）に後醍醐天皇のため桜山慈俊《これとし》とともに戦った。桜山氏は、備中守護にも任じた大族・備後一宮社家の宮氏の一族であり、藤姓を称した宮氏の系譜には諸説あるが、息長氏一族の吉備品治国造、品治公（品遅部君）姓の出であった。備後の神石郡中山村（有木城）にも有木氏が居り、もと「有鬼」と言い備中（賀陽郡の有木山、有木別所、有木神社の付近か）から来たもので、美作ではもと猟師であったと伝える。今でも有木の苗字は広島・岡山両県に多い。

美作の中山神の親衛軍には、贄賂猖狼神《しろごろう》（志呂大明神。御津郡建部町下神目）という犬狼神もいた。両神は密接につながるようで、ここの志呂神社などで見られる「棒使い」（宮棒）は古武道の色彩が濃い。吉備では、上記中山の主神は矢取明神（矢喰宮の祭神）ともいわれ、これは吉備弓削部等の祖先神関係で少彦名神に通じる。近江国栗太郡の式内社、高野神社（栗東市高野）は文明年間に高野由岐宮志呂大明神の表示があり、同郡式内社には印岐志呂神社（草津市片岡町）もあるから、志呂神と高野神とは関係がつながる。近江の高野神は紀国造族の大名草彦とされる。

吉備平定軍の陣容にいた関係者の後裔が美作・備後を含め備前・備中周辺にもあり、備後には吉備津神社の同名社が十一社ほどと多い（広島県庄原市と同県神石郡神石高原町に集中）。

吉備の日矛族

温羅なる者の素性は、「百済」の王子という伝承もある。これは論拠が弱いとはいえ、外来、韓地南部の伽耶・新羅あたりから渡来した製鉄・鍛冶部族が吉備の先住者であったことを否定するものではない。それは、その本拠とされる地域や妻・阿曽売という名前も示唆する。同種の部族集団として伽耶の安羅あたりから神武前代に渡来した「天日矛《あめのひほこ》集団」との関係は考えうる（伝承では故地を「新羅」ともいうが、これもやや疑問）。賀陽郡賀陽郷などカヤにまつわる地名は、この集団がもたらしたか関連する可能性もあろう(注)。岡山市東区には大多羅町の地名もあり、これも韓地の伽耶の多羅に由来するものか。

（注）吉備の賀陽は、カヤ〔蚊屋、賀夜、香屋〕の表記のほうが先ともみられ、『書紀』に蚊屋采女、香屋臣が見えるが、賀陽臣も天平期以降に『正倉院文書』『続日本紀』に見える。但馬国に気多郡賀陽郷、播磨にもカヤがあるが、大和の竜王山西麓の「萱生」に由来の可能性もある。

ところで、天日矛集団は一次ないし数次にわたり韓地から日本列島に渡来してきて、最終的には但馬の出石郡（兵庫県豊岡市出石町一帯）に落ち着く。旧出石町の北側に接して加陽《かや》の地（『和名抄』に気多郡賀陽郷。「加也」と註）があり、円山川下流方向には日撫・梶原（現在はこれら皆、豊岡市域）という鍛冶・製鉄に関係深い地名もある。天日矛集団が朝鮮系の鍛冶集団だというのは多くの研究者（窪田蔵郎、真弓常忠氏など）が指摘する。『風土記』逸文（筑前国怡土郡条）に天日矛伝承が見え、天降りの地「高麗国の意呂山《おろさん》」とは韓国慶尚南道の蔚山《ウルサン》とされる。この地には、弁辰のなかで著名な鉄産地、達川《ダルチヨン》鉄山があった。

出石までの経路は、『書紀』や『風土記』などの記事からいうと、北九州から長門・周防を経て瀬戸内海沿岸を東方に移動し、吉備に来た。そこから更に進んで播磨から畿内を通り抜け、近江を北へ縦貫して越前南部で日本海沿岸部の敦賀に出て、こんどは西方に向きを変え若狭を経て但馬に到達した、とみられる。その一派の足跡には鉄などの鉱物資源に関するものが多分に見られる。この辺の事情は、詳しくは拙著『神功皇后と天日矛の伝承』をご覧いただくとして、ここでは吉備に関連する足跡を記しておく。

吉備も古来、豊富な鉄産地であるから、天日矛集団はすくなくとも一時的に滞在し、一族・従者をその後も当地に遺したことが十分、ありうる（これを「邪馬台国吉備説」に結びつけるのは過大評価で、まずありえない）。当地の製鉄遺跡は全国的に見ても最古であって、これまで発見された製鉄遺跡は約三〇、製鉄炉は百超もの例を数えるという。

その吉備の中央部、高梁川中流西岸部の総社市福谷（温羅遺跡のある鬼城山から西南に約八キロの地）には姫社神社があってヒメコソ神（天日矛の后神）を祀り、古代吉備の国の波多波更郷鉄造の神社といわれる。当地は古い地名を下道郡秦原郷といい、もと秦村（波多村）で、いま秦《はだ》は南隣の同市大字となる。当該姫社神社は式内社ではないが、高梁川を見下ろす小高い場所に鎮座する同社から東南方面に向かうと、二キロほど先に秦原郷の式内社・石畳神社の巨大な磐座（祭神の神石）が見えるから、両社の深い関係が窺われる。

石畳神社の祭神はいま経津主《ふつぬし》神という武神とされるから、本来はこれと同じ性格をもつ兵主神（この場合は天日矛か）であろう。両社は**正木山**（麻佐岐山。標高三八一メートル）の北東麓に位置するが、この山頂の霊石を霊代とし山自体を御神体とする式内社・麻佐岐神社があって、吉備の国最古の創立と伝え本国一宮格とされる。麻佐岐山は金山とされ、石の玉垣に囲まれた磐座がある。同社の祭神は天照大神とも国魂神、あるいは大物主神とも伝えるから、これも原型の実体は天日矛か天孫族祖神かとみられる。**麻佐岐神社**が奥津宮のほうであり、北東麓の石畳神社が辺津宮という関係にあった。姫社神社の東約九キロには生石《おいし》神社があり（岡山市北区門前で、足守駅の北方近隣。温羅遺跡の東南近隣）、巨石の祠をもつ。「生石」は出石に通じ、播磨にも高砂市に巨大な石造物を神体する生石神社（「石の宝殿」として著名）があるが、吉備のほうには先に述べた弥生墳丘墓もあった。

温羅を祀ることで有名な艮御崎《うしとらみさき》神社が、岡山市辛川市場（吉備津宮からみて東北近隣に位置）や倉敷市真備町川辺・同市大内などにある。吉備津宮本殿の四隅に祀られる四つの御崎神社のうちの東北角すなわち艮にある社の分社とされるが、県内に多くある御崎神社も同系だったか。それらの祖神の社として上記の麻佐岐神社があるのかもしれない。

　秦の石畳神社の北側対岸には宍粟《しさわ》という総社市の大字がある。同じ地名が播磨の鉄産地にもあって、天日矛が播磨に行く前に吉備にいたのは確かであろう（吉備には、宍粟の西方近隣に美袋〔みなぎ。総社市北部で、播磨の美嚢郡に通じる〕という地名もある）。下道郡には穴田郷もあり、同郡の式内社に穴門山神社があって、真備町妹の高山《こうやま》の山頂の巨岩の傍らに鎮座する。同社の祭神は、いま穴門武姫命（倭建命妃）とされるが、これは疑問で、天照大神という所伝のほうがまだ実体に近いか。吉備には児島半島の北部、岡山市阿津に兵主神社が鎮座するが、播磨では多可郡黒田庄岡（現・西脇市）の兵主神社や、餝磨郡の射楯兵主神社（現・姫路市）が、ともに式内社として著名である。「兵主神」の実体について諸説あるが、天日矛に当てる説（山本博氏など）もあり、この神を含め天孫族系統の神か。

　旭川西岸の岡山市街地にあたる備前国御野郡には、出石郷があった（平城京出土木簡、『和名抄』）。その地が孤山の神宮寺山の付近の中井町から出石にかけての地域だとすると、近くに八幡宮や荒神社があり、半田山もある。上記の秦原郷など「ハタ」の地名が日矛族（ないしスサノヲ神後裔氏族）のもたらした地名であるのなら、上道郡に幡多郷、下道郡に八田郷も見える。『岡山県通史』では、秦系渡来民に因む地名として、秦・土田《はだ》・幡田《はた》・半田《はた》・畑谷《はたや》・勝田・勝部などをあげており、半田山はハタに由来すると分かる。この「ハタ」について、五世紀前葉頃に渡来してきた山城の秦氏との関連をみる説もあるが、これは、年代論などからいって疑問が大きい（備中では、都宇郡河面郷辛人里に秦人部稲麻呂・秦人部弟嶋が見え〔天平十一年の「備中国大税負死亡人帳」〕、備前国邑久郡の旧井郷秦勝小国、積梨郷戸主秦造国足・戸口秦部国人が史料に見えるが、吉備の他地では秦氏関係の居住はあまり多くない）。吉備では、『書紀』に見える葉田行宮や総社市の秦が「ハダ」と濁音で訓まれ、天日矛が新羅の王子という伝承もあって、これら地名の新羅起源を示唆するものか。要は、吉備のハタを秦氏と直接に関連づけることには疑問が大きい。

鉄産や鍛冶については、正木山の南麓にあたる総社市久代の新本川南岸の丘陵上に久代・板井砂奥製鉄遺跡（板井砂奥、古池奥、大ノ奥、藤原、沖田奥の五か所の製鉄遺跡群）が調査された。この遺跡ではこれまで六〇基もの製鉄炉が確認されており、全国的にみても最大規模の製鉄遺跡とされる。これらは七世紀代の遺跡とみられているが、同市奥坂の千引《せんびき》カナクロ谷遺跡は、それに先立つ六世紀中頃ないし後半の製鉄炉跡とされる。ここでは鉄鉱石の原石を溶かして精錬し荒鉄を作ったことがわかり、日本最古級の製鉄炉として鉄生産の歴史が変わった。この奥坂が鬼城山や温羅遺跡を含む総社市の大字である。

久代の西側近隣の同市山田の砂子《さご》遺跡も、鍛冶炉・鉄滓や大量の鉄鉱石などを出す古墳時代の遺跡であり、津寺遺跡同様に子持勾玉（三輪山周辺の遺跡に多く出土）も出た。六世紀前半頃の製鉄工房跡や五世紀末頃の須恵器が出た事情もある。

五世紀初ごろまでの吉備の古墳を見ても、浦間茶臼山古墳（古墳時代前期初頭の四世紀前半ごろの築造）や金蔵山《かなくらやま》古墳（同、四世紀中葉・後葉ごろ）のように大量の鉄製品を出土した例がある。この時代には吉備の鉄産が活発に行われ、それが弥生時代後期まで遡るのではないかとみられている（高見茂氏の『吉備王国残照』など）。

現に、二〇〇四年には足守川中下流域左岸で、造山古墳の東方近隣、楯築遺跡・鯉喰神社の北方近隣に位置する**津寺遺跡**（岡山市北区津寺）では、竪穴住居跡から鉄滓が出土した。同遺跡は、弥生時代後期から古墳時代初めにかけての大集落遺跡で、崇神～景行天皇頃の時代、すなわち「纒向の時代」（私見では、時期を四世紀前葉・中葉頃）にほぼ対応するとみられている。発掘調査にあたった岡山県古代吉備文化財センターの調査報告書によれば、遺跡中心部（中屋調査区）で鉄滓が出土したほか、すぐ近くの住居跡からも計二四点の鉄片が出た。調査区内では他に銅鏃・鉄鏃が計三一点、鉄剣一点、鎌四点、ヤリガンナ三点など計五九点の鉄製品や黥面土偶・硬玉製大珠、多量の外来系土器も出ている。

この遺跡に限らず、足守川周辺には足守川加茂遺跡や加茂政所遺跡、矢部南向遺跡など、ほぼ同時代の集落が密集する。これら遺跡からは、讃岐や畿内・山陰、更には東海・北陸など各地の壺・甕・高杯などが確認されており、当時の広域の交流が窺われる。

こうした鉄産事情や天日矛族の足跡を見れば、温羅もその族裔関係者とみるのが自然である。その場合、数代先の祖先から続いて吉備に居り、財力もあって巨大な遺跡を遺した。悪行を働く「鬼」ではなく、大和王権に服属せず討伐の対象となったということである。

数種の吉備氏始祖系譜

吉備氏一族の始祖は、孝霊天皇の皇子と称する吉備津彦命（実名は彦五十狭芹《いさせり》彦命）とその弟の稚武吉備津彦命（同、彦狭島《さしま》命〔彦寤間命〕）の兄弟と伝える。

吉備氏の系譜については、『書紀』の記事（①孝霊二年条、②応神二二年条）には、弟の稚武彦だけを吉備臣の祖とする一つの系として見えるが、一方、③『古事記』孝霊段では大吉備津日子命系統の吉備上道臣、その弟の若日子吉備津日子命系統の吉備下道臣等の二系統があると記して、記・紀の記事が相反する。これら「三種の始祖系譜」という捉え方を岡山大名誉教授吉田晶氏がして以来、吉備研究者のなかでは一般的になっているが、これにはかなりの問題もある。従来偽書とされてきた『旧事本紀』の「天皇本紀」孝霊天皇段では、彦五十狭芹彦命の後を吉備主流とする点で『古事記』に立場が近いが、まったく違う内容をもつから、これも含めて合計で四種とするほうが妥当であろう。

さて、吉田晶氏は、上記三種のうち、天皇家との関わりをなんら記さない応神紀の吉備関係記事（上記の②）を重視して、『記』の祖先系譜所伝（上記の③）を後世の造作として否定する。しかし、この辺はむしろ疑問が大きい。吉備氏は皇別の氏族で、大和の天皇と親近な関係である氏族だとみる藤井駿氏の説（『吉備地方史の研究』六頁）も正しいわけではない。大和王権との関わりをいう吉備氏が、天皇系譜とのつながりをなんらもたなかったわけではないから（吉備氏として皇祖伝承を主張しないはずがない）、応神紀の記事は五県分封が重点で、これに関係のない天皇系譜とのつながりを具体的に記載しないだけであろう（②応神二二年紀の記事は、①孝霊二年紀の記事と一体として考えるのがよいということか）。

系譜伝承について具体的に見ていくと、次のように考えられる。

吉備氏の祖についての記・紀の系譜所伝はかなり異なる。『書紀』では彦五十狭芹彦命に又名を吉備津彦命とあげつつも、その弟の稚武彦だけに吉備臣の祖と記すが、『記』では大吉備津日子命が吉備上道臣の祖、その弟の若日子建吉備津日子命が吉備下道臣・笠臣の祖、同じく彦寤間命が針間牛鹿臣の祖、同じく日子刺肩別命が高志之利波臣等の祖とされる。「天皇本紀」では、彦五十狭芹彦命について亦名を吉備津彦命とし吉備臣等の祖、彦狭島命に海直等の祖、稚武彦命に宇自可臣等の祖、と記す。

これらの解釈について諸学究の見解が分かれるが、佐伯有清氏・吉田晶氏らの見方にはいくつかの誤解がある。応神紀二二年条の吉備一族分封記事や些細な系譜の混乱を基礎にして、『記』のほうを後世の架上に因るとみる見解もあるが、これは行き過ぎである。実のところ、記・紀ともに吉備氏の系譜所伝は、始祖にかぎらず、混乱が様々にあり、そのなかで異名同人の識別が研究者により的確になされていない。こうした諸事情に因り、見解の相違が生じた。なお、これら系譜記事が「擬制血族」の系譜だという指摘もある。吉備氏一族を父系的に見ると、そうした擬制系譜的な混在も実際には多少あるが、基本的に上道臣・下道臣を中心とする吉備氏本宗関係者の血縁系譜までを否定すべきではない。

説明が長く複雑になるので総合的に種々検討したうえでの結論的なものを先にいえば、始祖の吉備津彦兄弟の実名は、兄が彦五十狭芹彦命で上道臣・賀陽臣・利波臣等の祖、弟が彦狭島命（彦寤間命）で下道臣・牛鹿臣等の祖であり、日子刺肩別命なる者は兄のほうの吉備津彦命の子に位置づけられる。弟の稚武彦命の父を大吉備諸進命（『記』のみに見え、孝安天皇の子で、母は忍鹿比売〔和珥臣の祖〕とされる。孝霊天皇の兄弟と記す）ともするが、稚武彦命の兄とされる吉備津彦命と大吉備諸進命との関係にも問題があり、前者の実名は彦五十狭芹命の「イサセリ」は「勇進、勇んで進む」の義とされ（『岡山県史』上巻一五五頁や宣長『古事記伝』）、「諸進」の意味にほぼ通じそうだから、「大吉備津彦命＝大吉備諸進命」とされる可能性が大きい（その場合、兄弟の父は誰かという問題もあるが、兄弟を一括りにしてその父を吉備氏の祖という形にし、名に「吉備」をつけたのではなかろうか）。

吉備の始祖兄弟が孝霊の皇子で、倭迹迹日百襲姫命の兄弟とするのは、後世の系譜仮冒である。上記に見た史料だけでその先祖の把握ができるわけがないが、別途の検討により、実際には吉備氏の男系は**彦坐王**（記紀系譜では、開化天皇の皇子で、崇神天皇の弟とされ、『記』に丹波派遣伝承が見える）の同族で、大和に出自した。すなわち、海神族系で磯城県主一族である。その故地は磯城郡か竜王山の近隣とみられ、天理市北部の楢町の楢神社がもとは五十狭芹彦命神社といい、祭神を神社名に付けるのはこじつけとは言い難い。同社はもと宮山（東大寺山）にあったが、氏子の集落から離れていたので、現社地に移したと伝える。

吉備には、三輪の大神一族が奉斎した

特殊器台形埴輪出土古墳

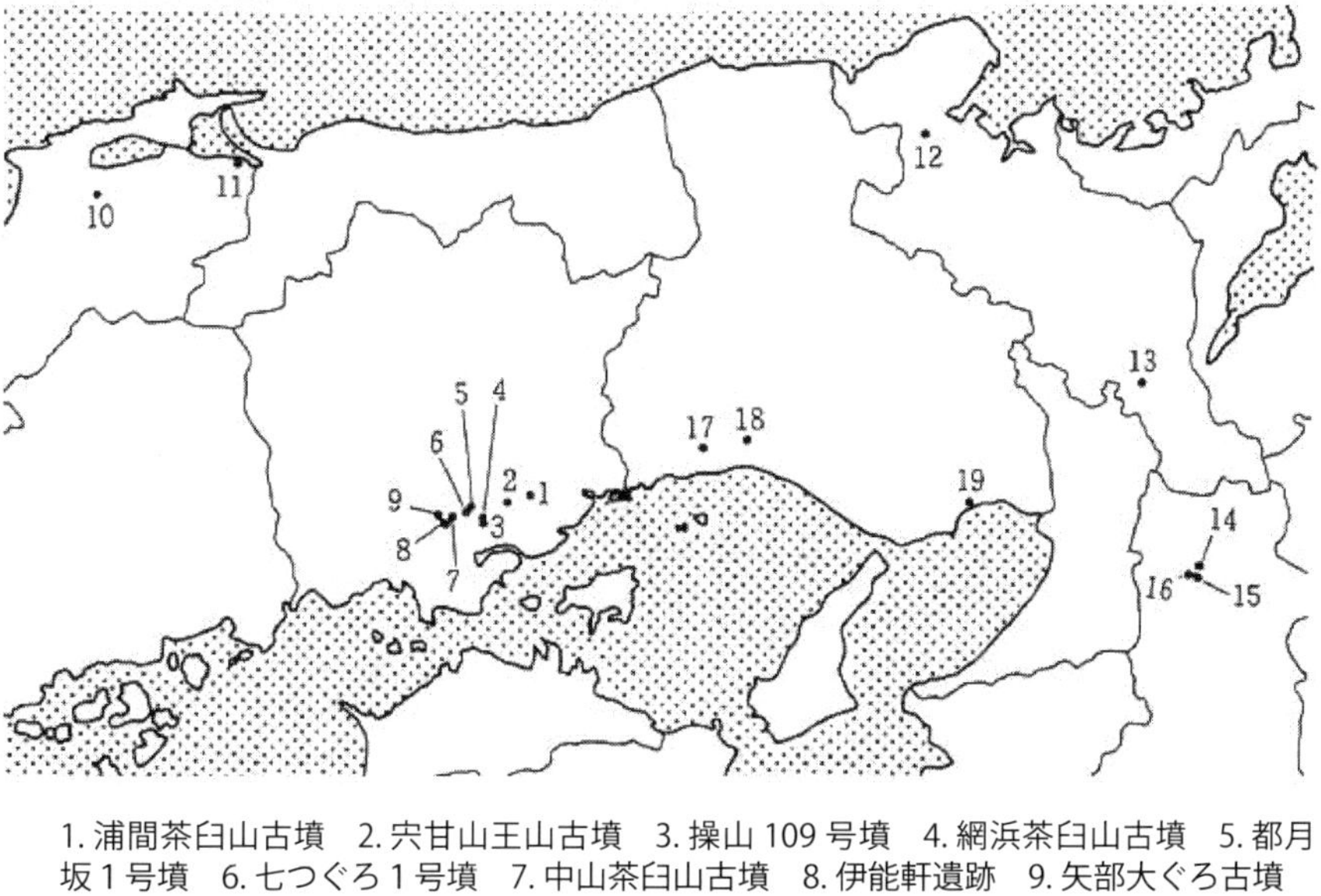

1. 浦間茶臼山古墳　2. 宍甘山王山古墳　3. 操山 109 号墳　4. 網浜茶臼山古墳　5. 都月坂 1 号墳　6. 七つぐろ 1 号墳　7. 中山茶臼山古墳　8. 伊能軒遺跡　9. 矢部大ぐろ古墳　10. 神原神社古墳　11. 造山 1 号墳　12. 谷垣遺跡　13. 元稲荷古墳　14. 西殿塚古墳　15. 箸墓古墳　16. 纒向遺跡　17. 権現山 51 号墳　18. 丁瓢塚古墳　19. 処女塚古墳
－宇垣匡雅氏の『吉備における古墳時代の政治構造』の図より

総社市三輪付近。大和の三輪地方と雰囲気がよく似ている。

神々の祭祀が後世まで広く見られる。宮山型の特殊器台形埴輪で名高い**宮山遺跡**（宮山弥生墳丘墓。宮山古墳ともいわれ、前方後円墳形をもつ）のある地は総社市三輪であり、この地を旧地と伝える下道郡式内社の神《みわ》神社（通称は三輪山明神）もあって、大和の三輪との深い関連を思わせる。倭迹迹日百襲姫命の真墓とみられる西殿塚古墳にも、吉備型の特殊器台形埴輪が検出された。特殊器台形埴輪は、箸墓古墳をはじめ、吉備から近畿地方の最古段階の古墳などから見つかるが、現段階では僅か二〇例弱しかない。

吉備氏が一系であったかどうかは、たいへん難しい問題である。『書紀』や『姓氏録』では、後年の下道系統の影響力が大きい系譜改編により一系になった形が伝わる。明治の鈴木真年もこれに影響されて、弟の若建彦命の後に吉備諸氏が出たとみる（『史略名称訓義』崇神段）。応神紀二二年条の吉備一族分封記事も、既に上記改編の影響を受けているとみられる。備前・備中における大古墳が二系統で並立し、四世紀中葉頃から約一世紀余も継続する事情から見て、『古事記』

や「天孫本紀」に見られるように、吉備津日子命が吉備上道臣の祖、その弟の若日子建吉備津日子命が吉備下道臣の祖とするのが妥当である（これら書のほうが『書紀』より古伝とみられる）。笠臣や三野臣については、吉備本宗と男系が同じではなく、鴨県主同族の美濃の三野前国造一族が吉備平定の際に吉備津彦兄弟に随行してきて定着し、後に様々な通婚などの縁を永く重ねて同族化したものとみられる。

吉備の前期古墳が示すもの

吉備の諸古墳については、拙著『巨大古墳と古代王統譜』でかなり詳しく述べたから、基本的にはこれを参照いただくこととして、吉備氏の系譜を考える場合に無視できない面があるので、ここでは上記書を若干補いつつ、前期古墳を主にその概略を記しておく。

吉備では、前期古墳の始め頃から、次々に大古墳の築造がなされた。全国でも特異な地域といえよう。この基盤には、吉備の農業生産に加えて、生活必需品たる鉄・塩の生産と全国への供給があった。古代の製塩で、土器製塩法（濃い海水を土器に入れ煮沸して結晶塩を得る方法）に使用された土器は、瀬戸内市牛窓町師楽の地名に因り師楽式土器と呼ばれ、このほか児島・倉敷・笠岡や広島県福山の松永など、吉備の各地海岸部に製塩遺跡がある。

鉄についても先にも見たが、岡山市西部の造山古墳の周辺から、鉄器生産を示す遺構や鉄鋏・金槌等の遺物が出ている。その北西近隣の総社市の窪木《くぼき》薬師遺跡では、五世紀前半頃から鍛冶生産が開始され、鍛冶炉、鉄鏃・鉄鋌・鉄滓や須恵器が出た。造山古墳被葬者一族の支配下のもと、窪木薬師遺跡の工人が鉄器生産に当たったとも推定できよう。美作の久米郡美咲町（旧柵原町）の五世

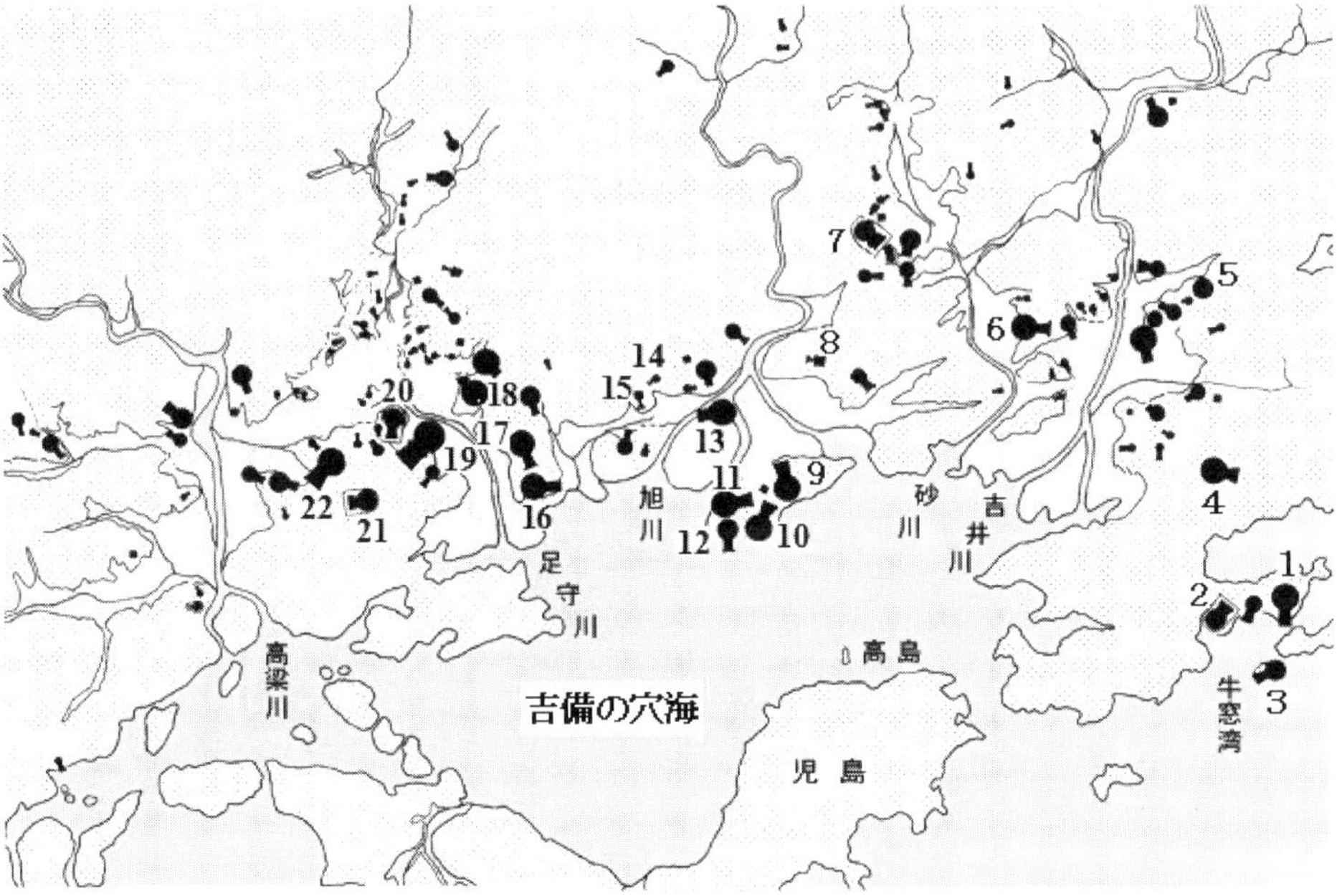

1：牛窓天神山	2：鹿歩山	3：黒島１号	4：築山	5：鶴山丸山
6：浦間茶臼山	7：両宮山	8：備前車塚	9：金蔵山	10：湊茶臼山
11：網浜茶臼山	12：操山 109 号	13：神宮寺山	14：都月坂	15：七ツぐろ
16：尾上車山	17：中山茶臼山	18：佐古田堂山	19：造山	20：小造山
21：宿寺山	22：作山			

吉備の主要古墳（古代図）（『岡山県史』掲載の図などを基礎に作成）

紀前葉の月の輪古墳からは、製鉄工程で生じる鉄滓《てっさい》が出た。古代の吉備北部山間地帯は豊富な鉄資源で知られるから、製鉄遺跡の最古とされるのが現段階では六世紀代ほどだが、吉備にはそれより早いものもあったか。

　吉備で最古級の前方後円墳（ないし弥生墳丘墓）とみられるのが後期纏向型の**宮山古墳**（全長約三八㍍）で、総社市街地の南方、高梁川中流部東岸の三輪丘陵上にある。吉備津神社の西方約一二キロで、作山古墳の西方約三キロに位置する。この遺跡から、宮山型特殊器台形埴輪・特殊壺形埴輪や飛禽鏡一面、鉄製刀剣、鉄鏃・銅鏃を出した。箸中山古墳（いわゆる箸墓古墳）の頭頂部から発見された特殊器台が宮山型である。この古墳の頃から、吉備が大和の政治的影響を受ける位置にあったと分る（もちろん相互影響もありうるが）。これらに先立つ楯築墳丘墓は当地の先住部族の弥生墳墓で、吉備に弥生墳丘墓が多く五〇ほどもあるといわれ、早く纏向期ごろから吉備は古墳文化で大和と共通する面があった。

しかも、吉備の**浦間茶臼山古墳**や中山茶臼山古墳（両墳とも1期古墳とされる）は箸墓古墳とほぼ同型（前方部がバチ形）で、その約二分の一（四〇％台）の縮尺で設計企画をもつ。前者は、むしろ西殿塚古墳に近いという説（新納泉氏）もあり、都月型の特殊器台形埴輪が出た。盗掘後ではあるが、細線式獣帯鏡片、銅鏃・鉄鏃・鉄刀・鉄剣など武器類の出土もある。後者も、特殊器台形埴輪・特殊壺形埴輪を有して、前者とほぼ同時期の古墳とされる。これらにより、大和と吉備の古墳文化は早くから密接な交流があった。記紀の記事では、景行朝の大和王権の遠征（とくに倭建東征）でも、吉備勢力がおおいに協力したことが見える。東日本との同笵関係が多いという特徴をもつ三角縁神獣鏡（一一面）等の鏡の多量出土で有名な備前車塚古墳は、その傍証でもあるが、この古墳を吉備最古とするのは疑問が大きい（当該鏡出土の古墳は、前期古墳のなかでも比較的遅い時期の築造という傾向がある）。

大古墳の築造は、備前の上道地域と備中の下道地域とに大きく二つに分かれてなされ、この並立的な進行が時系列で見られる。古墳の分布等から見て、東の備前では旭川を中心に吉井川までの地域に、西の備中では足守川を中心に高梁川及び支流・小田川までの流域に、各々主な政治勢力が形成されたとみられており、これに対応する。このことは、吉備氏一族が吉備津彦の兄弟を祖とするという『記』孝霊段の記事（兄が吉備上道臣の祖、弟が吉備下道臣・笠臣の祖とする）がほぼ妥当であることを裏付ける。

その巨大古墳の系統としては、前期・中期の主要古墳については、

(A)上道氏系統の備前の大古墳を見ると、第一番目は①浦間茶臼山古墳（墳丘長が一三八メートルで、以下同じ。一に一二五メートル）であり、次が②湊茶臼山（操山《みさおやま》一〇四号墳。一五〇メートル。一に一三〇メートル）→③金蔵山（一六五メートル）→④神宮寺山（約一五〇メートル）→⑤玉井丸山（約一五〇メートル。一に一三七メートル）→⑥両宮山（約一九四メートル）という順で続いており（②と④との逆転可能性もあるかもしれないが）、これが上道系統の族長の歴代とほぼ一致するのではないか、と考えられる。

(B)下道氏系統の備中の大古墳では、①中山茶臼山（一二〇メートル）→②尾上車山（一三五メートル）→③佐古田堂山（約一五〇メートル）→④造山（三五〇メートル）→⑤作山（二八六メートル）→⑥小造山（一四八メートル）・宿寺山（一一八メートル）、とほぼ同様に続いている。

(注)ここに見る吉備の大古墳の変遷は、古代豪族の「**標準世代**」（拙著『「神武東征」の原像』参照）にもほぼ対応する。概ねの天皇世代のメドは、吉備の諸古墳については、「①崇神→②垂仁・景行→③成務→④仲哀・応神→⑤仁徳→⑥履中～允恭ないし雄略」という世代配分になる。葛原克人氏は、④造山古墳の造営時期を五世紀の第1四半期とみるが、これは妥当なところか。

なお、出宮徳尚氏は「吉備の首長伝承の形成」（『古代を考える　吉備』所収）で、「大王世代系譜と吉備地方関係者」という世代配置を考えるが、記紀の記事に拠りすぎており、その結果、大王の世代数が多くなりすぎて、当時の実態とはほど遠い。

この両系統ともに、①から③までの三世代の古墳が古墳時代前期の古墳、すなわち前期古墳とみ

られ（④以降が中期古墳）、いわば応神前代の時期では、上道系統のほうの規模が下道系統を上回っている。ほぼ同様に古墳中期の允恭朝頃までは、巨大古墳が継続して築造がなされる。これが各々六世代ほどにわたり、合計で約一五〇年（＝＠二五年×六世代）ほどの期間であろう。上記のうち、両宮山の位置づけはやや微妙であるが、五世紀中葉ないし後半の築造とみられている。五世紀後葉の雄略朝より後の時期（古墳時代後期）になると、両備に大古墳は築造されなくなる。この時期には、総じて地方で大規模古墳が築造されない傾向があり、これと同様であるが、『書紀』記載の雄略朝での大和王権による吉備に対する一連の討伐行動、吉備側のうち続く敗北という所伝にも関係するものか。

これら吉備の大古墳の築造を年代的に考え直してみると、上道（備前）と下道（備中）の両地方それぞれに各々一系統の族長（本宗）系統があって、吉備氏の歴史の当初から同時にこれらが並存したとみざるをえない。『書紀』や『姓氏録』などの記事は、吉備氏本宗が一系統だと示すが、これが疑問だということである。吉備一族の数度の反乱とその敗北を通じて、本来は吉備全体の本宗的な存在であった吉備氏（上道氏）の勢力が下道氏のほうに吸収・統合され、系譜も結果として下道氏主体の一系統のような形になったのであろう（だから、奈良時代の事象をとらえて、下道氏が本宗だと誤解してはならない）。なお、下道氏の領域を下道郡に限定して考えて、巨大古墳が同郡にはないことから、下道氏が力を持ってきたのは六世紀中葉より後だとみる見方もあるが、これは妥当ではない。

下道氏のほうは、旧来の崇神王統から王権を簒奪した応神（外祖母が吉備下道系統か）の妃として吉備の兄媛を出したことから、新王権たる応神の勢力基盤を支え、妃の兄・御友別の子孫が吉備氏族全体のなかで優位にたった。造山・作山という巨大古墳の築造も、これを裏付けよう。現在に残る文献・系図資料からは、原型の二系統への系譜分離はほとんど不可能である（奈良時代に右大臣まで栄進した吉備真備は、下道氏の流れを汲むから、この点でも下道氏の系譜所伝に合わせ吉備氏の歴史を調整・改編する動きの加速があったのかもしれない）。

このほか、吉備の前期古墳に関して留意すべき点をいくつかあげておく。

具体的な被葬者の比定としては、備前のほうの一番目が崇神朝の吉備津彦命（五十狭芹彦命）で、次が日子刺肩別命、そして三番目の**金蔵山古墳**の被葬者が大きな問題となるが、結論的に倭建東征の随行で著名な吉備武彦の墳墓ではないか、と考えておく（後述）。金蔵山の埴輪が津堂城山古墳（倭建命の真墓とみられる）の埴輪群に類似との指摘もある。

浦間茶臼山古墳（岡山市東区浦間）は、築造当時は畿内の大和・山城を除くと最大級の古墳である。バチ型に開く方墳部をもち、吉備の大型古墳としても最初のもので、前期古墳最大であった。特殊器台形埴輪台形を出し、年代的地域的にも吉備平定に当たった始祖たる吉備津彦の墳墓に比定され、ここでも上道優位が示される。この古墳の前後、一〇キロほどのところにふたつの「竜王山」も見える（西北西方向の赤磐市南西端部の山陽町馬屋〔標高三一二メートル〕、と東南東方向の備前市佐山〔同二二二メートル〕とが一〇キロ弱ほど。五キロほど北西方の岡山市東区瀬戸町〔標高二四二メートル〕にもある）。

備中の**中山茶臼山**のほうは、宮内庁がいま「大吉備津彦命墓」として管理するが、年代や地域等からは、弟のほうの稚武吉備津彦命の墳墓となろう。中山茶臼山は吉備の中山（一六二メートル山頂のすぐ南側）にあって、その麓には、北東側に備前一ノ宮の吉備津彦神社、西側に備中一ノ宮の吉備津神社（備中国賀夜郡の名神大社）が鎮座する。

竜王山の分布と吉備氏始祖の母系

吉備を含む瀬戸内海地域には、「竜王山」という名の山がきわめて多い。これをもう少し具体的に見るため、『地図で見る 日本地名索引』に拠ると、竜王山とか竜王岳は全国に八〇〇ほどもある。その分布は、岡山県が最多（合計で五六個所）で飛び抜けて多く、次ぎに奈良・山口・広島・静岡・熊本・愛媛・兵庫・福島の順で、それぞれ三十数個所ほどが数えられる。国土地理院作成の地図では、全国で六三個所の竜王山が長野県（下高井郡の山が同名山のなかで最も高い）から大分県にかけて広く分布し、そのうちの七一％が瀬戸内地域、なかでも吉備地域（備前から備後への地域。岡山県・広島県東部）には五五％も集中する。竜王につながる「八大竜王」は雨乞いの神様であり、頻繁にこの地域で雨乞い神事を行ったのではないかともみられているが、命名には別の歴史事情も考えられる。

岡山県に数多い竜王山の一つ、吉備中山（岡山市北区）

　岡山県所在の竜王山は、高梁川の西側と旭川の東側に分布が集中し、その真ん中の地域にも四つの竜王山がある。これら竜王山の分布を認識したとき、吉備本体部の区域を囲むようにあると思われ、竜蛇信仰をもつ海神族の流れを汲む吉備氏にふさわしい。そこでもう少し調べると、備前・備中の一宮たる吉備津彦神社・吉備津神社が鎮座し、中山茶臼山古墳がある吉備氏の聖域「吉備の中山」に竜王山がある。すなわち、吉備中山の最高峰が標高一七〇メートルで、これが竜王山と呼ばれて頂上に竜神社が鎮座し、併せて、吉備第二の巨大古墳・作山古墳の東南近隣にも竜王山（総社市東南部の宿地区）がある。

中山の竜王山から北西約七キロにも、同名の竜王山（岡山市北区横尾）がある。こちらのほうは、吉備高原南端の高山（最高地の標高三〇四メートル）であって、足守から高松城にかけての足守川流域の平野部を展望できる要地である。この山頂付近の磐座は、当地方一帯の霊山として信仰されたことを窺わせる（『角川地名大辞典　岡山県』）。同山頂西側六〇〇メートル余の山頂（標高二六五メートル）も竜王山と呼ばれ、これら竜王山の西麓の足守は吉備一族賀陽臣氏の本拠であって（『今昔物語集』巻十六、「賀陽氏家牒略」等）、この一族によって竜王山の祭祀が営まれたことは想像に難くない。「賀陽」の地名に関連して、大和の竜王山の西麓にも、これに通じる天理市萱生《かよう》の地がある。この萱生から同市中山にかけての地に大和（萱生）古墳群があり、海神族系の倭国造一族による築造とみられ、同古墳群から吉備の要素が濃い特殊器台土器の破片が発見された。

岡山市北区横尾の竜王山から見て、東南近隣二キロ弱に竜王山（同区長野。標高二八七メートル）、東方十五キロにも同名山（赤磐市馬屋）がある。同様に、赤坂郡の竜王山（標高二四二メートル。現岡山市東区瀬戸町）あるいは邑久郡の竜王山（標高二六三メートル。現備前市伊部）は吉備一族居住のほぼ東端部をおさえ、小田郡笠岡の陸地には竜王山が二つあり、笠岡市東北部の山（標高二六七メートル。なお、同市の神島にある山もほぼ同高）は吉備一族居住の西端部をおさえる。もう一つの竜王山（一七五メートル）は、鎌倉末期に吉備族裔とみられる陶山義高が笠岡山城を築くと、それまでの陶山城から居を移し本城とした。

以上のほか、多くの竜王山が吉備各地にあり、海岸部にも鷲羽山付近や笠岡市神島、浅口市の鴨方町・寄島町等にある。北方では、岡山市北区御津宇甘の龍王岳（標高三五八メートル）、美作南部の久米南町（標高三六八メートル）や美咲町にも竜王山があり、吉備本拠域のほぼ北限を示すものか。美作の真庭市にある竜王山（標高約六〇一メートル）が吉備周辺では最も高い。

大和の竜王山（奈良県天理市）

さて、奈良県には奈良盆地東南部、三輪山・巻向山の北方近隣に竜王山（標高五八六メートル。天理市・桜井市の境）がある。この辺では最も高い山で、山頂には雨乞の神、竜王を祀るが、これは吉備中山の竜王山と同様である。山中にも二つの竜王社（東側の藤井田竜王社、西側の柳本竜王社）があり、中世・戦国期に豪族十市氏の山城があった。竜王山の西斜面には竜王山古墳群（約三〇〇の小型後期円墳とほぼ同数の横穴から構成）があり、その西麓には大和《おおやまと》神社があって倭国造家が古来、奉斎を続けた。倭国造家も海神族の流れで阿曇連・尾張連の同族であり、竜蛇信仰をもったので、竜王山を神体山として奉斎したのは自然である。

大和の竜王山付近には、上記の萱生《かよう》・中山や藤井・長岡（以上は天理市域）、笠（竜王山の南側で桜井市北東部で、北側の藤井に隣接）といった吉備にある地名も見える。

天理市中山町の前期古墳、西殿塚古墳（衾田陵）は大和古墳群では最大で最古級の巨大古墳であるが、倭迹迹日百襲姫命の真の陵墓とみられる（拙著『巨大古墳と古代王統譜』参照）。

竜王山山頂の真西の山麓には釜口山長岳寺（大和神社の神宮寺。天理市柳本町、もと上長岡町に所在という）があり、その奥の院が竜王山中腹にある。大和神社の原鎮座地については、当初が「大市長岡岬」にあたる長岳寺辺りで、次ぎにその北方近隣の中山町の大和若宮神社（現在の大和神社の御旅所）・中山大塚古墳辺りに神社が移り、最後に現在地（天理市新泉町）に遷座したとみられる（志賀剛氏の「大和神社新考」〔『神道史研究』四巻四号〕にほぼ通じる）。

百襲姫は、孝霊天皇の皇女で神威ある巫女でもあって、倭国香媛を生母として、吉備津彦兄弟の同母ないし異母の姉だと記紀に見える。上古の天皇家の系譜を総合的に分析した結果では、倭国香媛の実家は実際には倭国造家であって、「倭迹迹日」の称も同国造家に由来し、百襲姫の同母兄弟に崇神天皇がいたという見方（百襲姫の父の所伝は正しいが、崇神の実際の父は世代と名前〔太瓊と五十瓊殖〕等から考えると孝霊天皇とみるのが妥当）に導かれる。だから、百襲姫の墳墓が倭国造領域にあるのは自然となる。

記紀の百襲姫に関する系譜をもう少し見ると、倭国香媛は別名を「ハヘイロネ（絚某姉）」といい、百襲姫・吉備津彦を生み、名前からその同母妹とみられる「ハヘイロド（絚某弟）」が吉備稚武彦（実名が彦狭島であることに留意）を生んだと『書紀』孝霊段にある。『記』孝霊段では、「オオヤマトクニアレヒメ」が百襲姫・大吉備津彦を生み、その妹の「ハヘイロド（蝿伊呂杼）」が吉備稚武彦を生んだと見える。ところが、同書の安寧段には「ハヘイロネ・ハヘイロド」姉妹の父を和知都美命《わちつみ》として、この者が安寧天皇の子のシキツヒコの子とする系譜も記載するが、この安寧段だけに見える系譜については検討を要する。「クニアレ」は「国生れ」の義であって、国母（すなわち、実質始祖王の崇神の生母）を意味するのではないかとみられる。「国香媛」という名にも通じる。

吉備氏を天皇後裔とする系譜は、吉備氏のミワ関係祭祀から見ても疑問が大きい。吉備の地主神（国魂神）は建日方別だとして、備中の吉備津神社の摂社岩山宮で祀る事情もあり、この神は大和三輪氏の祖神（鴨主命ともいい、大物主神の子で、神武皇后の兄）とされよう。諸事情を総合的に考えると、吉備氏は、海神族の流れを汲む磯城県主支族の出とみられ、吉備氏両系統の祖の吉備津彦・稚武彦兄弟は同母兄弟で、その母のハヘイロドの同母姉・ハヘイロネが崇神・百襲姫を生んだというのが系譜原型という可能性がある（あるいは国香媛とハヘイロネとは別人か）。ハヘイロネ姉妹の父か母かにも倭国造の血が入っていたとみるのが自然である。こうした系譜を、大和と吉備にある竜王山も示唆する（ただ、天孫族系統にも雨乞神事があり、吉備、近江や長門などの竜王山はそれに関連しそうでもある）。

三　大和王権の出雲侵攻と吉備氏

吉備氏の歴史を考えるとき、初期では出雲との関わり合いを考慮せざるをえない。ところが、これまでの吉備研究では殆ど考慮されていない。同じ崇神朝では、吉備平定に続く大事業が出雲討伐であった。吉備・出雲の平定には、吉備津彦をはじめ随従の王権側軍勢には同様な面々が名を連ねており、これらを併せて総合的な検討を要する。

大和王権の出雲侵攻

吉備の北方に位置する出雲は、弥生時代後期にあって、すでに原始国家的な政治体ができていた。文化・祭祀面でも、銅剣・銅矛・銅鐸の青銅製祭器を大量に出土した荒神谷遺跡・加茂岩倉遺跡や、出雲を中心とする四隅突出型墳丘墓の広域分布に見るように、独自の文化・祭祀（政治・文化圏）をもち、山陰地方ではとくに勢威が大きかった。そうした政治体の存在は、吉備よりもたしかであろう。これが、古墳時代に入って、どのように変わったかの問題であるが、大和王権や吉備との関係が大きな比重を占める。

大和王権による出雲の鎮定は、崇神朝後期のこととして、『書紀』崇神六〇年条（崇神の全治世は六八年とあるから、後末期のこと）に見える。それに関わった王権側の当事者が吉備津彦と阿倍氏の武渟河別だとされる。出雲に始祖から伝来する神宝をめぐる大和王権への対処策（要は大和王権への服属の是非）に関して、当時の出雲の首長たる出雲振根《ふるね》とその弟とされる飯入根・鸕濡渟《うがつくぬ》親子との対立が生じ、振根が親大和策をとる飯入根を斐伊川の止屋《やむや》の淵（塩冶の淵で、出雲郷の付近）で殺害する事件が起き、これに介入して大和王権が振根を殺した、とある。

出雲の熊野大社（松江市八雲町熊野）

現在に伝わる出雲国造家の系図では、出雲振根と飯入根とは兄弟とされるが、疑問がある。当時の出雲国内に、西の出雲郡（含神門郡）勢力と東の意宇郡勢力という東・西の部族勢力の対立があったとみる立場からは、実際には親族関係が異なる。その場合、両者が各々の勢力（血縁的には別族か）の族長であって、出雲郡勢力による飯入根殺害事件を契機として大和王権が出雲郡を討伐の主対象にして出雲全域を平定し、これにより、東の意宇郡勢力が出雲第一の勢力となって国造に任じられたことになる。そして、東の意宇川流域が出雲国造の本拠地となり、意宇川が平野部にかかる大庭の地に初期の出雲国造が居住し、その南方上流部の山間地に鎮座の熊野大社を奉斎した。だから、上古代出雲の第一の大社は杵築大社（現・出雲大社）ではなく、熊野大社のほうであった。

出雲鎮定にあたっては、「考古資料からみて吉備氏が出雲平定に加担したのは事実だ」と武光誠氏はみる（『日本誕生』）。大和王権による出雲の首長殺害について、『記』では倭建命の手柄だとして景行段に記すから、これが何時の事件なのかを確かめる必要がある。

地理的にみて吉備から中国山地を越えた地に位置するのが出雲だから、この地が大和の王権に服属するようになる時期も、おのずと上限が定まる。大和勢力の出雲方面への侵攻には、同じ日本海沿岸で東側の丹後方面からよりも、南方の吉備・美作方面から来た軍事力が大きく働いた。これは、その後の山陰地域における古代の氏族分布などから窺える。

そうすると、大和王権がまず吉備を押さえ、次いで出雲の討伐という順序であって、出雲の服属時期も、同じ崇神朝のなかであっても遅いほうの後末期頃以降となる。鎮定側のなかに阿倍氏の祖・武渟川別命があげられるのも、それを示唆する。『書紀』にいうように吉備勢力が出雲鎮定に主担ないし加担したのなら、崇神六〇年（これについて具体的な年代換算を試みると、西暦三三〇年頃か）という記事の年代は不自然ではない。

垂仁紀七年条には、出雲から出た野見宿祢の大和における角力《すもう》伝承が見え、この者の系譜は飯入根の甥とされるから、垂仁朝初期頃までに出雲全体が服属した事情が、ここでも窺われる。同朝の二七年条には、出雲国造の祖・武日照命《たけひてる》の「天」（高天原のことで、北九州の故地）より将来した神宝に関して記事がある。まず物部一族の武諸隅（矢田部造の遠祖だが、年代的にこの名は疑問）を遣わして献上させようとし、次いで物部十千根大連を遣わして、出雲の神宝を検校させた記事が見える。出雲大社に所蔵された神宝の献上・検校が大和王権へ服属に関して大きな意味があったのである。

出雲侵攻に関する文献上の史料では、吉備部姓の人々の分布がとくに出雲西部の出雲・神門の諸郡に多く見られ（天平十一年の『出雲国大税賑給歴名帳』などの史料）、これも出雲侵攻に吉備が加担した証左とされる。『出雲国風土記』には神門郡主政で吉備部臣も見える。この氏自体は出雲国造の一族であっても、吉備部を管掌する氏がとくに西部の神門郡にあり、吉備部君も見える。太田亮博士は、出雲郡の漆部《ぬりべ》郷・河内郷、神門郡の朝山郷（加夜里）・滑狭《なめさ》郷等に吉備部を名乗る人々三十一名をあげ、「吉備の勢力の出雲に及びしを知るに足らん」と指摘する（『姓氏家系大辞典』一九三九頁。上記歴名帳には日置郷なども含め四三名掲載）。漆部は久米氏族管掌の部で出雲・美作に見え、加夜は吉備一族の賀陽臣に通じる。出雲郡には吉備本貫の笠臣の居住が天平頃にあり、逆に備中国の天平十一年の「大税負死亡人帳」には出雲部の人も見えるが（窪屋郡美和郷の出雲部刀、賀夜郡葦守郷の出雲部羊売・出雲部小麻呂でいずれも戸口）、その数は少ない（山背国愛宕郡には出雲臣・出雲部も見える）。

考古学上の知見では、纒向遺跡から出土した「鼓形器台と土製支脚」が取り上げられる。橿原考古学研究所・関川尚功氏の記事（『大和・纒向遺跡』増補版、二〇〇八年）に拠ると、両土器は共に山陰地方を出自とする点で共通性をもつが、出土量こそ少ないものの九州から関東まで幅広く分布し、纒向遺跡の外来系土器の中では最も広範囲にわたる。「纒向遺跡における土製支脚などの出土は、土器の搬入などの事象が単なる交易などのみに限定されるものではなく、頻繁な人的移動を考えさせるに十分であったと思われる」とされる。両土器の時期別の出土量を見ると、纒向３式（その３式新期が布留０式に対応する箸墓古墳の築造時期）から増えだし、次の纒向４式の時期には両土器とも急激に増加する。

こうした山陰系の土器の動きは、崇神朝末期の出雲鎮定と動きが符合する。伯耆・因幡でも、考古学上の知見で、古墳時代中期頃までは吉備勢力の影響が強く見られる。崇神朝はほぼ布留０式の時代で、これが古墳時代前期（初期）に当たるから、主に吉備氏とその配下（随従）関係者の加担による大和王権の出雲討伐は事実とみて良かろう。

出雲の前期古墳

前期古墳を見ると、**出雲西部**では、平野部の宍道湖西岸に前期後半頃の大寺古墳（出雲市東材木町）があり、出雲平野で最古（四世紀代）の前方後円墳とされる。全長約五〇メートルで柄鏡式墳丘をもち、乱掘後であるが、鉄斧・鍬先・鉇・鉄鏃や短刀六以上が出た。これ以外は、西部の中枢たる平野部ではその後にめぼしい古墳はない。

内陸部に入った斐伊川中流域では、大寺古墳より早い築造ともされる前期古墳が三基ある。なかでも、景初三年銘の三角縁神獣鏡が知られる神原神社古墳（一辺二十メートル台の方墳）が著名で、素環頭大刀等など多量の鉄器や農工具が出た。なお、斐伊川が出雲平野に注ぐ西谷丘陵上にある**西谷古墳群**は、弥生後末期ないし発生期古墳くらいの墳墓群とみられ（主に平定以前の出雲旧来の勢力の弥生墳丘墓か）、西谷三号墳では吉備型の特殊壺と特殊器台の破片が多数発見された。これらの事情は、「三～四世紀における、斐伊川沿いの在地首長と吉備勢力の親縁性の一端を物語る」とされる（前島己基著『日本の古代遺跡20島根』）。

このほか、斐伊川中流域に前方後方墳の松本三号墳・松本一号墳（ともに全長が五〇メートルほど。旧飯石郡で、雲南市三刀屋町）がある。両墳の墳形は出雲最古級とされ、吉備地方の豪族との密接な関わりもいわれるから、もともと出雲在地の豪族の墳墓かどうかは不明である（出雲在地の豪族の場合は、出雲郡勢力の討伐の際に、大和王権についたものか）。前者の三号墳は前方部がバチ形で、立地・墳形から前期前半に遡る可能性があり、後者の一号墳も、前方部先端が開く形で備前車塚古墳との類似性が指摘される（主体が三つで、獣帯鏡、ガラス製小玉多数・碧玉製管玉、鉄剣・刀子、ヤリガンナが出土）。以上を総じていえば、当地の弥生後期の大型墳丘墓に比べ、前期古墳期では、古来の墳墓築造勢力に大きな弱体化が見える。

　これに対し、**出雲東部**の前期古墳では、安来市の飯梨川西岸の荒島丘陵に大成古墳（一辺が東西六五×南北四四㍍という大規模方墳。三角縁神獣鏡〔同型鏡が伝大阪府高槻市将軍塚出土鏡等〕・素環頭大刀を出土）、造山一号墳（一辺が五五×六〇㍍〔一に一辺約四〇㍍〕という大規模方墳。三角縁神獣鏡〔千葉県木更津市の手古塚古墳に同型鏡〕・方格規矩鏡二面・紡錘車・素環頭大刀を出土）、造山三号墳（一辺が五八×四八㍍〔一に一辺約三九×三二㍍〕。半三角縁神獣鏡〔類似鏡が佐味田宝塚等にある〕、管玉等の玉類を出土）がある。これら荒島丘陵の諸方墳は規模が大きく、強大な地域勢力の出現を示す。大成古墳から出た土器は畿内の布留式古段階の特色を持っており、上記内容の出土鏡と併せ、この頃（垂仁・景行朝）までに出雲東部が大和王権と接触し、その勢力下に入ったとみられる。

　安来市街地付近を流れる伯太川の中流域には、恋ノ奥（堂廻《どうさこ》）一号墳（安来市松実町。全長三二㍍）という柄鏡式の前方後円墳があり、上記出雲市の大寺古墳に墳形が似ている。これら柄鏡式古墳は、墳形と規模・地域からみて、出雲鎮定の後に大和王権関係者により築造された可能性がある。安来市の東隣、鳥取県西伯郡南部町には普段寺一号墳という山陰最古級の前方後方墳（全長二五㍍で、三角縁神獣鏡を出土）がある。近隣に鳥取県第二の規模で中期の前方後円墳、三崎殿山古墳（全長約一〇八㍍）もある。両墳は日野川中流西域にあって、倭・鴨部・安曇の地名も近くに見え、和珥氏族に関連するか。

中海西岸の松江市新庄町の低丘陵にある八日山古墳（一号墳。一辺二四メートルの方墳で外形消滅）からも、珍しい三角縁神獣鏡（三角縁波文帯四神二獣鏡）が出た。この「同范鏡」（同型鏡とするのが正しいとされるが、本書では両方の意味で用いる）としては、美濃の各務原《かがみはら》市鵜沼西町の一輪山古墳（前期の円墳で大破消滅）のもの一面だけが知られる。これも、美濃勢力の出雲鎮定への関与を示唆する。これら東部の前期古墳は殆ど皆、方墳であって、八日山に近い名分丸山古墳が前方後方墳（墳長三八メートル）くらいである。

こうした古墳分布状況からみて、出雲東部に比べて出雲西部の敗北ないし劣勢を窺わせる。全国的に見ても、出雲は前方後方墳が多い地域であった。その築造時期の継続も特異であって、全国の前方後方墳は殆どが古墳前期に築造され、中期以降は消滅したのに対し、出雲では約八割が中期末以降から後期に造られており、全国の趨勢とかけ離れた動向を示している。古墳の規模は総じてあまり大きくなく、後期古墳の時代になってようやく、中部の山代二子塚古墳（前方後方墳。円筒埴輪V式を出土）、西部の斐伊川下流域に大念寺古墳（前方後円墳。円筒埴輪V式・金環・轡・杏葉等を出土）という出雲最大級の古墳が出てくる。それでも、共に全長が九一、二一メートルほどであった。山代二子塚は出雲国造本拠地、意宇郡山代郷にある。吉備地方でも、前方後方墳が割合多い事情にある。

出雲街道の役割

文献や伝承からみて、出雲制圧には、吉備氏配下の主要武力として**久米部族**や伯耆・因幡の国造族などの果たした役割が大きかった。久米部族は大和から吉備津彦（桃太郎）に随従してきた「犬」（犬トーテムを持つ山祇種族）にあたるが、吉備平定の後の出雲制圧にあたっても吉備氏とともに関与した。また、「雉」（鳥トーテムを持つ天孫種族）にあたるのが、天若日子後裔の伯耆国造族であった。「猿」（これも天孫種族。鉱山師、鍛冶部族を象徴するか）は、少彦名神後裔氏族や物部氏族、その同族・鏡作氏族だとみられる。『太平記』巻三九には、「春日野の神鹿、熊野山の霊烏、気比宮の白鷺、稲荷山の名婦（狐のこと）、比叡山の猿」と当時の神社祭神の使いとしての霊動物をあげるが、比叡（日吉）の猿に通じそうである（この霊動物が表す気比宮の祭神は不明だが、倭建命に通じるものか）。

久米部族が古代で繁衍したのが、吉備のなかでも美作地方である。吉備と出雲との間にある政治的交通的な要衝地で、中央部の久米郡や苫田・勝田郡などを横切って、出雲へ向かう街道が通る。「**出雲街道**（出雲往来）」は、東の播磨から北西に向かい進んできて美作に入り、美作中央部の久米郡久米郷辺り（津山市西部の院庄の辺り。いま同市に編入の旧久米町の東方近隣）で二つに分かれる。その本道は、さらに北西に進んで四十曲峠《しじゅうまがり》を越えて伯耆西部に入り、米子地域に至る道（出雲街道、概ね現在の国道一八一号）となる。もう一つの道は、久米郷辺りで向きを真北に変えて進み、人形峠を越えて伯耆東部に入り、倉吉地域に至る道（概ね現在の国道一七九号）になる。隠岐に流された後醍醐天皇が経由地で宿泊したのも院庄の美作守護の館で、ここに児島高徳の伝承が残る（ＪＲ院庄駅の北西近隣）。

これら美作から北上する二つの道が伯耆の東・西の平野部に出る地点に、各々久米の地名が見られる。東伯の現倉吉市域には伯耆国久米郡久米郷があり、西伯では米子市久米町があって、当地の米子城は別名『久米城』と呼ばれる。この城は、江戸初期に伯耆一国を治めた中村氏の米子藩藩庁で、元は応仁の乱時に伯耆支配の山名氏による築城とされる。

出雲の松江市にも、市街地北方に法吉《ほっき》町字久米の地名がある。「法吉（ホフキ、ホホキ）」は「伯耆・伯岐（ハハキ、ハウキ）」とほぼ同訓とされよう。『古代地名語源辞典』では、ハキ・ホキともに「剥ぎ」

に由来して、崖地の意味と解するが、この記事の是非はともかく（というより、私にはやや疑問であるが）、両語の同源性は認められよう。

島根郡の法吉郷は『出雲国風土記』や『和名抄』に見え、同地には延喜式内の法吉神社もある。同社は、「ウムカヒメが法吉鳥（鶯のこと）となって飛来し鎮座した」という『風土記』法吉郷条の記事に拠り、祭神をウムカヒメ（宇武加比売命。ウムカヒ女）とされる。ハハキが伯耆、箒の意であるとしたら、天若日子（倭文《しづり》連・鳥取連等の祖）の殯をしたとき、その箒持を川鴈という鳥が務めたという記紀の所伝も関係し、「法吉」は鳥に関係する。

楽々福社の伝承

吉備による出雲平定は、概ね上記の出雲街道を通ってなされた。このことは、伯耆西部の日野郡に多く分布する**楽々福《ささふく》神社**関係の所伝によっても分かる。出雲街道は美作を出ると難所の四十曲峠を越えて日野郡に入り、日野川に沿って北上する。日野川の本支流域には楽々福神社とそれに関連する神社が、日南町宮内の東宮・西宮のほか、分布が多い（同町印賀、西伯郡伯耆町〔もと溝口町〕宮原、同郡西伯町篠相、米子市安曇など）。これら神社は、現在、孝霊天皇と吉備津彦命（彦五十狭芹彦命）・稚武吉備津彦命（彦狭島命。『伊福部臣古志』に見える橘入来宿祢とも同人か。橘入来宿祢は能登国造の祖・大入杵命に通じる）の全てかその一部の人々を祭神として祀る。これは、吉備氏族が孝霊天皇を祖先とする系譜を古くから称したからであるが、伝承では孝霊天皇自身が当地日野に来て陣をはった（あるいは当地で崩御した）ともいう。大山町の孝霊山麓の高杉神社は、孝霊天皇を祀るという。

楽々福関係諸社の由来の中核をなすものに**悪鬼退治の**伝承がある。これは吉備の鬼退治伝承につながるが、伯耆町には大山の西側に鬼住山《きずみ》もある（標高三三〇メートル。合併前の溝口町では、日本最古の鬼伝説の町として鬼を題材とする「町おこし」をしていた）。坂田友宏氏は、「ササフク信仰は吉備津系の信仰であった」と記述する（『日本の神々　7山陰』二五〇～二六〇頁）。ササフク神社は、出雲国内でも、東部の能義郡に佐々布久神社（安来市広瀬町石原）として鎮座する。楽々福神社伝承では、孝霊天皇の皇子鴬王という者も登場し、これが上記の両吉備津彦に代置されるが、鴬が法吉鳥と呼ばれたという『出雲国風土記』法吉郷の前掲記事と関連して興味深い。とすると、鴬王はその実体が鳥に関係深い伯耆国造の祖にあたることになる。楽々福神社の鬼退治伝承では、鴬王が討死して、その後は大矢口命が主体で退治したとも伝えるが、これは山陰道や吉備に分布した物部氏一族の祖であった。

鳥取県日南町にある楽々福神社

日野川の上流部で美作の国境に近い日南町南部に位置する大倉山（標高一一一二メートル）及びその西側の鬼林山（同一〇三一メートル）にも、「孝霊天皇」に退治された鬼が住んでいて、前者は牛鬼山とも呼ばれた。その山麓の石見神社は大国主命・八上姫命が祭神で、孝霊天皇が大和三輪山大明神を勧請して祀ったと伝える。神社から大倉山の手前のピークにある大岩は、大倉山の御神体が降臨した岩で、牛鬼の住処でもあって、この岩が見えることから、このあたりの地を石見といったという（現在も日南町の大字）。

こちらの伝承では、鬼住山及び鬼林山《きりんざん》に邪鬼がいて人民を悩すことを孝霊天皇が聞き、歯黒皇子（実体は吉備津彦のことか）並に侍臣の大水口宿祢の子・新之森王子、大矢口宿祢の子・那沢仁奥等を率いて邪鬼を討伐し、鬼林山麓に行宮を営んだが、これが現在宮内に鎮座の東・西の楽々福神社となると伝える。その頃、備中にも石蟹魁（いしがにたける。大倉山の東南近隣、岡山県新見市石蟹の賊酋）という者があり、天皇が近くに居ると聞き凶徒を集め天皇を襲おうとしたので、歯黒皇子を軍将とし新之森王子を副将として征伐したこと、歯黒皇子は武勇に勝れたので、天皇巡幸の時には随行させて出雲振根など各地の者どもをことごとく鎮定し、王化を遠方広範に布いたと伝える。

出雲街道が吉備による出雲平定に密接な関係があった場合、楽々福神社は、名前からみて、吉備伝承の楽々森彦（ササモリヒコ）につながる可能性も指摘される（結論的には別ものかもしれない）。この者は、桃太郎（吉備津彦）の「猿」に当たるとされる。「ササ（楽々）」とは、砂鉄の意味とみられている。楽々福神社が数多く分布する日野川流域は、砂鉄の産地で古代「たたら製鉄」の残滓が出土する古代製鉄群が発見されており、ササフク信仰は製鉄神信仰であった。最近までに、日野町・日南町では百を遥かに超えるたたら製鉄跡が見つかっている。吉備でも、鉄産地を流れ吉備津彦の温羅退治伝承が残る足守川流域には、吉川八幡宮（加賀郡吉備中央町吉川）など楽々森彦を祭神とする神社が少なくない。猿が神体とされる美作一宮中山神社は、鉄鍛冶に関係深い天孫系氏族（鏡作氏族か物部氏族）が奉斎した古社であり、同社の祭神は諸説あるが、多く金山彦命あるいは鏡作命と

大山山麓の大山寺本堂（鳥取県西伯郡大山町）

される。美作国では苫田郡及び勝田郡には、鏡に通じる香美《かがみ》郷（前者は苫田郡香々美、後者は勝田郡勝央町上香山・美作市下香山一帯）があることにも留意される。

伯耆西部の日野郡には「金持《かもち》」（同郡日野町金持）の地名があり、この地に中世の有力豪族**金持氏**が起った。砂鉄・玉鋼の産地を地盤にして勢力を伸ばしたといい、鎌倉前期には伯耆守護にも任じた。後醍醐天皇が隠岐脱出後の元弘三年（一三三三）の船上山合戦では金持広栄が一族・郎党三百余騎を率いて参加し、これに続く同年四月の六波羅探題攻めにも参加、奮戦した。大山寺宝殿を造営したと『大山寺縁起』に見えるのが金持広重で、その後裔になる。藤原姓を称し、頼朝の時の長谷部信連の後裔とも称したが、その実、古来からの楽々福神奉斎の鍛冶部族の出であろう（カモチが賀茂地とみれば、鴨族の可能性もある）。

楽々福神社旧神主の**入沢氏**（名沢氏）は、稚武彦命に随従して伯耆にきた大矢口宿祢を祖とする物部姓で、那沢仁奥の後裔だという（『伯耆志』など）。物部氏も鏡作氏も、ともに鍛冶神天目一箇命の後裔にあたる。入沢氏は美作国真庭郡にも多く、備前や因幡にも分布が見える。大矢口宿祢は因幡の宇倍神社祠官家伊福部臣氏の祖先にあげる人物（『伊福部系譜』のなかで一般に「武牟口命」と解される者であるが、「牟」は「矢」誤記に因る把握）であり、この家が因幡（稲葉）国造だという主張があり（『因幡志』）、「国造本紀」の記事（稲葉国造は彦坐王後裔と記）とは異なるが、こちらのほうが正伝かとみられる（拙著『物部氏』を参照）。

出雲平定への久米氏族等の関与

久米氏族などが出雲平定にも関与したことをもう少し見てみよう。出雲街道はまた鉄の道でもあった。出雲・伯耆は良質な砂鉄がとれるので、両地域で鉄文化が発展したが、出雲から大和を結ぶ道は「鉄の道」と言われた。美作はその街道沿いの地域として栄えた要素もあったうえ、美作という地域自体でも鉄・銅を多く産出した。

出雲街道は中国地方第一の高峰大山《だいせん》（主峰の弥山は標高一七一一メートル）の西側を通る。この大山の神、国史所見の「**大山神**」に当たるのが伯耆国会見郡の式内社・大神山神社である。同社は伯耆二宮とされ、里宮は大山西麓の米子市尾高に、奥宮は大山の北側中腹（西伯郡大山町大山）に鎮座する。祭神は現在、里宮・奥宮とも大己貴命とされ、里宮

大山（鳥取県西伯郡大山町）

は大山津見命・須佐之男命・少名毘古那神を配祠する。大山には雨をもたらす水神が坐すといわれる。美作でも大己貴命が地主神とされる事情があって、「大神、美和神」が吉備及び周辺ではかなり見える。備中国窪屋郡に美和郷があるが、その地（現総社市三輪）に遷座してきた式内社百射山神社の祭神は大山祇神とされる。一方、吉備氏の実際の遠祖神は「大神」たる大己貴命であり、備前国上道郡の唯一の式内社が大神神社であったことも先に触れた。

大山には地蔵信仰が根強いが、この信仰は火の神・火産霊《ほむすび》神（火之迦具土《かぐつち》神）や塞之神につながる。火神はまさに山祇系種族が奉斎した遠祖神であった。そうすると、美作から伯耆にかけての出雲街道の要所を押さえた久米氏族によって、大山神が奉斎されたものか。美作の久米郡久米郷の沿革として、崇神天皇の十年、四道将軍が派遣されたとき、出雲に対する備えとして軍事・警察を所掌する久米部をこの地に封じたという所伝がある。

久米部族は出雲にも多く分布する。『出雲国風土記』は意宇郡条に有力社として「久米社」をあげる。同社は延喜式内社でもあり、現在は近隣の熊野大社に合祀されるが、このほか論社として島根県能義郡伯太町横屋比婆山に鎮座の比婆山久米神社（現熊野神社）もあげられる。松江市の上東川津町の門戸谷には島根郡式内社の門江《かどえ》神社（国石大明神）が鎮座したが、これも久米氏族の職掌「門部」に関係ある神社か。「国石」は国主の転訛というから、一般に解される大国主神（大己貴命）ではなく、むしろクズ（国栖）であって、国石神とは久米氏族の祖・天手力男命（天石門別命）を意味しよう。

久米氏族は、中央で「漆部《ぬりべ》」を管理した漆部造を出した（大和国宇陀郡居住。この氏が物部氏族とするのは系譜仮冒）。その一族が美作国久米郡に居たが、漆部の部民が出雲にもあった。天平年間の『出雲国大税賑給歴名帳』には、出雲郡の「漆部郷深江里」に吉備部當女が見え、同郡の出雲郷朝妻里に漆部伊毛売などや、「漆沼郷工田里漆部直毛呂女」、「犬上里漆部直玉手」などもいた。これらは、吉備とともに久米氏族が出雲平定に関与した傍証である。

久米氏やその部族は、石見国那賀郡の郡領家でもあった（『三代実録』元慶八年〔八八四〕条には権大領久米連岑雄〔旧姓は村部〕、主帳久米連福雄の二人の名が見えるが、これら郡領は大化前代からの世襲か）。この石見国那賀郡と伯耆国久米郡とが、東西から出雲国を挟むように置かれ、出雲でも意宇国造家の本拠近くに久米神社があった。こうした配置は、出雲勢力の監視役に相応しい。石見国那賀郡には石見郷もあって、石見国造の本拠とみられる。

吉備氏の本拠地域にも「久米」の地が複数ある。岡山市西部には、備前・備中の各々一宮たる吉備津神社・吉備津彦神社と前期の大古墳たる中山茶臼山古墳・尾上車山古墳が一群でかたまる地域があるが、その数キロ南方の砂川西岸に久米の地（現岡山市北区久米で、もと御津郡に属）があり、その約十キロ北西で、作山古墳の四キロ北方にも久米（現総社市久米で、もと賀陽郡に属）があって、その中間に吉備中枢部を挟んでいる。こうした配置は、吉備氏と久米氏族との密接な関係（こちらは随従関係か）を裏付ける。

美作の久米郡には弓削郷があり、**吉備弓削部**の本拠地とされる。吉備弓削部は、美作から西方の備中北部にかけての山間地で古代・中世に広く分布した。中世の哲多郡の大族新見氏なども出した可能性がある。出雲でも、出雲郡漆沼郷の工田里の吉備部目列が戸主弓削部首羊の戸口であり、同郷深江里の弓削部首吉事なども見えるから（『出雲国大税賑給帳』）、吉備弓削部も吉備・出雲の鎮定に関与したとみられる。雄略紀（七年八月条）には、朝廷の官者の吉備弓削部虚空《おおぞら》が吉備氏討伐に関連して見える（後述）。

美作国久米郡弓削郷の南隣は備前の建部郷であった。この両郷を中心として吉備（広域）北部の山間地には、吉備弓削部など鴨族が古来、繁衍した。美作には久米・勝田・苫東の各郡に賀茂郷があり、備前の津高郡にも同名の郷があった。美作に起った棒術・小太刀などの古武道（竹内流等）は、中世では美作菅家党の流れを汲む諸氏が関係し、吉備地方の棒振り神事などもあって、古代の吉備弓削部・関係者の血脈や伝統をひくとみられる。

このほか、**和珥氏族**も出雲平定に関与した。西伯の日野川中・下流域に会見郡の会見郷・安曇郷の地名と大古墳を残し、出雲東部の出雲・神門両郡に丈部臣という氏をかなりの数で広く分布させた（『出雲国大税賑給歴名帳』）。出雲の神門郡に丸部、因幡国法美郡に丸部臣が見え、これらは丈部臣と同族とみられ、崇神朝の彦国葺命の弟・小篠命の後裔に丸部・丈部があるとその系譜に見える。「会見」は近江と同訓で「アフミ」であり、「安曇」の地名は和珥氏族の分布とも関連する（近江・美濃や三河と同様で、安曇連に限定されない）。平城京左京の丈部臣、平安京右京の丈部（『姓氏録』左京皇別）も出雲の丈部臣と同族か。

中国地方の国造設置時期

中国地方、とくに山陰道の古代国造設置の時期についての所伝を考えたとき、興味深い点がある。大和朝廷が出雲を平定したとき、在地の意宇郡勢力のなかから鵜濡渟命《うかづくぬ》（宇迦都久怒命）を出雲国造に登用した。この国造家の祖・櫛八玉命が国譲りのときに「鵜」に変身して土器を造り、天の御饗を献上したことが『古事記』に見える。同じ「鵜」に変身した伝承の楽々森彦も、鳥トーテムをもつ同族（天孫族系）であろう。

同じ崇神朝に、「国造本紀」では波久岐《はくき》（一に與止岐）国造、石見国造、吉備中県《なかあがた》国造という三国造も定めたとある（ただし、「国造」といっても、実際に国造という職名がこれら国造設置当時から使用されたかどうかは疑わしい。「国造本紀」の山城国造〔実態は山代県主か〕と山背国造の重複記載例の対比などから考えると、当初はある程度の広域の長で「県造、県主」くらいの名で始まった職であって、成務朝頃になって「国造」という名に変わったのではないかと推される）。

中国地方では、上記四国造が他の諸国造に先行して設置がなされたと記される。これは、何らかの事件をきっかけにした一斉の設置とみられるが、その事件とは何だったのか。明治期の鈴木真年は、「與止岐国造以下ハ此ノ御世ノ幾年ナリシヤ未詳ドモ、與止岐石見等ノ国ハ出雲国造ヲ定メ玉ヘル比《ころ》ナルベク、吉備中県国ハ吉備津彦命十一年ニ平定ノ功ヲ奏セシ比ナルベク」という指摘をする（『日本事物原始』）。

まず、基本的な点を押さえると、「国造本紀」の記事では次のように記される。

波久岐国造　瑞籬朝、阿岐国造同祖、金波佐彦の孫、豊玉根命、定賜国造。

石見国造　瑞籬朝御世、紀伊国造の同祖、蔭佐奈朝命の児、大屋古命、定賜国造。

吉備中県国造　瑞籬朝御世、神魂命の十世孫、明石彦、定賜国造。

このうち、**吉備中県国造**は久米氏族の出であり、その国域については、従来は備後国後月郡（栗田寛など）とか備後北部の山間部という説が多かった。それら比定の根拠が弱いうえに、いずれも地理的に狭小すぎ、かつ、枢要の地ではなく、問題が大きい。古墳など考古遺物にも乏しい事情も加え、比定が困難である。このため、総合的に考え直すと、久米氏族の分布が多く、出雲との関係で地理的に重要であって、古墳などでも当時の勢威が示される美作国を中心とする地域に、久米氏族から出た国造をおく形の比定案が比較的妥当そうでもある（吉備中県国造か大伯国造かで、諸事情から前者か。「国造本紀」には元明朝の和銅六年、備前国から割いて設置の「美作国造」が見えるが、吉備中県国造はその頃に当初設置地域では絶えていたか。備中西端部という見方もありうる）。一つの試案として提示しておく。

美作二宮の高野神社（苫東郡。もとは高野本郷に鎮座か）は、現祭神が彦波限建鵜草葺不合尊（神主漆間氏の遠祖と称した稲飯命の父）とされるが、本来の祭神が変化した可能性が大きい。元は、末社に門守神（豊磐窓・櫛磐窓の両門神）、国石神（月読尊という）や漆神を祀るように、久米氏族の漆部氏が高野丹生明神を祀るものであろう。紀国造同族の丹生祝氏が奉祀した高野（狩場）明神には白黒二犬を従えたとの伝承もある。

波久岐国造については、「鼇頭《ごうとう》旧事紀」といわれる延喜本『旧事本紀』に「波久岐可作與之岐疑今周防国吉敷郡」と記されており、鈴木真年翁もこれを受けた形で「與止岐」と記している。しかし、周防国吉敷郡に玉祖郷があっても、同説の決め手にはならない。波久岐国造が周防国吉敷郡とすると、近隣の佐波（沙婆）県主との関係でも不自然さがある。それに加え、「波久岐」の意味は何なのか、なぜ崇神朝という時期に設置されたのか、という視点からの検討が欠かせない。とくに、周防国吉敷郡という吉備からかなり離れた飛び地（しかも、畿内により近く、広域である安芸国すら国造が置かれていない時期に、安芸を飛び越えた地）に崇神朝当時に国造を設置する意義は、まず認めがたいし、不自然である。

そうすると、「波久岐」の意味としては同訓の「伯岐」、すなわち伯耆と同じとみるのが自然である。波久岐国造条が置かれる「国造本紀」の記載位置からは、周防国内とするのがよさそうであるが、同書の記事には数多くの混入・倒置・重複の例があり、内容的に考えて実際の地理配置を重視するのが妥当であろう。ハクキは、笠臣の祖・鴨別命が封じられたと応神紀に見える「波区芸県」という地名（小田郡地方か）にも通じる。

河村郡の倭文神社（鳥取県東伯郡湯梨浜町）

「国造本紀」の伯岐国造の記事には、「志賀高穴穂朝御世、牟邪志国造同祖の兄多毛比命の児、大八木足尼」が国造に定められたと見える。この記事からは、山陽道の周防国大島の大嶋国造家（「无邪志国造同祖の兄多毛比命の児、穴委古命」が初祖）と同族であって、設置時期も同じ成務朝とされる。とはいえ、伯岐・大嶋という中国地方の国造の系譜が、この当時、遠い東国の武蔵国造家一族から出たとはまず考え難く、系譜所伝の錯乱であろう。

伯岐国造家が倭文《しづり》神（建葉槌命）を奉斎し、伯耆国内に一宮たる倭文神社（河村郡）や同名の倭文神社（久米郡）を祭祀し、鴨神の奉斎も多い。美作国久米郡や因播国高草郡に倭文（委文）の郷・式内社もある。これら諸事情から、「国造本紀」記事の系譜との相違があるものの、系譜は大和国葛城地方に発する倭文連・鴨県主の一族とみられる。烏（カラス）が周防の島明神の神使と『古今著聞集』に見えるのも、大嶋国造の出自を傍証する。

西伯耆の日野川流域には、吉備津彦と一緒に行動した大矢口宿祢や「鴬王」（伯耆国造の祖か）の所伝が残り、関連する楽々福《ささふく》神社の分布も著しい。伯耆国造や倭文連については、系譜が具体的に伝わらず、極めて難解だが、地名や衣服管掌などから追いかけると、山城の鴨県主や三野前国造の一族で、後者の始祖神骨命《かむほね》（『記』に神骨が「彦坐王の子」とする系譜は仮冒）の近親子弟から出た可能性が大きい。神骨命は長幡部《ながはたべ》の祖ともされ、長幡部と倭文連という繊維・衣服部族の分布は、ともに武蔵・常陸などの東国にもある。西伯には、中世の内宮領に三野御厨の地名も見える（『神鳳抄』。日吉津村あたりか。美濃村とも書く）。伯耆一宮の倭文神社では、雉だけは絶対に献饌しないという禁忌があって、同社奉斎氏族の系譜を示唆する。日吉津村の蚊屋島神社祠官田口家にも、雉肉食用の禁忌の伝えがある。

以上の事情から、崇神朝に先ず「波久岐」の県造が設けられ、それが成務朝に「伯岐」という表記の国造に変わったとみられる。伯耆国造が倭文連一族と同族だとしたら、古代の出雲国内に多く見られる倭文部は、出雲平定に伯耆国造族が関与した傍証とされよう。出雲では、征討対象地域の西部の神門郡（朝山・日置・滑狭・多伎郷）に臣・臣族・首及び部姓（無姓）という各種の倭文部が顕著に分布した。美作国久米郡に倭文郷があり、美作の名族には長畑・永幡（ともに長幡部に由来）があった（『姓氏家系大辞典』）。

伯岐国造に関連して、「ははき」が鴬という鳥の名に通じるという伝承は無視できない。というのは、桃太郎伝説の「雉」の名が留玉臣命（遣靈《やりたま》彦命、置玉彦命、留霊彦命、富玉臣とも表記）だと伝え、この名は「国造本紀」に見える波久岐国造の祖・豊玉根命にも通じる。新見市豊永赤馬にある日咩坂《ひめさか》鐘乳穴《かなちあな》神社は、英賀郡式内の比売坂鐘乳穴神社に比定されるが、その末社に明日名門神社があり、天手力雄命・豊玉彦命と素盞嗚命を祀る。「明日名門《あすなと》神」の実体は、倭文連・鴨県主等の遠祖・天背男命のことであり（久米氏族の祖・手力雄命ではない）、そこに豊玉彦が祀られるのは興味深い（海神族ではなく、鴨族同族の者とみられる）。

「犬、雉、猿」後裔の吉備津社家

備中一宮たる吉備津神社の南随神門には、犬飼建命と中田名命（名方古世命、中田古名命）が祭祀される。前者は「犬」で犬飼部（犬養部、犬甘部）という職業部の祖であり、楯築遺跡の東南側の日畑《ひばた》（倉敷市東北端）の住人と伝える。犬飼建は片岡建ともいったから、日畑の岩倉神社で祀られる片岡の伊狭穂（大稲船命。吉備津彦に随従）と同人か。楯築遺跡南側、日畑の山丘には大型横穴式石室墳として王墓山《おうぼさん》古墳（墳形は不明も、円墳か方墳で径二五メートルほどか。金銅製馬具や甲冑等を副葬。同型の画文帯仏獣鏡が名古屋市大須二子山古墳等から出て、五世紀末頃の築造か。井原市産の浪形石の家形石棺をもつ）もある。これを含む王墓山古墳群は、赤井西・大池上・真宮・東谷の四古墳群から成り、約六〇基知られる。

古代の備中国賀夜郡多気郷には犬甘部首土方《ひぢかた》が見え（『大日本古文書』天平十一年）、浅口郡に奈良期の製塩業者として犬養部鴈手《かりて》が見え（『続紀』霊亀二年八月条）、「犬飼」の地名も同郡にある（現・浅口市鴨方町小坂東のうち）。いまも犬飼の苗字は岡山県及び長野県に多い。因幡にも権弩師《どし》（「弩」〔ど、おおゆみ〕で射撃用武器）で犬飼造があった（『西宮記』巻四）。犬飼建の後裔という者も吉備津社家関係者にあって、明治~昭和初期の大政治家の木堂・犬養毅（賀陽郡庭瀬村〔岡山市北区川入〕の大庄屋・犬飼源左衛門當済の次男）を出した。美濃国にも、大宝二年（七〇二）十一月の御野国味蜂間郡春部里（後に『和名抄』の池田郡春日郷）の戸籍に犬甘部鳥売・同善売が見える。吉備の犬飼一族は伊勢・美濃方面から来たものか。

吉備津社における犬飼建命後裔の社家は不明も、美作一宮の中山神社の神主家・美土路《みどろ》氏の可能性は先に触れた。『姓氏録』では和泉にあげられる「犬養」は若犬養宿祢だけだが（同氏は河内神別にも掲載）、宮城十二門のうちの皇嘉門（当初は若犬養門）を延暦十二年（七九三）に備前の若犬甘氏が造ったという所伝にも関係するか。

若犬養氏では、乙巳《いっし》の変で蘇我入鹿を斬った葛城稚犬養連網田が知られる（皇極紀）。若犬養氏の分布等を考えると、天火明命後裔の尾張連一族に出たとする系譜（『姓氏録』や『旧事紀』天孫本紀）には疑問もないでもない。その場合には、紀国造同族の爪工《つまたくみ》連一族に出て、伊勢の安濃県造一族から出たと推される県犬養連の同族か。爪工連は『姓氏録』では和泉にも見える。安閑紀二年八月条には諸国に犬養部を設けると見えるが、

旧犬養木堂生家の主屋（岡山市北区）

犬飼建命はその一つの流れの祖と位置づけておく。久米氏や紀（紀伊）国造など山祇種族には、犬祖伝承、犬狼信仰や、月星祭祀が顕著なことに留意される。

南随神門でもう一人の**中田名命**のほうは、留玉臣命と同人ともいう。そうでない場合でも同じ系統・種族で鳥飼部という職業部と関わりがあった。「**雉**」の子孫が鳥越氏、鳥飼氏ともいい、前者は吉備の小田郡東川面《かわも》（小田郡矢掛町東川面）の庄屋にあり、地元の大元《おおもとうごう》鵜江神社の神職も鳥越氏という。稚武彦の子孫で下道系統というが、雉の子孫が鳥越だとの伝承がよさそうである（可能性としては、下道系統に入り込んだ笠臣など鴨族の流れか）。祭神を吉備津彦命・宇良御玉命とし、その西南近隣の西川面にも同名の鵜江《うのえ》神社があって、祭神を吉備津彦尊あるいは楽々森彦命とする。北辰信仰も後に見えて、少彦名神後裔関係を思わせる。これら両者の近隣には、別の鵜江神社や鵜飼荒神社、荒神社が多く見える。西川面の伝承では、楽々森彦命が鵜の姿で水際に逃げた温羅を捕らえた功により鵜江神という。吉備の「楽々森」と西伯の「楽々福」とは類似して、ともに製鉄・鍛冶に関係しよう。これらが、美濃の仲山金山彦神社や長良川の鵜飼（後述）にも関連するかもしれない。

鳥越氏は伯耆の名族にもある（『姓氏家系大辞典』）。鳥取市河原町曳田には鳥越長者の娘・八上姫と洗足山の鬼の伝承が残る。この鬼退治の神様は山麓の犬山神社にいると伝える（大己貴命という祭神は疑問か）。当地の因幡国八上郡には式内の売沼神社があって、大国主命に求婚された八上姫を祭神とするが、北方近隣の千代川中流西岸には倭文・服部・衣笠山の地名も見える。鳥飼部に当たる鳥取部の伴造（鳥取部造）は、倭文連と同じく、少彦名神後裔の天孫系氏族である。古代吉備には備中国賀陽郡及び備前国赤坂郡に鳥取部の分布も見え、鴨・賀茂の部民も多い（備前の津高・児島、美作の勝田・苫東の諸郡）。

留玉臣（留霊臣）命の後裔と伝える堀家《ほりけ》（堀毛、堀宅）氏は、藤原朝臣姓を称し（姓氏は「堀生臣」ともいうが、当否不明。三野臣一族か）、備中吉備津神社の有力祠官で神饌を司る御供座や「横箭」（横矢）の役を務めた。少彦名神後裔には弓削連・吉備弓削部など弓矢関係の氏族もあって、『備中国大税負死亡人帳』では天平十一年の死亡者に賀陽郡葦守郷三井里の弓削部連田道の名も見える。三井里では、田道の後ろの記事に物部、建部臣・建部、出雲部の名前が見えるから、これらは出雲平定に関与した関係者に由来するか。健部臣結が備前国上道郡沙石郷の戸主で平城京出土木簡に見える（奈文研『出土概報』三二）。

吉備津神社の社家のなかで、神主家の賀陽氏とともに最有力なのが**藤井氏**であり、「**猿**」の子孫だとも、楽々森彦の後裔とも称した。同社家は後ろでも見るが、賀陽神主家絶家の後は、賀陽氏四家と共に六社家頭として社務を司ったものの、後に六社家がみな追放され、代って藤井氏三家、堀家氏二家が社家頭となった。美作一宮の中山神社が「中山の猿神」として見えること（『今昔物語』や『宇治拾遺物語』）も先に触れた。吉備の高塚氏も猿の子孫と伝え、備前の吉備津彦神社神主で三野臣姓大守氏の一族にも高塚氏が見える（同族かどうか不明）。藤井氏や建部氏は、同じ名の氏が古代・中世の越中国砺波郡にもあった。

百田大兄命も吉備平定に随従参加したと伝え、娘ないし妹という百田弓矢姫（吉備大井姫）は吉備津彦の最初の妻だという。吉備津彦の妻は楽々森彦の娘だとも伝え、百田姫の死亡後に楽々森彦の娘の高田姫が後妃になったともいって、諸伝ある。姫の名前の「弓矢」も、例えば少彦名神後裔（弓削連、矢作連）とか山祇族という形で、出自に関係しよう。百田大兄命は、足守の大井神社（岡山市北区大井）に祀られ、伊予の大山祇神の末というから、久米氏族の出か（温羅の本名とするのは疑問）。

伊予と備中には共通して木野山神社があり（松山市東大栗町・同市天山及び高梁市津川町今津・倉敷市・井原市等）、大山積命に豊玉彦命・大己貴命などを配祀し、松山も高梁も共に狼信仰の神社として名高い。この辺は、久米氏族から出た吉備中県国造（初祖明石彦）、伊予の久味国造や先に見た犬飼部とも関係があるかもしれない。備中国窪屋郡には、大山祇神を祀る式内社百射山神社がある。

吉備津社の有力祠官には**河本氏**が十家ほどあって、藤井氏とともに神楽座を組織した。系譜は吉備津彦の功臣の一人「叔奈麿《すくなまろ》」（吉備津彦神社末社の十柱《とはしら》神社の祭神の一、「和田叔奈麿」）の後裔というが、これが誰の関係者なのかという実体が不明である（妹尾の住人で粟村神社の祭神ともいうから、少彦名神後裔の可能性もある）。河本（甲本）氏は、赤磐郡河本村（竜王山の東側、現赤磐市河本。銅鏡二面の出土もあり、近隣に和田・鴨前の地名。南西六キロの旭川西岸、岡山市北区玉柏の小字にも河本があり、その西方に笠井山）か上道郡原村河本（現岡山市東区西大寺河本）かに因むようである。備前ではほかにも和気郡河本村（現和気郡和気町岩戸字河本）があり、美作にも河本の地名があって（苫田郡河本村〔現同郡鏡野町河本〕、久米郡坪井下村の河本堡〔現津山市域〕）、同苗が美作各郡に庄屋等で広く見える（『姓氏家系大辞典』カハモト条2項）。これらの分布等から推するに、吉備弓削部の後裔かともみられる。

以上に見てきたように、崇神朝の設置という所伝をもつ中国地方の四つの国造（設置当初は四つの「県造」級か）を見ると、大和王権による出雲平定を契機としたか。それらがいずれも出雲国を取り囲むように置かれていて、桃太郎の鬼退治伝承に随従した「犬、猿、雉」（所属種族のトーテム）に関係する。犬・猿・雉を随従させた吉備津彦は、吉備地域の征討ばかりでなく、この軍団を率いて北方の出雲を中心とする山陰道諸国の平定にも赴いた。記紀等に見える大和王権の地方平定に関して、大王及びそれに準ずる王族（倭建命）の随行者として具体的な名前が伝えられるが、それ以外の丹波や毛野、東海道などの平定では遠征随行者の名前がまるで伝わらないから、その意味で、吉備・出雲の平定は大事業であり、当該地域においては重大事件であった。

大和王権当初からの武力の久米（大伴氏と同族）・物部は、ここでも大きな役割を果たした。大和朝廷による吉備平定は、たんなるお伽話の「桃太郎」伝説でも、記紀の所伝だけでもなかった。上記の具体的な配置から考えると、これら四国造（の前身）はほぼ同じ時期、すなわち出雲平定の直後の崇神朝末期に置かれたとみざるをえない。

出雲平定の武力としては、物部部族も大いに貢献した。これを傍証するのが備前国赤坂郡の式内社・**石上布都之魂神社**（岡山県の旧赤磐郡吉井町〔現赤磐市〕石上）である。同社の南麓は旧御津郡で、いまは岡山市北区御津石上となるが、そのすぐ南に鳥越山・矢原という地名も見える。そこから、旭川を挟んだ西岸は、旧御津（津高）郡建部郷の地であった。「建部」に関係する倭建命には、吉備穴海の悪神の退治とか出雲建の殺害とかの伝承もあるが、これらは本来の「吉備の建（吉備津彦等）」などの伝承が訛伝して、「倭建」に因むものとなったたか。出雲では出雲郡で出雲郷の東隣が健部（建部）郷であり、同名の郷が美作にも真島郡のなかに、備中にも都宇郡にあったから、吉備・出雲の征討に活躍した勇者たちが「タケル」と呼ばれて、関連される地名が遺った可能性があろう。天平十一年（七三九）の『出雲国大税賑給歴名帳』には、出雲郡漆治郷などに物部首・物部、弓削部首・弓削部、建部臣・建部首、吉備部の名が混在して見える。

山陰道の前期古墳という視点

山陰道の前期古墳を見たとき、意外なことに、出雲などを含めその近隣諸国を伯耆が規模的に圧倒していた。この辺はあまり認識されていないが、重要な事実であって、出雲平定で伯耆関係者が果たした役割の大きさを窺わせる。

伯耆では、大きく東西二つに分かれて、東伯の天神川下流東岸域（倉吉の近隣地域）と西伯の日野川流域（米子の近隣地域）とに、それぞれ主な古墳がある。古墳時代前期では、なかでも東伯郡湯梨浜《ゆりはま》町の橋津（馬ノ山）古墳群に注目される。山陰最大規模を誇る古墳群であり（『全国古墳編年集成』）、うち最古が馬ノ山二号墳（全長六八メートルの前方後方墳）、次いで**馬ノ山四号墳**（橋津古墳。削平後でも全長八八メートルで、もとは一〇〇メートル超ほどかとの推定復元値）とみられる。後者は前期古墳では山陰道最大級の前方後円墳であり、同墳からは、車輪石・石釧・勾玉や三角縁神獣鏡・内行花文鏡などの鏡類、鉄刀剣・鉄斧などの出土がある。石釧が十三個出たうち一個は濃緑色で滑沢の顕著な優秀品で、山陰の交易拠点であった長瀬高浜遺跡に近い地に位置する。同墳から円筒埴輪Ⅱ式が出て、四世紀前半頃の築造か。

往時の久米郡上神郷の地、倉吉市にある上神《かずわ》大将塚古墳（直径二五メートルの円墳）からは、山陰では極めて稀な鍬形石や琴柱形《ことじがた》石製品が、三角縁神獣鏡など四面の銅鏡、多くの玉類とともに出土した。倉吉市国府の国分寺古墳（全長推定約六〇メートルの前方後方墳か）からも、キ鳳鏡や三角縁神獣鏡など三面の銅鏡、鉄剣・鉄斧・ヤリガンナ・鉄鏃などを出土した。

このように、前期古墳の規模や出土内容としては、伯耆は出雲・美作をも凌いだ。続く古墳中期にあっても、東の北山古墳、西の三崎殿山古墳と全長一一〇メートルほどの規模の大古墳が出現した。これに加え、北山古墳の北方に近隣し、一宮の倭文神社にも南西近隣に位置する宮内狐塚古墳（復元全長が九五メートルほどか）もあって、これは時期的には馬ノ山四号墳と北山古墳の中間ほどに位置づけられる。伯耆東部では、前期・中期とも出雲や美作をはるかに凌駕する大規模の古墳が続いて築造された。これら主要古墳が立地する湯梨浜町の東郷池周辺地域が伯耆国造の中心域とみられ、その勢威のほどが知られる。これらに比べ、出雲では全期を通じ最大規模が山代二子塚古墳（全長約九二メートル）であることに注意したい。

　先に触れた**吉備中県国造**の探索で、地域的な位置や国富力（地域の富裕度）の一指標として、関連地域の古墳を見てみる。**備後北部**では、広島県比婆郡東城町（現在は庄原市に編入）の大迫山古墳（全長約四五メートル）が獣首鏡・玉類・筒形銅器や多種の鉄器を出し、バチ形に開く（ないし柄鏡式の）方墳部をもち当地最古の前期古墳とされる。次いで、同県神石郡神石高原《じんせきこうげん》町の辰の口古墳は、全長約七七メートルで備後最大の前方後円墳（吉備特有の特殊器台の破片や碧玉製管玉を出土）である。ともに高梁川水系の上流域にあって、四世紀半ば頃に築造の前期古墳であり、吉備と出雲のほぼ中間で両地域を結ぶ要衝にあった。ほかにめぼしい前期古墳は備後に見られないが、芦田川中流域の福山市（旧芦品郡）新市町の潮崎山古墳（墳長推定三〇メートル）が三角縁神獣鏡・鉄斧を出して備後最古級とみられている。

　一方、**美作**では、吉井川の流域を中心として、勝田郡の**植月寺山古墳**（勝田郡勝央町植月東。中国地方最大の前方後方墳で、全長約九二メートル。前方部がバチ形）、苫田郡の胴塚古墳（美和山一号墳。津山市二宮城山の前方後円墳で、都月式埴輪を出土）という全長八〇メートルないし九〇メートル台級の前期1期（四世紀前半）

築造とみられる古墳がある。これら前期古墳築造者の後裔がそれぞれの地に中世まで永く存続していたとすると、前者は吉備弓削部（中世の後裔が有元・植月など美作菅家党か）の先祖の墳墓で、後者は美作の漆部（同、法然を出した漆間氏等）の先祖の墳墓ではなかろうか。胴塚古墳の近隣に、全長五〇ないし六〇メートル級の前期古墳とされる正仙塚古墳や日上天王山古墳（方墳部がバチ型）という前方後円墳もあり、このほか、五〇メートル級の古墳は美作にかなりの数がある。このように古墳時代1期の頃から、地域の国富力からみれば、美作は備後北部どころか備後全域すら圧倒していた。

関連して、出雲の西側である**石見**も見ると、前期最大の古墳とされる大元《たいげん》一号墳（前期後半頃。石見西部の益田市遠田町）でも全長約八八メートルにすぎない。同じ益田市域で久城町のスクモ塚古墳が、最近の測量調査で前方後円墳の可能性が高いと指摘される（その場合、復元全長一〇〇メートルで、出雲を含めた島根県内で最大級の前方後円墳になる。築造年代等不明なことが多く、柄鏡式の墳丘型式からすれば前期古墳の可能性もある）。スクモ塚の南方近隣の乙吉町には、古墳後期の小丸山古墳（全長約四九メートルで、直刀・馬鐸・鈴付杏葉が出土）があり、近隣の下本郷町の団地造成現場（四塚山古墳群跡）から三角縁神獣鏡破片の出土があった。これらに続く規模では、中期の周布古墳（全長約六七メートルで、復元長が七二メートルともいい、墳形が大山古墳に類似。石見中部の浜田市）という程度で、この時期では、伯耆は勿論、美作に対しても劣る。伯耆の東隣の因幡でも、最大規模（古郡家《ここうげ》古墳や桷間《かくま》一号墳）は九〇メートル台前半ほどである。

こうした諸事情を考えるとき、備後山間部と比較しても、美作の重要性と国富が一層大きかったことは明確となり、吉備中県国造がおかれた候補地として割合、自然であろう。

吉備・出雲につながる美濃

吉備や出雲の討伐・平定の検討を通じて浮上してきたのが、遠く離れた東海地方の美濃という地域である。この地の三野前国造及び三野後国造の一族が、それぞれ吉備・出雲での軍事行動に関与したとみられる。出雲を取り囲む東西の地域に、伯耆国会見郡美濃郷、石見国美濃郡美濃郷という地名が見えるのも、その傍証であろう。出雲で最古級の方墳である松江市北部で法吉《ほっき》町（もと島根郡法吉《ほほき》郷↑伯耆）の東方近隣の八日山一号墳（方墳、消滅）から出た三角縁神獣鏡が、三野後国造の領域にある一輪山古墳（各務原市鵜沼西町。小型円墳、消滅）から出た鏡と同范鏡関係にあるのも同様であろう。

東海地方の美濃がいつの時点で、大和王権の版図に入ったのかは、史料からは明確ではない。「国造本紀」では、開化天皇朝に彦坐《ひこいます》王の子の八爪《やつり》命（神大根命のこと）が三**野前国造**に定められたとある。開化記には、開化天皇の子の彦坐王が近江の御上祝の女・息長水依比売との間に生んだ子として、神大根命（八瓜入日子王、神骨命）があがる。この系譜には仮冒があり、神大根命が彦坐王の娘を妻の一人としたなどの事情（本来異系の水之穂真若王からの推測）があってか、神大根命が彦坐王の諸子のなかに加えられたのであろう。

神大根命は活動から見て概ね彦坐王と同世代で、崇神朝のなかでも比較的早い時期（四世紀前葉）に美濃西部に入ったとみられる。彦坐王の後裔には、美濃東部の賀茂郡に居た鴨県主という姓氏もあり、この一族は左京にも居て、平安前期の『姓氏録』にあげられる。その同族の鴨君が同書・摂津皇別にも見える。神大根命の「神」は「鴨」と同義に用いられることがあり、この場合もそれであって、実際には神別の鴨族の出であった。

美濃東部のほうに置かれた**三野後国造**は、「国造本紀」に成務朝の設置で、出雲色大臣命の孫（ママ）の臣賀夫良《おみかぶら》命が任じられたと記される。岐阜市街地の東にある稲葉山を中心とする国域から考えても、国造家は稲葉（因幡）に所縁を持った後に美濃に来たのであろう。この三野の「前・後（西・東）」の両国造は、「国造本紀」に記される系譜はともに疑問があり、原型を探る必要がある。結論的には、臣賀夫良命が成務朝の人であるなら、因幡の伊福部臣氏と同系で、出雲平定に関与した大矢口宿祢の孫くらいの位置づけができよう。

吉備で楽々森彦が鵜になって温羅を捕獲した伝承に関し、美濃の長良川の鵜飼も想起される。この地の鵜飼は、現在、日本で唯一皇室御用の鵜飼である。岐阜の鵜飼（鵜養）が初めて文献に登場するのは奈良時代のことで、大宝二年（七〇二）、各務郡中里（現・各務原市那加あたり）の戸籍（『正倉院文書』）に戸主酒人部意比の妻の「鵜養部目都良売《めつらめ》」が見える。その居住関連地が平安時代中期の『和名類聚抄』に、美濃国方県郡の「鵜飼郷」（長良川中流北岸、今の岐阜市黒野・稲木の一帯で、洞に鵜飼郷の産土神・深坂神社（八酒子明神）が鎮座）としてある。各務・方県両郡は三野後国造の領域で、鵜飼郷は現岐阜市域だが、鵜養部が美濃先住の三野前国造族という可能性も残る。『古事記』の国譲り神話には、出雲国造等の祖・櫛八玉神が鵜に変身し海底の埴土（粘土）をとって「天の八十平瓮」（土製の皿）を造り、膳夫（料理人）として御饗を大国主に献り、奉仕したとの伝承も見える。

留玉臣命の系譜

これまで随分長い期間、古代氏族諸氏の系譜を探索・検討してきて、鈴木真年や中田憲信などの系譜収集の成果や東大史料編纂所・宮内庁書陵部などの所蔵史料には貴重なものが多くあった。ところが、大和朝廷のなかの重要な衣服・織物を管掌した氏族、例えば倭文連・長幡部連などの系譜が、依然として不明なままである。これらの出自を歴代の人名で具体的に示す系図が殆ど見当たらず、手がかりも少ない。

長幡部が三野の本巣国造（三野前国造）と同族で神大根王の後だとの系譜が開化記に見え、葛城の倭文神・天羽雷雄命の後とする系譜（「斎部宿祢本系帳」）もあるが、天羽雷雄命と神大根命との間の歴代が伝わらず、系がつながらない。倭文連の系譜記事も、『姓氏録』に角凝魂《つのこりたま》命の子の伊佐布魂《いさぶたま》命の後（摂津神別・委文連条）とか、神魂命の後の大味宿祢の後（大和神別・委文宿祢条）とかいう、断片的にすぎない。「大味宿祢」なる者は他に見えないが、音からみて「神大根」（神が「鴨」の意であることは前述）に通じる可能性もある。

それが、吉備・出雲・伯耆・因幡と美濃とを結ぶ地域で、崇神朝〜成務朝の時期に活動した者たちを追いかけるうちに、かなり具体的な流れが浮上してきた。その手がかりが「鴨」であり、鳥トーテムで桃太郎の「雉」にあたる人物「**留玉臣命**」であった。これを祭神とする吉備の神社には、吉備津宮の正殿、鼓神社、乾御崎神社があげられる。

これに関連する事項を簡潔に列挙すると、次のような諸事情がある。

①吉備臣一族とされるなかに三野臣があり、備前国三野郡を主居住地に三野国造に定められた。中世・近世までつながる備前一宮の吉備津彦神社の神主・祠官家に多い。

②吉備臣一族に鴨別命を祖とする笠臣氏があり、その奉仕とみられる式内社の鴨神社が吉備には三社（備前国の赤坂・津高・児島郡）もある。これを始めとして、鴨（加茂・賀茂）関係の神社・地名

が吉備にはきわめて多い。津高郡の鴨神社は加茂川沿いの加賀郡賀茂中央町上加茂にあり、同社の祭は岡山三大祭りとされ、祭神に鴨別命をあげる。

このほか、赤坂郡（現赤磐市）に鴨上松原・鴨新田・鴨高岡・鴨常普などの各社、津高郡（現岡山市）の多自枯鴨神社、浅口郡（現浅口市）鴨方町の鴨神社、備前国津高郡や児島郡に賀茂郷（『和名抄』。平城宮出土木簡にも同郷に鴨直君麻呂。児島郡最古の神社として鴨神社）、笠岡市の鴨野など、吉備には鴨関係の神社や地名が多く見られる。

③吉備津彦の随従者として活動する留玉臣命には、関連して伯耆西部での鶯王伝承があり、これが伯耆国造の祖とみられる。「国造本紀」に見える波久岐国造の祖・豊玉根命も名は留玉臣命に近いから、近親か同人であろう（同書には様々な混乱があり、「波久岐」国造が周防国内の国造と受けとるのは疑問だと先にも触れた）。

伯耆には川村郡に同国一宮の倭文神社があるのを始め、久米郡にも同名の式内社があり、かつ、賀茂神社も多い（『神道大辞典』には、西伯郡の手間村〔賀茂社領の星川荘のうち〕・大国村倭、東伯郡の倉吉町葵町・旭村森〔現三朝町〕の四社を記載）。中世には伯耆国造族裔とみられる**小鴨氏**が大族としてあり、室町期に山名氏被官として備前あたりまでの活動が見え、関ヶ原合戦まで続いた。東伯郡小鴨村の小鴨神社（倉吉市大宮）を奉斎した。源平争乱期頃の小鴨基保が、吉田経房の日記『吉記』に「小鴨介」と号して見えており、伯耆国衙の在庁官人とみられる（『新編倉吉市史』）。カモ社のある東伯の葵町・森と小鴨とがほぼ三角形をなす形で配置される。

④倭文・長幡部は吉備・美作に分布が見え、倭文部・倭文部臣（臣族）・倭文部首は出雲にも多く見えて、先祖が出雲平定に関与したとみられる。美作国久米郡には倭文郷（現津山市西南部で、旧

久米町南部）があり、中世は倭文庄として京都の加茂両社（加茂御祖・別雷）の荘園であった。その庄域には桑村の貴布祢神社を第一として、倭文村油木の倭文神社・少彦名神社、倭文西村の八幡神社（境内社に経津主命を祭神とする剣霊神社）・刀八神社（経津主命を祭神）などがあり、これらの社家に守岡（森岡）、徳岡（この後に毛利）、神元（河本、甲元）の諸氏があった。

このほか、多くの関連事情など総合的に考えて、伯耆国造の系譜は三野前国造や倭文連と同族で、山城の鴨県主と同族の出かとみられる。鴨県主氏は、葛城の猪石岡に降臨した伝承をもつ天羽槌雄《はつちお》命の後裔であり、神武創業の功臣ヤタガラス（八咫烏。鴨建角身命の子孫で、神武のときの者は生玉兄日子といい、葛城国造の祖・剣根の兄弟）の後という系譜をもつ。『姓氏録』逸文の「鴨県主本系」には大伊乃伎《いのき》命の子の大屋奈世が成務朝に鴨県主に定められたと見えるが、それ以前の初期段階の系譜は諸伝あるも確定しがたい。垂仁朝頃の人とみられる大伊乃伎と先祖のヤタガラスとの間の歴代を具体的な名で結ぶことは、いま不可能である（現在に伝わる系譜では、この間の系譜が主に二種類ほどあるが、三輪君の祖となった大田田根子の母・鴨部美良毘売を除くと、二種の系図で歴代の名前に殆ど共通性がなく、世代数も実際より多すぎて、他の材料なしでは適切な歴代配置ができない）。

それでも、吉備と美濃という両地域間に共通性が多くある事情からみて、三野前国造の祖・神骨（鴨大根）あたりで山城の鴨本系から美濃に分かれ、その近親子弟として吉備・出雲方面で活動した留玉臣命が推される。笠臣の祖の鴨別命は、応神紀には吉備氏御友別の弟と記されるが、これは後世の系譜附合とみられる。鴨別は神功皇后摂政前紀には既に見え熊襲討伐にあたったと記され、留玉臣命の一族で孫世代くらいにあたるか。吉備の三野臣の祖「弟彦」は、御友別の子ではなく、鴨別の兄弟か甥くらいの位置づけになろう。

留玉臣命は、名前に使われる「玉」に関連して玉作部・玉作造との関係もあったようで、その場合、阿岐（安芸）国造の初祖とされる成務朝の飽速玉命（「国造本紀」）の近親一族になるかもしれない。安芸国造の起源は不明で、吉備平定に関連して祖先が安芸に来たものであろう。その本拠地ないし近隣に賀茂郡があり、安芸最大の古墳・三ツ城《みつじょう》古墳（東広島市西条中央。全長約九二メートルの前方後円墳）も同郡のなかにある。

山城への鴨族の移動

鴨族の美濃に至る前の動きについても、簡単に見ておこう。鴨族はもとは大和国葛城地方にあったが、山城南部の相楽郡岡田鴨（木津川市加茂町北鴨村の岡田鴨神社付近）を経て、同国北部の葛野郡に落ち着いた。このことが、『山城国風土記』逸文の賀茂社条に見える。葛城地方から岡田までは、奈良盆地内をほぼ北上する経路とみられるが、河内の三野県主が領域とした八尾市東部や摂津の三島県主の領域の高槻市域との関係も気になる。両県主ともに同族、鴨神（三島溝咋耳命、実体は少彦名神）の後裔であり、この祖神を奉斎した。

岡田鴨の地からは西北方に向け、木津川（昔は山代河、鴨川と呼ぶ）に沿って下り、鴨川と桂川との合流点（賀茂河と葛野河の合流付近の乙訓郡久我・羽束師あたり）にひとまず着き、そこからさらに北上して久我国の「北の山の基」一帯（葛野・愛宕郡で、大宝令以前は葛野一郡）に最終的に落ち着いた。この地域で、名神大社の上・下加茂社や貴布祢神社（現貴船神社。京都市左京区鞍馬貴船町）、及び賀茂山口神社、鴨岡太神社、賀茂波爾神社、須波神社、松尾大社など、多くの式内社を鴨県主一族が奉斎した。鴨社の祭祀にあっては、一族の未婚女性から出た「斎祝子《いつきのはふりこ》」という巫女が祭祀上重要な役割を果たした。これは古代氏族のなかでは特異であって、天皇家の伊勢皇太神宮祭祀の形態につながる。

大和西南部から山城北部までの移動経路上に、鴨関係の諸神社を建て、それらの地に支族が多く分出した。天日鷲翔矢《かけるや》命（実体は少彦名神）の系統で分出の系譜が不明な氏は、殆どみなこの鴨同族ではないかとみられる。この動きをもう少し具体的に見ていこう。

もともとの出発点となった現・葛城山の東麓、大和の葛城地方には、葛上郡に上鳧《かも》・下鳧《かも》郷がある。両郷は御所市北部にあたり、上鳧が鴨山口神社付近（現・葛城山〔鴨山〕のほぼ東麓の大字櫛羅）、下鳧が鴨都波神社付近（櫛羅の東一・五キロの大字御所宮前町）に比定される。すなわち、葛城山から流出する柳田川の上流が上鳧郷、下流が下鳧郷とみられる（『奈良県の地名』）。鴨族の移動開始前には鴨と倭文とがほぼ混然一体の氏族集団だとすると、倭文の本拠はすこし北の葛下郡の葛木倭文坐天羽雷《はつち》命神社の付近か。同社はいま論社とされるが、葛城市加守の神社よりも同市寺口倭文山の

博西神社（奈良県葛城市）

博西《はかにし》神社のほうが妥当であり（『新庄町史』。旧地が北西二キロ弱の太田の棚機神社ともいう）、同社は鴨山口神社から北方三キロ弱の近隣に位置する。博西神社の東七百㍍ほどの地・葛木（これは近代の地名であることに注意）に葛木御県神社が鎮座し（旧地は約一キロ北方の同市辨之庄）、上皃・下皃を含むここら辺り一帯が鴨氏族の当初の本拠地か。博西神社の東南近隣に藤井の地名（現・南藤井）もある。

皃・倭文・現葛木の一帯には長尾・栗栖の地名もあり、この辺りから高田川を下ったところに平尾・笠の地名（いずれも北葛城郡広陵町）がある。笠の北隣の三吉《みつよし》も含めてこの辺りは『和名抄』の広瀬郡散吉《さぬき》郷にあたるが、当地には式内社の讃岐神社が鎮座し、御井神（木俣神ともいうが、実体は天孫族の祖神高魂命）を祀る。いま、これに大嵩《おおたけ》神（天目一箇命か）・井精神（「粟井水神」というから少彦名神で、前者と兄弟神）も併せる。鴨族が愛宕郡蓼倉里に式内の三井社を奉斎したことも、『風土記』逸文に見える（物部氏族も美濃等で御井神社を奉斎）。讃岐神社の境内からは、最古の石製品とされる琴柱形石製品五個の出土もあった。三吉の小字には「カモ山」があって、鴨山古墳という後期古墳もある。三吉には**巣山古墳**という巨大古墳（円筒埴輪Ⅱ式や水鳥形埴輪を出土）があって、これは王族関係者（具体的には成務天皇の生母で景行皇后の八坂入姫か。その実際の系譜は三野前国造の娘か）の陵墓とみられる。このあたりの馬見丘陵には、鴨同族たる葛城国造族の築造した前期ないし中期の古墳（新山、ナガレ山、佐味田宝塚など）が多数あることに留意される。

「笠」の地名は、上記の大和のほか、山城国相楽郡の鴨岡田の東方近隣に笠置山、京都の鴨神社の付近にも衣笠が見える。こうした地名が吉備にも移されたものか。三島県主は高槻市域を領域としたから、島上郡の笠森神社（高槻市西真上）もこの県主が関与したか。祭神は宇賀御魂神（稲荷神、豊受大神）とされ、創建の経緯は不明だが、地元の豪族・笠氏が稚武彦命と鴨別命を祀って創祀されたと伝える。中世以降は、この地の領主の真上氏の崇敬が厚かったというから、真上氏は三島県主の族裔か。

初期吉備氏の通婚

吉備津彦の先妃とされるのが百田弓矢姫（百田大井姫）で、吉備津宮の内宮社に祀られる。これ以外の吉備氏歴代の妻については、ほかは殆ど知られないが、吉備一族の女性の通婚先（夫）については、若干の伝承が記紀等に残るので、それらを見ていく。ただ、年代や相手について矛盾する異伝も多く、この辺は整合的になるよう考えるほかはない。

まず、和珥氏族の彦汝命《ひこなむち》である。この関係では、播磨国印南郡に後年に印南野臣氏が居て、吉備武彦の後裔といった（天平神護元年五月紀、元慶三年十月紀。後裔の左大史宗雄と子妹が元慶三年（八七九）に笠朝臣を賜姓）。印南郡の西隣で吉備に接する飾磨郡の牛鹿《うじか》屯倉（姫路市の市川下流域か。安閑紀二年五月条に屯倉設置の記事）にも宇自加臣（牛鹿臣）が居て、吉備同族で彦狭島命の後とされる（『姓氏録』右京皇別等）。備中の吉備津神社のなかの十柱神社の祭神にも、「針間宇自可直」という者が見える。

『播磨国風土記』の印南郡の記事には、「吉備比古」なる者が見える。そこには、志賀高穴穂宮天皇の御世に、丸部臣の始祖「比古汝茅《ひこなむち》」が国境を定めるため派遣されたとき、これを吉備比古・吉備比売が出迎えて、吉備比売との間に印南別嬢《いなみのわけいらつめ》という娘が生まれ、この娘の容貌明媚ぶりに惹かれて大帯日子天皇（被比定者は景行ではなく、実際にはその子の成務のほうが妥当か）が求婚したとの話が見える。比古汝茅は播磨に繁衍した和邇部臣の祖先だから、吉備比売は印南郡辺りに居たと推される。印南別嬢がイナビの若郎女と同義とみれば、名前からは、景行皇后のイナビの大郎女の近親一族に位置づけられよう。そうすると、「吉備比古・吉備比売」は、具体的な比定は難しい面もある。比古汝茅の後裔とみられる氏が播磨の和邇部臣氏であるが、これに加えて吉備地方西部にも一族が居た。それが吉備の穴国造・安那《あな》君であって（後裔諸氏からみて、彦汝は「穴彦」を意味する「建穴命」にもあたるか）、備後東部の深津・安那郡（現広島県福山市域）を領域としたから、彦汝の国境を定めるという役割が吉備と播磨という境界だけではなく、当時の吉備や大和王権の領域・境界の確認とされよう。記事の「当時」も、垂仁朝ないし景行朝とみられ、上記の「志賀高穴穂宮天皇の御世」も、文脈から導かれる彦汝の派遣時期ではなく、内容から見て「天皇」の印南別嬢への求婚時期とみられる。吉備穴国造は、八千足尼が纏向日代朝（景行朝）に定められたと「国造本紀」にある（同書には祖の彦訓服命と八千足尼との続柄が不記載で、「和邇部系図」には孫とある。八千足尼は彦汝の子であろう）。

吉備地方にはワニベの分布（備前国上道郡の和仁部、備中国都宇郡の丸部、同加夜郡の鱷部）も見られる。

次ぎに、息長氏や讃岐国造等の祖ともなる**建緒組命《たけおくみ》**（九州の火国造の祖）一族との通婚である。『書紀』景行段には、景行が五十河媛と婚して、讃岐国造の祖・神櫛皇子や播磨別（針間国造）の祖・稲背入彦皇子を生んだと見えるが、この二人の「皇子」の世代や親族関係から考えて、この吉備氏の女性は建緒組命と婚して、神櫛皇子（稲背彦の父で、武貝児命にも当たる）を生んだというのが原型か。

先にも触れたが、吉備氏と景行天皇など天皇家との婚姻があった。記紀に基づくと稚建吉備津彦命の娘の播磨の稲日大郎姫（『書紀』。『記』では針間之伊那毘能大郎女）が景行皇后となって、倭建命（小碓命）やその兄・大碓命を生んだとされる。これは記紀共通だが、『古事記』では櫛角別王や神櫛王まで、その同母兄弟とする。しかし、櫛角別王と神櫛王は同一人であって、倭建命とは兄弟どころか、本来はまったくの別系統であったから、櫛角別王などが倭建命の子とする所伝も誤りである。

稲背入彦の母が五十河媛だと景行紀に伝え、『姓氏録』に神櫛別命の亦名が五十香彦命と記されており（右京皇別の讃岐公条）、五十河媛の本来の夫が名前相応の五十河彦（五十香彦）だとみれば、これと符合する。五十河媛とは、記紀の記事や世代対応等から考えると、吉備氏の稲日稚郎姫（景行皇后の妹）の異名ではないかとみられる。この通婚により建緒組命の子や孫が四国北部の伊予・讃岐や吉備・播磨に進出するきっかけともなった。

倭建命の妃のなかにも吉備氏の女性がいた。『書紀』では吉備武彦の娘・穴戸武媛で、武卵王《たけかいこ》（讃岐綾君の祖）・十城別王（伊予別君の祖）の母だと伝える。しかし、吉備武彦の娘（あるいは妹）が倭建命の妃であったとしても、この二人を生んだというのには、世代差などから考えて所伝に転訛がある。武卵王は、讃岐に根強く残る「讃留霊王」伝承などから見て、上記の神櫛皇子と同一人であり、伊予の十城別王はその兄弟であっても、実際には建緒組命の子であったからである。神櫛王・十城別王の母とは、別の吉備氏の女性とみられる。一方、『古事記』では、大吉備建比売（吉備臣建日子の妹）が倭建命の妃として建貝児王を生んだと見えている。この「大吉備建比売」は吉備津彦の姉妹であったか、二つの通婚が『記・紀』で混同される。

さらに、倭建の異母兄弟となる成務天皇は、上記のように景行皇后の姪かとみられる印南別嬢を妃としたが、この辺の所伝は記紀には見えない。

古代の天皇家と畿外の諸豪族との通婚では、吉備と日向が目立っており、日向には応神天皇一族との縁由も認められるから、吉備にも頻繁な通婚の要因があったのであろう。藤井駿氏は、「やはり吉備氏は皇別の氏族で大和の天皇と親近な関係にある氏族である」とする（『吉備地方史の研究』）。しかし、天皇家と親近な関係だとしても、「皇別」にあたるとは限らない。古くは、天皇家祖先の海神族奴国王家系統との重なる通婚があり、海神族の流れを汲む三輪氏族（磯城県主家も含む）や和珥氏との頻繁な通婚例が想起される。

吉備氏と天皇家との通婚は、仁徳朝以降は見られなくなる。雄略天皇が奪い取ったという吉備稚媛が例外だが、これは吉備一族が大和王権から自立を強めつつあることの反映かも知れず、次第に両者が疎遠になることで、来るべき「反乱」への動きにつながった。

四　吉備武彦の倭建東征随行と吉備氏一族の分布

景行天皇や倭建命の吉備氏との通婚は、当時の大和王権が推し進めた国内平定事業に吉備武彦などの吉備一族が主力で随行したことにもつながる。記紀に見える景行天皇の九州巡狩、景行（あるいは成務天皇の可能性もある）の東国巡狩にあっては、吉備一族の随行は見られないが、倭建の東征に際しては吉備氏一族はその軍勢主力を構成し、東国・北陸でおおいに活躍した。この辺の事情を記紀などに基づいて見ていく。

倭建の東国遠征の概要

倭建命が西征から戻ると、今度は、東国に荒ぶる神々や大和王権に服さない人々がおり、これらの平定のためまた倭建命が派遣された、と『古事記』に見える。同書では倭建東征の時期を記さないが、『書紀』では、西征出発の時期が景行二七年冬十月で、東征出発の時期を景行四〇年秋七月とする（両遠征の実年代は四世紀中葉と推定）。こちらの記事はもう少し具体的であって、暴《あら》ぶる神々が東国に多く、蝦夷も叛して屡々人民を略取するので、これらの平定のための派遣だとある。『姓氏録』でも、吉備建彦が「毛人及び凶鬼神」を討伐するため東方に遣わされたのが駿河の廬原《いおはら》領有の起源だという記事（右京皇別・廬原公条）があるが、ここには倭建東征に随行してという事情は見えない。

東国の「暴ぶる神」とか「凶鬼神」はその地域で王権に服従しない土酋である。「蝦夷」「毛人」の意味もほぼ同様で、上古代では大和王権に服従しない東北日本の辺境民（必ずしもアイヌ種だけの祖先とは言い難く、中世以降の「蝦夷」とは別）としておくのが無難であろう。

倭建命が東征した地域は、『記』は「東方十二道」（伊勢から東海道を経て陸奥あたりまでの地域と『古事記伝』はみる）とされ、『書紀』のほうでは具体的に蝦夷まで視野に入れる。同書には、これに先だって、武内宿祢が景行二五年秋七月から同二七年春二月まで北陸及び東国に派遣され、蝦夷の日高見国の習俗（髪の椎結、文身等）等の諸事情まで報告したとあり、これが記紀における蝦夷の初見である。その帰朝後の十余年（実際の期間としては更に短く、数年か）で、大和王権による東国遠征がなされた。倭建は東征に出てから三年ほど後になって、帰途に伊勢で死去したとされ、その十年後（この期間も前述と同様、実際には四分の一ほどに短縮となろう）に、景行天皇が倭建平定の東国諸国を巡狩したと記される。

倭建の東征行路は、『書紀』の記事に基づくと、「大和→伊勢→駿河の焼津→相模→馳水《はしりみず》の海→上総→陸奥（竹水門、日高見国）」まで行き、そこから戻って「→常陸→甲斐→武蔵・上野→碓日嶺→信濃→美濃→尾張→伊吹山→尾張・伊勢」であって、伊勢の能褒野《のぼの》（亀山市域）で死去、享年三十（余）歳ということである。一方、『記』では、「→伊勢→尾張→相武の焼遺《やいづ》→走水の海→蝦夷等の平定→筑波・新治→足柄→甲斐→科野→尾張→伊吹山→当芸野→伊勢の能煩野で死去」、とされる。『記』では関東北部くらいまで到達した模様に対し、『書紀』のほうでは、関東北部を経て東北地方・宮城県の太平洋岸南部くらいまで入るとし、遠く蝦夷の領域まで行動範囲が及んでいて、行程が長大である。また、吉備武彦の北陸道への別軍行動は『書紀』にのみ見えるという差異もある。

以上のような倭建命の活動範囲についての記紀の対比と、上野や陸奥の中央王権への服属時期を比較的遅くみる見方に基づき、『記』の伝承のほうが古いとする説が従来、多数説であった。例えば、上野地方の上毛野氏が中央に服属するのは早くとも六世紀以降であるとみて、ましてや陸奥地方の服属が具体的に問題化してくるのは大化改新以後のことであって、それ以前は疑わしいというのが上田正昭氏の著『日本武尊』らの見方である。

しかし、戦後の考古学知見の増大から見ると、こうした見方や前提がもはや成り立ちがたいことは明確である。毛野地方では、石田川式土器の発掘から、四世紀中頃までに西方の東海ないし畿内から来た勢力により地域開発がなされた。毛野氏の先祖の韓地での活動記事も『書紀』等に見えて、これも無視できない。戦後に多く出た三角縁神獣鏡の分布は、関東でもかなり多く見え、現在判明する北限は陸奥会津の大塚山古墳まで及ぶ。

前方後円墳の分布などからみても、四世紀後半の段階で大和王権が東北地方南部（仙台市の遠見塚古墳等）まで及んでいた。伊東信雄氏は、仙台付近までは前期から後期まで各形式の古墳があって、関東地方と大差がなく、大和の文化は奈良朝よりずっと以前に陸奥に入ったことが知られると総括する。前方後円墳の関東・陸奥における出現時期については、これまでの常識が「関東は近畿に比べて半世紀くらい遅れていた」という見方であったが、「同じ形であればほぼ同じ時期と考えるのが考古学の基本」とみる立場（広瀬和雄氏など）が最近では増えてきた。陸奥までの到達には若干の遅れはあっても、一世代以内（二五～三〇年）の遅れほどとするのが妥当な線であろう。

崇神朝の四道将軍派遣を史実と考え、建沼河別命が東海道を進んで会津辺りまで達したと認めるとしたら（会津到達には裏付けが必ずしもないが、初源期ないし古い前期古墳がいくつか会津にある）、景行朝の倭建の仕事はそれ以北の地域の平定とするのが自然である。東北地方の蝦夷の地の特産は馬・毛皮などだが、米作は弥生中期前葉には既に伝わり（津軽平野の垂柳遺跡・砂沢遺跡や仙台平野の富沢遺跡群等の例。その後の冷涼化で、稲作前線は東北北部と東北南部の境くらいまで押し戻されたという）、弥生後期には鉄器も普及していた。加えて、王権のため鉱物資源等を求める目的もあれば、この地域への東征の必要性は十分にあった。

倭建東征のほうは、地名も人名も西征より具体的である。妃として穂積氏の弟橘媛や尾張国造の娘・ミヤズヒメ（宮簀媛）や随従者等の関係者の名も多く出てくる。東国では、神社創祀の伝承で倭建命がかなり見える事情もあり、その全てを否定するには無理がある。

景行紀にはその四三年に、天皇が倭建の死を悼み、その名に因んで**武部**（建部）を置いたと見える。『出雲国風土記』出雲郡健部郷条でも同様に記し、「建部臣―建部首―建部」という階層分布で見える。東国方面では、「建部君―建部」の階層で見える美濃のほか、尾張・遠江・信濃や越中・能登及び常陸・上野・下野などに当該名代や地名・神社の分布があるから、これも倭建の存在と東征活動を傍証しよう。津田博士らは、建部が軍事的職業部の一つだとみるが、これを管掌する伴造が中央にはおらず、根拠が弱い。出雲国風土記への記紀の影響力は、内容から見て大きくなかったから、名代否定説はこの辺についても論証すべきである。

行路的に見ても、『書紀』の記事のほうが総じて合理的である。従って、倭建命東征伝承が虚構であるとし、『記』の記す伝承のほうが古いものとみる見解は、きわめて疑わしい。ここでは、先入観を排し、随従者などから東征について具体的な検討を加える。

吉備一族の倭建東征随行

倭建命が東征を命じられたときに、吉備臣らの祖先の御鉏友耳《みすきともみみ》建日子が随従の副官とされたと『古事記』に見える。『書紀』でも、東征に際して吉備武彦と大伴武日連が従ったとある。御鉏友耳建日子と吉備武彦とは同人だと一般にみられており、その場合、吉備武彦は通称であって、実名が御鉏友耳と解される（本書では「吉備武彦」で記す）。この吉備武彦は、倭建命の母方の親族にあたる。すなわち、倭建の母・針間伊那毘《いなび》大郎女は吉備臣等の祖・稚武吉備津彦命（稚武彦命）の娘とされ、吉備武彦の系譜は複雑で混乱が多いが、稚武吉備津彦命の兄・吉備津彦命のほうの孫であったとみられる。

吉備氏一族の上道・下道両氏の系譜は、後世では融合、一本化されてしまっている。すなわち、吉備武彦を稚武彦命の子ないし孫におく系譜が『姓氏録』や六国史等に伝えられる。しかし、実際には、吉備の大古墳系統から見ても、当初から吉備の東西に二大系統が並立する系譜のほうが妥当である。『古事記』孝霊段に伝えるように、兄・吉備津彦命の後裔が上道氏の流れで、弟・稚武吉備津彦命の後裔が下道氏の流れであって、この辺の吉備氏の系譜の概要は先にも述べた。倭建東征にあたっては、当時の吉備宗族たる上道氏の一族が主体となってこれに参加し、大きな貢献した。

このことは、三角縁神獣鏡の吉備での分布が備前車塚など東部（上道・邑久などの郡）を主とする事情とも符合する。岡山県全体では現在まで合計二四面（所伝を含み、うち美作が二面。『三角縁神獣鏡研究事典』などの資料に拠る）の出土が知られる。これらは、備前車塚の十一面のほか、鶴山丸山古墳が五面、花光寺山《けこうじやま》古墳・金鶏塚古墳など備前の古墳が主体であって、備中では秦の上沼古墳や一宮天神山一号墳など一宮付近で二面の合計三面である。畿内から西方の出土数では、福岡県の約五〇面に次ぎ、この両地域が群を抜いて多い。

吉備武彦の妹・吉備建比売（穴戸武媛）が倭建命妃となり、その兄弟近親の意加部彦命（一に意加都彦）・建功狭日《たけいさび》命も一緒に東征に従軍して、その遠征路のなかに残され、前者は駿河の廬原国造の祖、後者は越前の角鹿国造等の祖となった。上記孝霊段には、孝霊の皇子の日子刺肩別命が五百原《いおはら》君及び角鹿ノ海直などの祖だと記され、それが廬原国造及び角鹿国造に関連する。日子刺肩別命は、同孝霊段では吉備津彦兄弟の兄弟におかれるが、これは後世の系譜の混乱に因るもので、実際には吉備津彦命の子で、吉備武彦の父であった。越前南端部の敦賀の地に角鹿国造が置かれたのは、吉備武彦主導の分遣隊が北陸道方面に進んだ結果に基づく。越中の利波臣氏は日子刺肩別命の後とされるが、この系譜は複雑なものの、角鹿国造の分岐同族か吉備武彦近親の後裔とみられる（後ろで検討）。

倭建東征と三角縁神獣鏡配布の意義

三角縁神獣鏡の分布の重要性に早く着目したのが小林行雄博士の研究であるが、この鏡が魏鏡ではなかったと分かってきても、やはり重要である。今では大和においても、纏向の黒塚古墳（渋谷向山古墳〔現景行陵〕の陪塚か。現治定の崇神陵〔実は垂仁陵〕の陪塚とみるのは疑問）や桜井茶臼山の同鏡出土数が比較的多数だと知られる。小林博士の当時は、分布の中心として畿内山城の椿井大塚山、吉備の備前車塚という二つの古墳が考えられ、これらについて全国的に同范鏡（同型鏡）の関係が分析された。その結果、椿井大塚山は単像式鏡の分布の中心で主に西日本向けに先に配布され（分布は福岡県から岐阜県に及ぶ）、次ぎに備前車塚は複像式鏡分布の中心であって主に東日本に配布された、とみられた。最近までの出土状況を考えても、これは適切な分析であろう。

三角縁神獣鏡を魏王朝時代の卑弥呼の鏡だという先入観から切り離して、出土状況などから四世紀代中葉頃の国産鏡（倭鏡）だとみれば、先の西日本向け配布が主に景行西征（倭建西征も配布に若干寄与か）に因り、次の東日本向け配布が主に倭建東征に因るとみられる。すなわち、東西ともに主に景行朝頃の配布とみるのが自然な帰結である（思考方法が違うが、石野博信氏「ヤマト政権への道」〔『播磨から読み解く邪馬台国』二〇一〇年刊に所収〕では、崇神天皇のような最初に国を治めた天皇が地域連携強化のために配布したのではないか、とみる）。

倭建一行の鏡持参は、陸奥に海路入ったときに「大きな鏡」（大きな面径の三角縁神獣鏡とか内行花文鏡か）を御船の舳先につけ蝦夷の賊首たちに向かったという伝承でも示される。安本美典氏は、三角縁神獣鏡の分布が倭建遠征伝承と関係あるとみており、同鏡を多数出した備前車塚の被葬者を吉備武彦だと指摘した。それ以上的確に、辻直樹氏が、三角縁神獣鏡の分布が「ほぼ倭建の征討コースと合致している」と早くに指摘した（『まほろばの覇者』一九七六年刊）。同鏡の出土北限が現時点では会津にとどまり、その北方から今後、出ないとも限らないが、会津の辺りで大和から持参した鏡の数が尽きたのかもしれない。最後に本隊行路から分かれた吉備武彦の北陸分遣隊も同鏡所持が少なかったようで、信濃でも越前でも出土数は僅少であり、敦賀周辺ではまだ三角縁神獣鏡の出土がない。同鏡は、備前車塚と山梨県の甲斐銚子塚古墳（甲府市）、群馬県三本木所在の古墳（藤岡市。伝）、福岡市早良区の藤崎遺跡からの出土鏡とが同笵関係をもつとされる。

こうした諸事情からすると、東国向けの配布の中心である備前車塚の被葬者については、地理的に見ても東征の副官・吉備武彦の近親者・妻か関係者とみられる。安本美典氏は上記のように吉備武彦その人を考えるが、車塚は全長五〇メートル弱の前方後方墳で、吉備の大族長にしては規模が弱小だから、安本説は取りえない。武彦の墳墓の主候補は、車塚の南方三キロの近隣にある全長一六五メートルの前方後円墳・**金蔵山古墳**のほうだとみられる（後述）。

尾張氏一族と三角縁神獣鏡

倭建東征にあたって尾張氏一族では、当時の当主・乎止与命《おとよ》の娘・宮簀媛《みやす》（美夜受比賣）が倭建命の妃となった。その兄の建稲種命は、水軍を率いて東征に随行したと伝え、熱田神宮や内々神社（愛知県春日井市内津町）、羽豆神社（同県知多郡南知多町師崎）、成海神社などに祀られる。その墳墓の可能性が高いのが、尾張の犬山市犬山にある**東之宮古墳**《ひがしのみや》（全長七八メートル）であり、大型の前方後方墳で鏡や鍬形石・車輪石・石釧の石製腕飾類・玉類、鉄製品など、倭建東征随行者に相応しい遺物を出す。

同墳からは五面の三角縁神獣鏡や獣文鏡など鏡合計で十一面を出土した。それが大和の鴨都波一号墳・佐味田宝塚、摂津（神戸市東灘区）のヘボソ塚、武蔵の亀甲山古墳と同范鏡関係にある。こうした分布から、多摩川下流域が四世紀半ば頃に武蔵の中心域で、大和王権勢力のもとに組み込まれたと窺われる。東之宮古墳の西方近隣には、その子の尾綱根・針名根親子に通じそうな丹羽郡の式内社・針綱神社もあって、尾張一族の人々を祀る。建稲種は邇波《にわ》（丹羽）県君の祖・大荒田の娘・玉姫の婿であり、玉姫が尻《しり》綱根（一に尻調根）らを生んだ（「天孫本紀」など）。

尾張西南部の千引《せんびき》（旧海部郡佐織町、現愛西市）には、海神の宗像三女神を祀る奥津神社があって、三面の三角縁神獣鏡を伝来する。社殿が鎮座する小丘は**奥津社古墳**という古墳（径二五㍍の円墳）であって、同墳から一括出土の鏡とみられている。奥津社祭神が女神で、円墳の被葬者が女性に多く、三角縁神獣鏡が倭建・景行の両遠征に関係深い事情を考慮すると、古墳被葬者が海神族の流れを汲む尾張国造一族の女性という可能性もある。

熱田神宮の摂社で宮簀媛を祀る氷上姉子神社（熱田神宮のほぼ南方、十キロ弱の地）の西一キロの地には、四世紀中葉頃に**兜山古墳**が築かれ（径約四五㍍の円墳で、東海市名和町欠下にあったが滅失）、三角縁神獣鏡（同笵関係の鏡は知られない）・捩文鏡・内行花文鏡などの合計四面の鏡や一五〇個弱もの勾玉・管玉、碧玉製石釧九点、滑石製合子、鉄刀などが出土した。石釧・石製合子は東之宮古墳とも共通する。宮簀媛居住の館があったという旧社地の元宮から東北方近隣の現在地に遷座した経緯からみて、宮簀媛の墳墓にふさわしい。

尾張出土の三角縁神獣鏡では、これら古墳が代表的である。なお、熱田神宮は、宮簀媛が倭建薨去後に現在地の熱田に社地を定め、草薙剣を祭ったのが創祀だと伝えるから、尾張国造の始源段階の本拠は愛知郡熱田ではない。

尾張氏一族は、別働隊として北陸道に入った吉備武彦隊にも同行した。東征終了の後には共に吉備地方まで付いて行き、関連地名等を残す。吉備の尾張氏関係では、備前国邑久郡に尾張郷があり（『和名抄』など。現瀬戸内市邑久町尾張）、平城宮跡から発掘された木簡に尾張郷大村里の「尾治部加之居」の税貢進の記事がある。同国の宝亀八年（七七七）正月の「備前国津高郡収税解」（唐招提寺文書）等に収税として尾張祖継が見える。『延喜式』神名帳には備前国御野郡に尾針神社（「国帳」には正五位下尾針明神で、尾張氏の祖神を祀る。岡山市北区京山）・尾治針名真若比女神社（「国帳」に従四位下尾張針田名神。同市北区津島本町）が式内社であげられる。両社が御野郡の伊福郷（岡山市北区伊福町一帯）・津島郷にあるとされ、これら郷名も尾張関連か。備前の邑久郡には尾張の地名（瀬戸内市邑久町尾張）もある。

このように、吉備東部の備前に尾張一族の足跡が残る。周防国佐波郡人で天平神護元年に尾張益城《ましき》宿祢を賜姓の尾張豊国も『続紀』に見え、吉備から更に西方に遷住したものか。

倭建の焼津での火難伝承と吉備一族

東国各地に分布する吉備一族とその系譜について、以下では見ていく。

倭建東征での最初の受難（かつ、戦い）は、「焼津」の地とされる。これが駿河の地であるなら、それより以西の地域は既に王権の版図のもとにあったことになる。焼津の地の賊酋が倭建を欺いて沼神の退治を勧め、野原に倭建を引きだして、そこで放火して焼き殺そうとしたので、倭建は火打ち石あるいは草薙の剣でこれを避け、戻ってその賊を滅ぼしたとある。『記』では、賊酋の名を「相武国造」とするが、疑問が大きい。場所を遠く離れた相模で、「国造」は当時まだ設置されていないからである。

だから、『書紀』が記す駿河国の「焼津」が妥当なようであり、その場合には益頭郡益頭《ましづ》郷が比定地候補にあげられる。益頭はヤキツ（焼津）が転訛したといわれる。延喜式神名帳には駿河国の式内社として、この故事に関連する益頭郡の焼津神社（焼津市焼津）や、それより東方の有度郡の草薙神社（静岡市清水区草薙）、廬原《いおはら》郡の久佐奈岐《くさなぎ》神社（静岡市清水区庵原）があげられる。いずれも

倭建の焼津危難（「国史画帳大和櫻」より）

日本武尊を祭神として、ほぼ同様の由緒を伝える。

野本寛一氏は、倭建火難伝承の地としては、焼津よりも静岡市清水区草薙あたりを妥当とする（『日本の神々10東海』草薙神社の項）。その理由としては、二つのクサナギ神社の存在や「東歌」、沼神退治の伝承、有力古墳の存在など五つをあげる。中央権力に献上された「東歌」の中心に駿河舞があり、そのなかに有度浜という地名が登場するが、歌舞の献上は国魂の献上に通じる服従儀礼だと説明される。沼神退治の場としては、静岡市葵区南沼上の諏訪神社あたりが考えられており、その場合は沼神は信濃諏訪神族の一派だったか。

この事件のあった地域に、倭建は吉備武彦の一族の意加部彦《おかべひこ》（「国造本紀」に武彦の子とするが、世代的にみて弟とするほうが妥当か）を残し、それが後の廬原《いおはら》国造の祖となった。焼津市から静岡市にかけての地域が駿河中央部の要衝である。

廬原が現在は庵原《いはら》と表記されるので、静岡市清水区の庵原川流域をまず見ると、同区原の三池平古墳は、全長約六八メートルの前方後円墳で、庵原中学校の裏山の丘陵地に位置して清水地区を一望におさめる。石棺内に成人男子の骨が残り、車輪石・石釧・紡錘車形石製品・管玉や、鏡（方格規矩四神鏡・四獣文鏡）・筒形銅器・武具（鉄製刀剣一六、鉄鏃）などが副葬され、壺形埴輪・底部穿孔土師器の出土もあった。西方近隣の清水区庵原には、牛王堂山《ごおうどうやま》古墳群もあって、うち牛王堂山三号墳（全長約七八㍍の前方後方墳）からは三重県桑名出土と伝える鏡と同笵の三角縁神獣鏡を出した。同じ区の海岸部の袖師の小丘陵上には神明山古墳群があり、神明山一号墳は全長約七〇㍍の前方後円墳で、箸墓古墳の四分の一の相似形規格で造られた。これら清水区の諸古墳は廬原国造関係の墳墓とみられ（牛王堂山三号墳は上記、意加部彦の墳墓か）、静岡市葵区の谷津山古墳群も同様に考えられる。

谷津山古墳（柚木山神古墳。全長約一一〇㍍）は、静岡平野で最大級の前方後円墳で、平野中央部の葵区柚木、谷津山頂に築かれる。竪穴式石室の中に朱塗りの木棺があって、銅鏡六面（所在・鏡式不明も、一に神獣鏡という）や銅鏃・鉄鏃、剣などの武器、紡錘車形・筒形の石製品、管玉など豊富な副葬品が出土したという。いまその多くは散逸して、古墳遺物関係の詳細が不明だが、墳丘の形態などから、この地域で最古級の一つとみられている（辰巳和弘氏など）。同墳は有度郡の草薙神社の西方五キロほどに位置し、これら諸事情をみると、有度郡あたりが火難伝承の主舞台であったものか。草薙神社周辺には倭建ゆかりの旧跡がいくつもあると指摘される（毎日グラフ別冊『古代史を歩く5東国』）。

参考までに言うと、駿河東部にも大型の前方後方墳がある。富士川下流域の東方、愛鷹山西南麓にある浅間《せんげん》古墳（富士市増川、全長九八㍍。未発掘で副葬品不明）がそれで、こちらは珠流河《するが》国造関係の前期古墳とみられる（斎藤忠著『古墳文化と古代国家』）。最近発見された沼津市の高尾山古墳もあり、駿河庵原の牛王堂山三号墳や尾張の東之宮古墳と同様、前方後方墳で、これらが皆、ほぼ同時代（景行・成務朝頃か）の築造となろう。

倭建東征には産金地など鉱物資源の要地をおさえる目的もあった。駿河国廬原郡の多胡浦浜での産金は、『続日本紀』（天平勝宝二年三月）にも見える。これは陸奥産金の翌年（七五〇）のことであり、「多胡浦浜」は富士川下流域西側の蒲原（清水区の吹上ノ浜）あたりとされる。徳川家康が駿府に居城した時代にも、静岡平野を流れる安倍川上流の笹山金山から多量に金を得ており、その下流南岸には東征随行の大伴氏に関連する地名の「丸子」や広伴郷もある。駿河郡にも式内社の丸子神社（沼津市丸子町。祭神の金属神たる金山彦命は疑問）がある。

東征が当初に経過した駿河の多胡浦浜のみならず、陸奥遠征の締括り地の甲斐も、武田信玄の開発以前でも産金地として有名で、これら古代の産金事情を無視できない。東国では、古代から中世までに産金地として知られた陸奥・下野・常陸・駿河・甲斐の地を全て倭建命一行が踏破したことは、驚異的ですらある。吉備武彦の越道分遣も、飛騨北部で豊富な鉱物資源をもつ神岡鉱山の獲保が目的にあったか。

廬原郡の式内社・豊積神社（豊由気神社。静岡市清水区庵原町）は、廬原国造一族が奉斎した神社とみられる。社伝によると、倭建東征のおりに安倍郡に神部神社（祭神は大己貴命）を祀り、廬原郡に豊受大神を祀ったのが創祀だと伝える。廬原国造の後裔は永く当地にあって、中世には庵原氏として守護今川氏に仕え、今川義元に仕えた名軍師で僧侶の太原雪斎（庵原政盛の子という）を出しており、江戸時代には幕臣や彦根藩井伊氏の重臣で見える。

越道に分布する吉備一族の足跡―伊弥頭国造の設置

倭建の東国遠征は関東から遠く蝦夷地まで入り込んで、宮城県の北上川流域まで達した。その帰路は常陸・甲斐に戻り、武蔵・上野を経て碓日坂《うすいざか》（鳥居峠が妥当）から信濃に至り、そこで本隊と別働隊が分かれた。後者は吉備武彦に率いられて飛騨から越道に進み（越中を経て）、越前から南下し美濃で両隊が再会したこと、及び倭建命の死を景行天皇に奏上したことが『書紀』に見える。この場合の「越」とは、経路的に見ても越後を含まない。

吉備武彦の遠征の痕跡とみられるものの一つが、越前国敦賀郡に設置された角鹿国造である。その初祖・建功狭日命《たけいさび》は吉備武彦の兄弟と伝える。倭建遠征の途上で、吉備一族は駿河に廬原国造の初祖を遺したが、それが吉備武彦の兄弟（一説に「子」）の意加部彦命であったから、建功狭日命も武彦の越遠征に随行した可能性が大きい。

これだけの事情からは、吉備武彦一隊がどのように越中に影響を与えたかは知られない。しかし、越中の地名や当地の古代氏族の分布等を通じて、越中古代における吉備武彦遠征の重みが窺われる。その一つが**伊弥頭国造**の設置であった。「国造本紀」では、成務天皇朝に「宗我の同祖建内足尼の孫、大河音足尼を国造に定め賜う」と記されるが、同族と伝える利波《となみ》臣氏が吉備氏一族として『古事記』に見える。すなわち、同書の孝霊天皇段には、皇子日子刺肩別命《ひこさしかたわけ》の後裔として四氏があげられ、しかもその筆頭に高志之利波臣が見える。その位置から見ても利波臣が吉備同族でありそうだが、現存する吉備関係の系図には利波臣氏につながる記述は見えない。『越中石黒系図』と併せ考えても、孝霊記の記事は難解である。越中国射水郡《いみず》（富山県西部の高岡市・射水市などが旧郡域）を中心に越中全土を領域とした伊弥頭国造は、何時設置されたのか。この問題を考える基礎には、記紀や「国造本紀」の国造設置所伝の信憑性の問題があるが、別途の北陸道の諸国造についての検討なども踏まえて記しておく（詳しくは拙著『越と出雲の夜明け』参照）。

「国造本紀」の上記記事に符合するように、『越中石黒系図』（現在に残るのは鈴木真年の直筆）には武内宿祢の子の若子宿祢の子に大河音宿祢をあげて、「志賀高穴穂朝天皇御宇五年秋九月詔定賜伊弥頭国造矣」と記される。ところが、①建内足尼（武内宿祢）には成務天皇と同年の生まれという所伝があり、これと年代的に矛盾する。それとともに、②同系図のほうから見ても、大河音宿祢の孫にあげる波利古臣が男大迹天皇（継体）の御時に利波評を賜ったと記されるので、これらの記事により大河音宿祢の活動年代を考えると、履中～允恭朝という五世紀中葉頃に位置づけられよう。従って、『越中石黒系図』の最初の系図部分が正しい場合には、伊弥頭国造の設置は四世紀中葉頃の成務朝から一世紀ほども引き下げられる。一方、上記系図に同族とされる**利波臣**氏の祖が、吉備氏一族の日子刺肩別命だとする所伝が孝元記にある。この場合、利波臣が伊弥頭国造の同族であるならば、同国造の設置は成務朝頃以降としてもよさそうである。

ここで問題は、伊弥頭国造の設置は何時か（成務朝かあるいは履中～允恭朝なのか）、利波臣氏はどのような系譜なのか（吉備一族の出自か、建内足尼の後裔かあるいはその他か）、ということに集約される。これら解答のための鍵は、『越中石黒系図』の記事と解釈にもある。

それでは、越中のこれら諸武家集団はどのような氏族に出自したのか。そのヒントの一つは、鈴木真年著『列国諸侍伝』にある。そこに見える井口氏と石黒以下鴨島までの十一氏は越中国の砺波・射水両郡にある地名に因むようであり、宮崎、南保、入膳の三氏は同国東部の新川郡の地名に因る。『源平盛衰記』『平家物語』等から、宮崎・入善は密接な同族関係にあること（例えば、「宮崎太郎が嫡子入善小太郎安家」）も知られる。

『列国諸侍伝』は、宮崎氏について、出自を「射水直《ママ》」と記す。射水直（「直」は「臣」の誤記か）とは、利波臣の同族とされる射水国造（伊弥頭国造）の後裔である。そうすると、中世に至るまでは射水国造の一族は越中国内にかなりの勢力を保ち、射水臣の系統には同国東部の新川郡内佐味荘・入善荘の宮崎氏のグループ、利波臣の系統としては同国西部の砺波郡石黒荘の井口・石黒氏のグループがあって、相互に同族意識を持っていた。

『三代実録』仁和二年（八八六）十二月一八日条には、新川郡擬大領正七位上の伊弥頭臣貞益が見え、私物をもって官用を助けた功績により外従五位下を借授された。康平二年（一〇五九）には射水宿祢好任が越中大掾に任じた。その少し後にあらわれる平安後期の文人・算道家、三善為康は、射水氏の出身で、大外記などを歴任した三善為長の養子となって三善氏を継いだ。堀河天皇の時に抜擢されて算博士・諸陵頭を兼ね、正五位下まで昇進した。永久四年（一一一六）には平安時代末期の貴重な文書集『朝野群載』を著し、『懐中歴』・『掌中歴』（『二中歴』の元となる）など多くの著作がある。阿弥陀（観音）信仰を強くもち、これに関する『拾遺往生伝』などの著作もある。

射水氏の族裔にあげた宮崎氏は、新川郡宮崎邑に拠って、藤原姓を称した。源平動乱の時、宮崎太郎（長康）は木曽義仲に従って活躍したが、その孫・左衛門尉定範が承久の変のとき官軍に属して破れ、大きく衰えた。このほか、射水郡東条郷内串田（いま射水市串田）の式内社、櫛田神社の旧神主山本氏は射水姓といわれる（『加越能氏族伝』）。山本という苗字は、近隣の婦負郡山本村（いま射水市・富山市にかけての地域）に因むものか。支族の分布は遠く越後まで及び、長岡市（旧和島村）の八幡林遺跡からは「射水臣」と表記される荷札木簡が検出されており、古志郡での居住の可能性が考えられている。

砺波郡庄下郷金剛寺村（現・砺波市庄川町庄）の式内社雄神神社は越中の有力古社の一つであり、

高瀬神社拝殿（富山県南砺市高瀬）

神主藤井氏は利波姓という。この家は砺波地方各地に点在する藤井姓の宗家とされ、雄神神社・高瀬神社（越中一宮とされる神社の一つ）の宮司を永く兼帯した。高瀬神社の創祀は景行天皇と伝え、系譜は奈良時代の備前守秀郷の後裔で、いま六十八代（藤井秀弘氏）を数えるといい、あるいは文徳天皇朝の仁寿二年（八五二）の秀方の後ともいう。砺波郡領中臣氏に関係するとも言い、系譜に種々所伝があって実態不明なのが惜しまれる。元雄神神社が今ある庄川弁財天の地（砺波市庄川町庄）ともいうから、この祭神は女性の水神（市杵島姫命、豊受大神。『富山県神社誌』にいう瀬織津姫でもあり、皆、同体か）の模様で、三好為康の上記信仰も併せ考えると、所伝の利波姓を含む射水国造族に関係する。備前の上道郡に雄神村（現・岡山市東区富崎）や藤井（同区）の地名もあって、関連するか。

越中国婦負郡には式内社の鵜坂神社（富山市婦中町鵜坂）もあって、天照大神・豊受大神（倉稲魂神、罔象女神）を祀り、当地で鵜飼も行われた。『万葉集』には鵜飼の歌が十二首入るが、大伴家持の歌が大半を占め、越中守在任時に鵜飼を好んだ。ここでも鵜や少彦名神が関与するのなら、高瀬神社の祭神には主祭神の大己貴命のほか、天孫族祖神の天活玉命（実体は天照大神）・五十猛命もあるから、神主藤井氏は、利波氏の先祖に随行して越中にきた「鵜」関係の天孫系氏族の出かもしれない（この場合は、吉備関係でも三野・笠系統か）。

『越中石黒系図』と利波臣志留志

上代の伊弥頭国造とその同族の後裔諸氏は、越中国に武家として繁衍した。平安末期頃の武士団諸氏を見ていくと、越中西部のほうでは井口氏が中心のようで、南砺市池尻の井口城に拠った。井口氏には、起源・居住の地に遊部君関係とみられる要素もあり、石黒・井口が同族だとしても、同じ姓氏とは限らない。『源平盛衰記』養和元年条には「越中には野尻、河上、石黒の一党」と記され、野尻も河上も砺波郡の地名であって、これらが井口・石黒氏の同族と考える太田亮博士の見解は妥当といえよう。

木曽義仲に属した**石黒太郎光弘**は、『源平盛衰記』に活動が見え、石黒氏の中でも著名人であった。この者が小矢部《おやべ》川の上流域の福光の地から、同川中流域で砺波平野の中央に位置する木舟城（現高岡市〔旧西砺波郡福岡町〕木舟町で、同川の南岸）に遷住し、石黒氏中興の祖とされる。石黒氏も同様に藤原姓を称しても、石黒光弘は古代の利波臣氏の出とされる。古代末期には藤原姓を称したが、実際に藤原氏の出とは限らない例は地方武家で数多い（越中石黒氏の系譜を利仁流藤原氏の流れに見える左兵衛尉光弘に結びつけたのは、中世系図の仮冒。近藤安太郎氏も同旨で、『尊卑分脈』では左兵衛尉光弘の後は記されない）。

石黒氏の系図については『越中石黒系図』が有名であり（詳細な検討は、拙著『越と出雲の夜明け』

を参照されたい）、ここではいくつかの要点をあげておく。

『越中石黒系図』の古代部分に拠る場合には、第八代孝元天皇を始祖とする武内宿祢の子の若子宿祢の後裔で、江沼・三国国造の一族が北遷して越中に至り伊弥頭国造となったのが利波臣氏の起源となる。しかし、武内宿祢の実在性は認めても、その諸子とされる者との親子関係には、大きな疑問がある。ここでは詳細は省略するが、武内宿祢の男子として孝元記に掲げられる七人のうち、実際にも子としてよいのは葛城襲津彦だけで、他の六男子は本来は別系統の出（後世になって武内宿祢の子に付会）とみられる。武内宿祢の末子とされる若子宿祢の実際の父がそうではないにせよ、若子宿祢とその子とされる大河音宿祢との間で仮に親子関係があれば、利波臣氏の系譜がかなり固まる。ここでも、伊弥頭国造の設置が成務朝だという所伝との関係が気になる。大和朝廷からみて、越中より遠い越後の久比岐国造や高志深江国造が成務朝までに設置され、かつ、近隣の能等《のと》国造や越国造も成務朝までに設置されたのなら、同時期に越中にも国造がおかれたとみるのが自然である。

武内宿祢以降の当該系図では、木曽義仲に従った石黒太郎光弘まで、古代氏族の「標準世代」（多くの古代氏族の系譜をもとに「私見」で帰納的にもとめた上古代からの標準的な世代配分。天皇の世代とはかなり異なり、他書には記載されないことに留意）にほぼ合致しており、信頼性があると一応考えられる。滋賀県大津の石山寺に残る「越中国官倉納穀交替記」に記載のある八世紀中葉から十世紀初頭にかけての利波臣氏一族の人物の名前と『越中石黒系図』記載の名前との整合性があり、この辺は多くの諸学が指摘する。同交替帳を基礎に、これを見て利波臣氏の系図を後世に作為・造作したとする考えも依然としてあるが、交替記に見える者までの七代ほどの人名を創作することは極めて無理であり、同系図が上記「標準世代」とよく対応すること等からいって、まず考えられない（系図の偽作は意外に難しいし、偽作の場合に目される作者の鈴木真年にはその動機もなく、冤罪に近い）。

その一方、当該系図の大河音宿祢から初祖・波利古臣までの三代の世系には疑問があるとして、佐伯有清氏は、①「利波臣の始祖は、もともと利波地方に勢力をもっていた豪族であって、天皇系譜とは無縁のものであったことは、他の地方豪族と同断である」と考え、②成務朝の人とされる大河音宿祢から継体朝の人とされる波利古臣まで僅か三世代しかないことが疑問だとする（『古代氏族の系図』所収の「利波臣氏の系図」）。この辺を種々考え関係氏族の系譜検討を重ねると、武内宿祢が遠祖の系譜はやはり問題が大きく、遊部君という氏が利波臣との関係で重要な存在だと気づいた（後述）。佐伯氏の指摘は概ね妥当であろう。

利波臣氏にあっては、中央官人になって立身した**利波（砺波）臣志留志**《しるし》という人物がいた。奈良時代末期の光仁朝における活動が『続日本紀』等に見えて、利波臣氏のなかで最も有名な人物である。その経緯は、天平十九年（七四七）に東大寺大仏の知識物として米三千石を寄進して、無位から一躍外従五位下に叙せられ、その後に越中員外介に任じられたが、東大寺に墾田百町を寄進したことで更に従五位上に昇り、越中国内の東大寺領荘園の検校を行い、文書や絵図に署名を残した。宝亀十年（七七九）には伊賀守にもなったが、このように地方豪族が財力を背景に国守にまで昇進した例は少ない。

この人物は、『越中石黒系図』に見えないと一般に受け取られてきた。ところが、利波臣氏の検討が進むなか、下鶴隆氏が同系図に「砺波臣志留志」が見えると指摘した（「利波臣志留志―中央と地方の狭間」という論考、栄原永遠男編『古代の人物③　平城京の落日』に所収。二〇〇五年刊）。その要点は、利波臣志留志にあたる者が実は同系図に「諸石」と記される人物にあたることである。下鶴氏は、「諸石」の文字がシルシと読みうる「誌石」の誤記だとして、両方のくずし字の酷似や、諸石と志留志との活動年代が合致すること、本宗家嫡流との確執や道鏡のあった中央政界の動向などを背景にあげる。

利波臣志留志が史料に見える天平十九年からの約三十年間であるが、越中員外介として東大寺田の検校を行ったなどの事績には、利波臣という出自を疑わせるものはない。系図に長兄であげる虫足が「越中国官倉納穀交替記」に砺波郡少領として天平勝宝三年（七五一）に見え、虫足の長子の真公が同交替記に同郡大領として宝亀二年（七七一）に見えるから、志留志の活動と年代的に符合する。

「誌石」が志留志と書き表されることは、当時、往々にしてありえた。『続紀』に登場する人名を見ても、同訓・別表記の例がかなりある（利波臣志留志と同じ頃に活動した佐伯今毛人が今蝦夷、若子とも記される例）。その前に、「誌石」の訓みが難解だとして、本人自身が中央出仕の際に「志留志」と表示した可能性も考えられる。「誌＝志留」というのも、文字が通じる表現である。これが他に見ない名前であったことから、系図転写が何度か行われた際に「誌石」が諸石に書き誤られて、原記が変更した可能性が十分ある。この志留志に関する検討を通じると、一部から疑問が出される『越中石黒系図』の信憑性が更に高まる。同系図の伝来・来歴は不明であるが、当該系図に関与した鈴木真年自身も、その筆跡をみる限り、「諸石＝志留志」とは思わなかったと考えられる。下鶴説は、的確な分析にたつ妥当な結論であろう（あるいは、次の「記塚」の例から見て「記石」かもしれないが）。

ところで、南砺市福光町岩木（福光駅の北西、東石黒駅の西方に位置）には志留志の墳墓といわれる

富山県南砺市の荊波神社

もの（「記塚《しるしづか》」と呼ばれ、**荊波《うばら》神社**本殿の背後に位置。平安期の経塚の痕跡あり）が残り、その前方の荊波神社は石黒郷の総社とされ、利波臣氏が奉斎し日子刺肩別命を祀る。同社は天平宝字三年（七五九）の「越中国礪波郡石栗村官施入田地図」に「荊波神」と見えており、当該式内社の論社が岩木や砺波市池原など数社ある。旧岩木村畑宮中鳥居野は中鳥居の在った所といい、この地から「荊波領」と刻まれた礎石が発掘され、岩木の小矢部川対岸の旧桐木村田畠字荊波島には大鳥居の跡があるというから、岩木の地に比定されよう。岩木・池原の祭神は日子刺肩別命とされ、岩木では三海神も配祠する。池原の配祠は菊理媛《くくりひめ》（宗像女神に通じる）等で、「白山社」とも称したから、その比定はやや弱いか。

角鹿国造一族と越中の諸氏

なぜ利波臣が角鹿国造と同族とされるのか、という問題も依然として残る。これも、系譜仮冒と片づけられない要素がある。先に触れたが、『古事記』孝霊天皇段には皇子日子刺肩別命の後裔として、「高志之利波臣、豊前之国前臣《くにさき》（国前国造）、五百原公《いおはら》（廬原国造）、角鹿海直《つぬが》（角鹿国造一族）」が割注に見える。国前臣は豊前の国前国造、五百原公は駿河の廬原国造の姓氏であり、角鹿海直は越前の角鹿国造の一族であって、いずれも吉備氏族とされるが、そのなかで利波臣が筆頭にあげられるから、この記事は無視しがたい。そのため、太田亮博士は、「利波臣　吉備氏の族にして、越中国砺波郡名を負ひたる大豪族也。敦賀国造と同族にして、吉備武彦の北陸経営と関係あらん」と早くに指摘する。

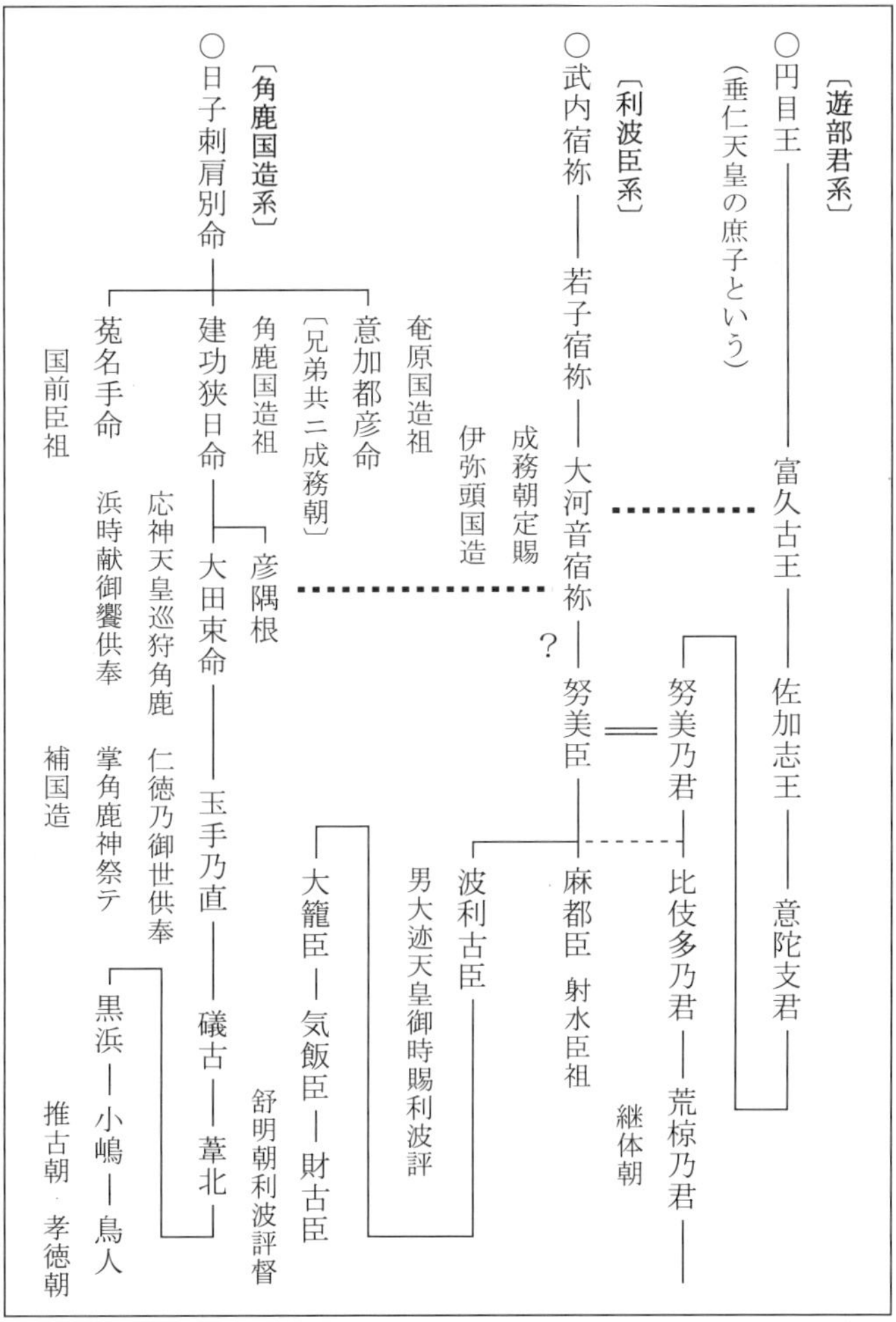

第２図　角鹿国造の初期段階系譜の検討
（利波臣と遊部君の比較も含む）

　角鹿国造について、「国造本紀」では、「志賀高穴穂朝御代、吉備臣祖若武彦命の孫、建功狭日命を国造に定めた」と記し、鈴木真年も角鹿国造の系譜を採録していて、『百家系図稿』巻二に掲載する。その始めのほうの部分は第2図のとおりである。

角鹿海直がいつ角鹿国造から分岐したかは不明だが、越前国敦賀郡には津守郷もあって、この一族の海神族性を示している。この初期系図でも利波臣が見えないので、利波臣は、吉備氏族とはやはり別系かと当初、思っていた。それにしても、建功狭日命の子におかれる「彦隅根」という者の存在が気にかかり、この名の訓みが「ヒコクマネ（＝彦隈根）」ではないかと思いつき、伊弥頭国造の祖とされる大河音宿祢との関連が浮かんできた。

「大河音」は、一般にオホカハヲト（あるいはオホカハト）と訓まれる。しかし、この訓みは疑問があって、本来はオホクマネと訓むべきではなかろうか。「音」はネと訓み、「河」の字が「阿」の誤記ならクマと訓まれる（『太平記』巻二に見える敵討逸話で有名な日野阿若丸「クマワカマル」の例）からである。そう考えて「国造本紀」を再点検したところ、天理図書館蔵の吉田良凞本『旧事本紀』に「河」が「阿」と記されるとの註があることに気づいた。古代の名前では大も彦も美称だから、「彦隅根」が伊弥頭国造の祖とされる大阿音宿祢と重なる。系譜から推定される活動時期も、角鹿国造のほうからは応神朝頃の人で、武内宿祢系の利波臣のほうからは仁徳朝頃の配置となるから、ほぼ同時期となる。

こうした見方が正しい場合には、大阿音宿祢が伊弥頭国造の前身の氏に跡継ぎで入ったか、伊弥頭国造の初代になったという話であろう。利波臣は射水臣とともにその子孫となるから、日子刺肩別命の後裔に利波臣があげられる（大河音の活動期は、履中～允恭朝頃ではなく、実際には応神朝頃の人で、雄略朝頃の努美臣〔継体朝の波利古臣の父〕との間に二世代の欠落がある）。伊弥頭国造家も角鹿国造家もともに、海神族系で近い同族関係にあった。古代の事情を反映してか、射水郡放生津《ほうじょうづ》（射水市・高岡市の北部）一帯は、中世は越前敦賀の気比神宮領であって、気比社・住吉社が鎮座した（いま両社が合祀され、気比住吉神社）。

角鹿国造一族の後裔では、天平三年（七三一）二月の『越前国正税帳』（正倉院文書）には天平元年付けで、敦賀郡の郡司少領外従八位上勲十二等の角鹿臣綱手、坂井郡の郡司少領外正八位下勲十二等の海直大食などが見える。平城京跡の長屋王跡地から出土の木簡（和銅三年〔七一〇〕～霊亀三年〔七一七〕頃とみられる）にも、「江祥《えさ》里　戸主角鹿直綱手、戸口海直宿奈□□（麻呂か）」が見える（奈文研『平城宮発掘調査出土木簡概報』二十五）。「江祥里」は『和名抄』の与祥郷にあたり、敦賀市街の東にある「余座」の地とみられている（『福井県史』通史編1、原始・古代）。天平年間の写経所には、経典を書写する経師のなかに敦賀石川（石河とも表記）の名が見える（東大史料編纂所のデータベースには合計六十余回登場）。『古事記』孝霊段に見えるように、角鹿の海直が吉備一族にあったことに留意される。

六国史には、敦賀直嶋麻呂（綱手の子）が恵美押勝の乱の時に見えて、官軍で軍功をたて外従五位下に叙せられた。その娘の稲刀自は利波臣黒人の妻となり、その姪の福貴子は『類聚国史』天長五年（八二八）条に釆女で見える。福貴子の兄・長嶋麻呂の孫の真福子は『三代実録』貞観九年（八六七）二月条に無位から外従五位下に叙せられたと見える。

その後裔一族は越前国一宮の気比《けひ》神宮（笥飯とも書き、敦賀市曙町に鎮座。その摂社筆頭に式内社の角鹿神社がある）や常宮神社を奉斎し、敦賀郡司を世襲した。気比に祀られる「祭神の伊奢沙和気」とは、吉備津彦兄弟の父のことではないかとみられる。

族裔には、南北朝期に南朝方の恒良親王らを迎えて金崎城（敦賀市街地東北部で、神宮の北方二キロ弱）で足利軍と戦った同社宮司の気比弥三郎大夫氏治・太郎（名は一般に「斉晴」という）親子が出たとみられる（『太平記』巻十九など）。氏治の妻は杣山城主瓜生判官保（嵯峨源氏渡辺党の流れ）の姉と伝え、両者ともに南朝方に尽忠し討死して、敦賀市金ケ崎町の絹掛神社に合祀される。氏治の父らしき気比神主行治の妻は瓜生保の叔母と見える。

なお、『気比宮社記』には、前代未聞の珍事・宮社殿屋悉く倒破壊と見える正中二年（一三二五）十一月の大地震の後に、その翌年（嘉暦元年）に各社殿を造営したが、その注進には角鹿姓四名（正祢宜角鹿朝臣為平、副祢宜同忠致、権祝同資明、副祝同時直）と大宮司大祝正四位下大中臣朝臣憲重・権祢宜同忠尚の大中臣姓二名の計六名が連名で見える。その十年後の延元元年（一三三六）には、『太平記』記事に「気比の弥三良太夫氏治、気比大宮司太郎」（後者は大宮司という官職にあるのではなく、「気比大宮司太郎」というのが通称）が登場する（『気比宮社記』の「建武四年四月の註進案紙」に他の社官とともに「氏治」が見えるから、その実在性は問題ない。中務親王〔尊良〕の御臨津で、宮司等が金前城中に籠もり入った時に、「前祠官兼代」の「忠宗資永氏治時直忠久」

角鹿神社、式内社で気比神宮筆頭摂社（福井県敦賀市）

と見えるが、このうち忠宗〔忠致〕・時直は十一年前と重複する）。

戦国時代に越前朝倉氏に味方して織田信長に滅ぼされたのが宮司・気比憲直ともいう（この者は大中臣氏一族から出た可能性もあるが）。江戸時代以降は角鹿朝臣姓の島氏が角鹿神社の社務を担当した。支族の鶴岡を号した一派は、弘安年間の辰秀のときに越前国足羽庄の下司職となり、子孫は戦国時代まで朝倉家に仕えた。

最近発見の柳田布尾山古墳

角鹿国造一族の墳墓が敦賀平野南東部の明神山一号墳や向出山一号墳を中心とする中郷古墳群（敦賀市坂ノ下）とみられている。前者は陪塚・葺石を備えた全長四七メートルの前方後方墳であり、古墳型式からすると初代ないし次代くらいの国造の墳墓か。後者は径六〇メートルほどの円墳とされるが、方形の張り出し部があり（帆立貝形墳か）、全国的に類例の少ない鉄地金銅装の甲冑や四神四獣鏡・鉄刀・鉄剣を出して五世紀末頃の築造とみられている。

これら敦賀あたりの乏しい古墳事情を見たとき、一九九八年に氷見市南東部で大型の前方後方墳、**柳田《やないだ》布尾山古墳**（全長一〇七メートル）が発見されたのは衝撃的であった。前方後方墳の型式としては全国で十番目、日本海沿岸地域で最大であるうえに、前方後円墳を含めても北陸地方で第四位となる。越中では最古級の前期古墳（築造年代は四世紀代だが、後半説を一応とっておく）で、東南方に離れた呉羽丘陵の初期前方後方墳たる勅使塚古墳（全長約七〇メートル）・王塚古墳（同約五八メートル）に若干遅れるとみられている（両墳とは築造者の系列が別か）。布尾山古墳は、景勝地の雨晴海岸の西側に位置し、古墳の規模・占地から見て、周囲近隣の海上勢力や日本海ルートも押さえた大首長が被葬者とみられる。これが地域的に伊弥頭国造につながるものであれば、先に越中のほうに成務朝に伊弥頭国造が置かれ、そこから後（応神朝頃）に越前の角鹿国造のほうが分かれた可能性すら考えられる（このように考えれば、柳田布尾山の被葬者は角鹿国造の祖と伝える建功狭日命か〔ないしその次代か〕。四世紀中葉の成務朝に全国的に国造の配置があったとき、伊弥頭国造も置かれたことになり、越中は国造の空白地区にならない。両国造が分岐する前の大勢力があって、それが大古墳築造の基礎にもなる）。

布尾山古墳は過去に盗掘に遭い副葬品は報告されないが、被葬者が吉備武彦の弟で倭建東征の随行者なら、三角縁神獣鏡をもった可能性も考えられる（兄弟の廬原国造祖・意加部彦か近親の墳墓とみられる静岡市の牛王堂山三号墳から同鏡出土。ともに、埋葬施設が粘土槨・木棺で共通するが、この組合せの奈良県の鴨都波一号墳から四面の三角縁神獣鏡が出ており、被葬者は景行天皇の九州巡狩に随行の神大野宿祢〔『肥前国風土記』。鴨君の祖〕とみられる）。

柳田布尾山古墳（富山県氷見市柳田）＝（公）とやま観光推進機構提供＝

北陸では、三角縁神獣鏡の出土例は所伝も含めて三例にすぎず、能登の小田中親王塚古墳、越前の足羽山山頂古墳が所伝で（これらから出たという三面中二面が所在不明）、最近、越前の花野谷一号墳から一面が出た。親王塚古墳（石川県鹿島郡中能登町）は円墳（直径六七㍍）とされ、宮内庁は能登国造の祖・大入杵命（「国造本紀」は垂仁天皇の皇子とする）の墓として管理するため調査がなされず、他の越道の古墳例と同様、帆立貝形前方後円墳とする説があり、こちらの見方が妥当か。布尾山古墳は親王塚古墳の東南方二十キロ弱で割合近いから、こうした地理的位置や被葬者の所伝から見ても、ほぼ同様な時期に築かれ（布尾山が若干先行か）、同様な副葬品（三角縁神獣鏡や、鍬形石・玉製紡錘車）をもつ可能性がある。

親王塚古墳の近隣には、前方後方墳の小田中亀塚古墳（墳長約六一㍍で、復元長約七二㍍という）がある。これら古墳と邑知地溝帯を挟む位置に雨の宮古墳群があって、前方後方墳の**雨の宮一号墳**（墳長約六四㍍で粘土槨・木棺。画文帯神獣鏡・石釧・車輪石・琴柱形石製品などが出土。布尾山とほぼ同時期か）や同二号墳（ほぼ同規模の前方後円墳）があり、このへんが当時の能登では最大級だから、越中の布尾山古墳の巨大さが引き立つ。

吉備同族としての利波臣

利波臣氏が吉備氏族角鹿国造と同族であったのなら、これと符合するような傍証もいくつかある。吉備氏一族の足跡は、北陸地方や周辺の飛騨にも残る。

それが、飛騨国の三**尾臣氏**の存在である。『続日本後紀』承和三年（八三六）四月朔条に、「飛騨国人三尾臣永主、右京史生同姓息長に笠朝臣姓を賜う。稚武彦命の後なり」と記される。この笠朝臣の賜姓と右京五条二坊への移貫が見える短い記事は示唆深い。

三尾臣氏の起源の地は飛驒国大野郡の三尾郷で、いま岐阜県高山市西部の荘川《しょうかわ》町三尾河（旧・大野郡荘川村南部）の一帯に比定される。この地は、越中西部を北に流れて富山湾に入る庄川の水源地に近く、下流に進めば、白川郷や赤祖父山の東麓を経て六、七十キロほどで利波臣一族が繁居する砺波平野に達する。この平野部から南方に進んで庄川を溯上してきたのが三尾臣で、吉備氏族すなわち利波臣から分岐した一族かとみられる。吉備氏族は吉備地方で鉄などの鉱物資源を経営したが、旧荘川村にも六厩金山や三ツ谷銅山という鉱産地がある。長屋王宅出土木簡にも、「水尾里水尾臣子首」が見えており（奈文研『平城宮発掘調査出土木簡概報』二十三）、この「水尾里」がどこの地かは不明も、奈良時代の史料に「坂井郡水尾郷」と見える越前かとみられ、水尾、三尾が通じることに留意される。

三尾氏といえば、継体天皇の母・振媛や妃・稚子媛を出した三尾君氏が著名だが、この君姓三尾氏は垂仁天皇後裔と称する羽咋国造の支流である。起源の地が越前国坂井郡三尾駅辺りとみられる。利波臣の一族は越前国足羽郡にも居住した。『大同類聚方』には足羽郡少名の人、利波清浜が見えており、越中砺波と越前敦賀とを結ぶ中間点に分布があった。なお、加賀国江沼郡の忌波（現加賀市弓波）や同地の式内社忌波神社（穂の宮。倉稲魂《うかのみたま》命を祭祀）も、播磨の印南（稲美）に通じて、関係地の可能性がある。

利波という地名は、『和名抄』では他に越後国磐船郡の利波郷のみである。同郡には坂井郷もあり、これら地名も越前と関係がある。「国造本紀」盧原国造条には、「池田坂井君祖の吉備武彦」という記事があり、太田亮博士は、越前国坂井郡坂名井神社の地名を負う氏族が吉備氏族の坂井君かと記す（越前国坂井郡の中世武家に坂井氏があり、守護斯波家に従い尾張に分れて当地の小守護代もつとめたが、桓武平氏と称するも実際には族裔か)。池田も越前国今立郡に池田の地名があり、現在も同郡池田町として福井県に残る。池田(池多)も坂井(酒井)も、地名や苗字を見れば、越中・富山県にも多い。

越中の遊部君氏

遊部君という姓氏が大和国高市郡や越中に見える。系譜は、垂仁天皇の庶子の円目《つぶらめ》王の後裔という一風変わったものを伝える(『令集解』に引用の古記や、『百家系図』など)。円目王は妻とした伊賀の比自支和気《ひじきわけ》氏の娘との関係で、葬礼の職務を担当するようになったという。この氏は、貴人の喪葬の際に呪術的な歌舞等で鎮魂を行う職業部の管理者とされる。

高市郡の遊部郷は、いまの橿原市東南部とみられている。遊部という地名も現在の南砺市(旧西礪波郡福光町の北部)の大字で、古代利波臣の流れである中世石黒氏の本拠地一帯のなかにあって、アソブと訓まれる。こうした居住地から見ても、遊部君と利波臣との同族関係は認めてよかろう。「努美」という名の者が両氏の先祖に共通してあげられる。

利波臣の系図の初期段階にも見える「努美」の孫に荒椋《あらくら》乃君がおり、継体朝の人と系図に見えるが、遊部君の起源は長谷天皇(雄略)のときと伝えるから、荒椋乃君の父とされる比伎多乃君が遊部君の初代だったか。荒椋乃君の四世孫に米足・乙嗣兄弟が見え、米足は高市郡に住み、弟の乙嗣が越中に残ったと系図に記される。この兄弟は、世代から推して舒明～孝徳朝頃に活動したものか。

遊部君の後裔が越中では赤祖父を苗字とした。高岡市の大字に赤祖父(市街地の東南近隣)があり、井口村(現・南砺市)に赤祖父《あかそぶ》という名の山・川・溜池があって、これら地名に因む。アカソブの意味が赤渋で鉱物性物質と関連し、この氏族が葬礼に関する職掌ばかりではなく、鉱物採取・精錬の技術ももったのであろう。吉備氏族の祖・吉備津彦命が吉備で征伐した温羅《うら》の妻が阿曽媛といい、備中国賀陽郡阿曽郷に因む名をもつが、アソは阿蘇とも書き、アは接頭語で、ソは金属とくに鉄の意味とされる。遊部はアソベ（阿蘇部。鍛冶部）でもあったか。

遊部君の君姓からすると、大伴家持が越中国司のときの射水郡大領で安努君広島が見え（『万葉集』。ほぼ同時代人の古江郷の阿努君具足も「東大寺正倉院文書」鳴戸開田地図に見える）、同郡北部の阿努郷（氷見市の阿尾から加納にかけての一帯か）を本拠とした阿努君氏は、その一族か。阿努がアナ（穴）の転とみる吉田東伍博士の説に拠れば、穴は大和の穴師など鉱物資源に関係深い地名に見られる事情もある。君姓と大伴氏に着目すれば、『書紀』斉明四年条には、越後国の沼垂柵造で大伴君稲積への小乙下叙位が見えるが、この者の祖系は越中出身で、射水国造・利波臣や遊部君の同族か。『和名抄』に越中国射水郡にあげる伴部郷はその名残とみられる。平安前期の『大同類聚方』には、越中国新川郡領の大伴臣が見えるが、これも射水臣の一族か。射水郡の射水神社の古来からの神主関氏は、伴宿祢姓と称するが、大伴君ないし大伴臣の後裔であろう。

信濃で本隊と分かれた吉備武彦分遣隊の越道遠征経路のなかに、遊部君の痕跡がある。それが飛騨国北部、荒城郡の遊部郷であり、この地と大和国高市郡の二個所しか、遊部郷は『和名抄』に見えない。いま飛騨市の神岡町を冠する大字の阿曽布《あそぶ》・麻生野《あそや》・石神あたりが遊部郷であった。鉱物資源が豊富な地域で、古来鉱山が開かれ、神岡鉱山は有名で養老年間に金を出して天皇に献上した伝承がある。金銀銅や亜鉛等の鉱物も産出し、イタイイタイ病の発生源ともなった。飛騨の神岡と越中の遊部・赤祖父の地名配置は重視される。

倭建命が東国・陸奥遠征の先々で金・銅の資源をもとめたことは、遠征経路から知られる。北陸分遣隊であった吉備武彦が神岡鉱山辺りの地に一族関係者を遺したことの意味は明らかである。神岡から高原川、さらに本流の神通川を下ると越中の平野部であり、そこから西に進んだ砺波平野に遊部の地があり、その近隣に飛騨の遊部郷で見られた麻生の地名も見える。こうして見ていくと、遊部君や利波臣にはたしかに吉備同族の色彩があり、太田亮博士の指摘にあるように、吉備武彦の越遠征の産物（ないしは置きみやげ）であった。

吉備武彦の系譜

倭建東征に重要な役割をはたした吉備武彦とその一族の系譜が問題になる。

吉備氏の系譜は、『書紀』成立の前の早い時期（七世紀中葉頃か）に上道系が下道系のほうに統合される形で一本化されてしまった。現在までに残る系譜では、平安前期に成立の『姓氏録』の記事も含めて、吉備本宗関係者が皆、下道系統とされる。だから、吉備武彦も、現存史料では下道系統の若武彦命（若建彦・稚武彦）の孫とされるのが殆どである。『諸系譜』第十三冊に所載の「吉備氏、妹尾氏」系図がそうであり、「国造本紀」の角鹿国造条にも「孝霊天皇の皇子・若武彦命の孫、建功狭日命を国造に定めた」とある。『姓氏録』の記事（左京皇別の下道朝臣、右京皇別の廬原公）でもそうであって、研究者でも太田亮や藤井駿氏が孫説をとる（ただし、子とする所伝もあって、『姓氏録』では右京皇別の真髪部条があり、永山卯三郎や鈴木真年が子説）。これらは文献研究分野でのことである。

ところが、同族の諸国分布や巨大古墳の分布など考古学要素も入れて、総合的に見直すと見方が変わる。『古事記』に日子刺肩別命が利波臣・角鹿海直などの祖と見えるように、この者は本来は兄の吉備津彦の子（すなわち上道系統）として位置づけられるべきであり、この子孫たちが吉備武彦とともに東征に関与したとみるのが自然である（武彦の弟が廬原国造の祖・意加部彦、角鹿国造の祖・建功狭日とみられる）。一方、備中の巨大古墳を築造したのが御友別一族だから、これが下道系統の場合なら、吉備武彦が御友別の父になることはありえない。吉備武彦の父も実際には日子刺肩別とみられるが、吉備武彦の位置づけが後に下道系統に変更され、日子刺肩別の系譜も孝霊天皇の皇子に変更されたのであろう。

吉備武彦に関連する諸古墳

吉備の古墳分布や随行した吉備氏一族の観点から見ると、吉備武彦は本来は上道系統の当主だとみられる。安本美典氏は、多数の三角縁神獣鏡を出した備前車塚の被葬者を吉備武彦とみる。この者が備前に在ったことは認めてよいが、この被葬者比定は疑問が大きい。同墳は吉備の大族長の墳墓としては規模があまりにも小さすぎて、この難点は無視できない。そこで、問題となる備前車塚のほうからまず見ていく。

備前車塚古墳（湯迫車塚。全長四八メートルの前方後方墳）は大量の銅鏡（十三面、うち十一面が三角縁神獣鏡で、他は内行花文鏡・画文帯神獣鏡各一面）を出土したことで有名である。このため、浦間茶臼山などとともに、吉備最古型式の古墳として一般にみられている。しかし、この「吉備最古型式」という見方には大きな疑問があり、三角縁神獣鏡の出土はむしろ築造時期を引き下げる重要要素である。浦間茶臼山のほうからは器台形埴輪・都月式埴輪や獣帯鏡破片も出た事情もあり、備前車塚よりも先行性を示す。車塚の前方後方墳という型式も、古墳原初期よりも少し遅く、むしろ垂仁・景行・成務朝頃の築造を思わせる。

大神神社（岡山県四御神に鎮座）

備前車塚は、山城の椿井大塚山と同笵（同型鏡）の三角縁神獣鏡を三種四面も持っており、椿井大塚山の築造時期（四世紀中葉の垂仁・景行朝頃）とも密接に関連し、播磨の権現山五一号墳とも同范鏡関係があった。車塚出土の三角縁神獣鏡は、同笵鏡が大和から上野までの東国方面に広く分布するという特徴（例外は一例のみ）がある。車塚古墳は、上道系統の第三番目（景行ないし成務の治世下の時代）の大古墳・金蔵山が南方三キロ余の近隣にあるので、その近親か妻という関係者の墳墓とみられる。

この観点から、上道臣氏一族から出て南東近隣の大神《おおが》神社（上道郡唯一の式内社で、四御神《しのごぜ》に鎮座）に奉仕した者かその関係者と推される（前方後方墳が出身氏族の身分も表すとした場合、吉備氏本宗ではない異系出身の妻という可能性がある）。吉備武彦の妹（名は吉備建比売、吉備穴戸武媛）が倭建命の妃として『古事記』に見える。大神神社祠官家は大神姓の有森氏というが、具体的な系図は知られず、この関係の詳細な史料はない（『式内社調査報告』）。吉備氏の実際の出自は、上記祭祀から見ても、大和の磯城県主・大神氏の一族支流とみられる。

大量の鏡出土に関連して、吉井川中流東岸の備前市畠田には、三〇面超（現存は一七面）の多数の鏡を出した岡山県最大級の円墳で家形石棺をもつ**鶴山丸山古墳**（径五〇～六〇メートルほどの楕円形古墳）がある。出土品は碧玉製勾玉・石製品（車輪石・盒子・石釧等）・鉄製品、青銅鏡類では合計一二三面で内行花文鏡六、方格規矩鏡・盤龍鏡・獣形鏡等のほか、三角縁神獣鏡も五面（出土伝も含む）ある。三角縁神獣鏡の同笵鏡が会津大塚山古墳から出土したから、築造時期が備前車塚とほぼ同時で、近隣の浦間茶臼山に少し遅れるくらいか。被葬者は難解だが、鶴山丸山の西南近隣で三角縁神獣鏡も出す邑久郡の花光寺山古墳（瀬戸内市域）との関連も考えられる（その場合、倭建東征随行の七拳脛《ななつかはぎ》など久米氏族で大伯国造一族か）。

伝鶴山丸山出土という三角縁神獣鏡が、北九州でも最古級の宇佐赤塚古墳から出土の鏡と同笵であり、赤塚古墳から出土の別の三角縁神獣鏡が椿井大塚山や桜井茶臼山から出土の鏡と同笵とされるから、この辺りがほぼ同時代（四世紀中葉頃か）の築造と推される。この青銅鏡二三面についての分析値がこれまで舶載・仿製と区分されてきたにもかかわらず、全く同じ鉛同位体比を示すことから、新井宏氏はこれら全てが同時期・同場所で製作された国産鏡だと判断する（『理系の視点からみた「考古学」の論争点』二〇〇七年刊）。更に、宮崎県持田古墳及び大阪府紫金山古墳から出土の三角縁神獣鏡の鉛同位体比も全く同じで、これらも同一原料による製作の可能性が高いとも指摘し、三角縁神獣鏡が日本国内で製作されたとの結論を補強するとも記される。

さて、備前のほうの大古墳系列の一番目が崇神朝の吉備津彦命（五十狭芹彦命。墳墓は浦間茶臼山古墳か）で、次が日子刺肩別命（同、湊茶臼山古墳か）、そして三番目の**金蔵山古墳**の被葬者が吉備武彦ということで、吉備族長の系列がうまくつながる。

金蔵山は吉備全体でも第四の規模で、上道平野を広く展望する操山丘陵の中央にあり、かつ吉備の前期古墳では最大であり、豊富な形象埴輪群が巡る。主石室の内部主体が大がかりな乱盗掘を受けたことで、当初の副葬品の全容は不明であるが、中央石室付近から方格規矩鏡・水鳥形土製品、小石室（副室）からは多量の鉄製の武器・漁農工具、南石室からは倭製変形二神二獣鏡が出土した。中央石室内の残存遺物には、碧玉製の管玉・鍬形石、筒形銅器、革綴短甲片などがあり、埴輪は、円筒埴輪Ⅱ式のほかに、家・鶏・短甲・楯・蓋などの形象埴輪がある。小石室からの出土品（甲冑や銛・釣針などの漁撈具、農具など）は椿井大塚山に類似するから、それとの関連で、仮に盗掘がなかった場合には、三角縁神獣鏡の副葬が本来は多数あっても不思議ではない。筒型銅器の副葬は、大和の新沢五〇〇号墳（大伴氏武日命の墓か）や摂津の紫金山古墳（穂積氏忍山宿祢の墓か）でも見られており、注目される。このほか、玉杖の断片とみられる物もあり、これら豪華な遺物に注目される。

金蔵山古墳からは水鳥形土製品も出ており、倭建命の陵墓（死後に息子・仲哀による築造か）とみられる大阪府藤井寺市の**津堂城山古墳**と出土品（円筒埴輪Ⅱ式や水鳥・家・楯・蓋などの形象埴輪、鍬形石、変形神獣鏡）が類似することに注目される。同墳については、和田萃《あつむ》氏も、『古事記』に見える河内の志幾の白鳥陵が津堂城山とされていたと指摘し（「ヤマトタケル伝承の成立過程」、森・門脇共編『ヤマトタケル』所収、一九九五年）、森浩一氏も倭建命墓たる白鳥陵とみた（『天皇陵古墳への招待』、二〇一一年）。

五　御友別と吉備氏一族の分封伝承

吉備氏から出た応神妃・兄媛と御友別

神武以来の大和王権は、四世紀後葉になって播磨・摂津辺りにあった大王家姻戚のホムチワケにより簒奪された（即位して応神天皇。その即位元年が西暦三九〇年頃で、二十数年在位したとみられる）。このとき、大豪族吉備氏も応神の有力な支持基盤であった。ただし、応神朝の吉備本宗の地位が上道系統から下道系統に替わっているから、これは応神を支持したのが下道系統だということで、吉備内部の主導権変動の要因だったかもしれない。

即位前の「皇太子」応神について、記紀ではともに武内宿祢が敦賀まで連れて行き、その地の気比大神からの要請で名前を交換したと記紀に伝えるが、これは気比のイサワケ大神（『記』に伊奢沙和気、『書紀』に去来紗別神と表記）の子孫の吉備一族が応神の味方をし、その大きな支持基盤となったことを意味するとみられよう。

下道系統から出た応神妃・兄媛《えひめ》は、応神二二年春（実年代としては四世紀末頃か）に父母を想う望郷の念に免じて難波の都から里帰りが許され、天皇自身も同年秋には淡路島で狩をして、その後に吉備に行った。そこで、備中の葉田《はだ》の葦守宮の行宮（旧賀陽郡、現岡山市北区下足守の葦守八幡宮の地という。足守の南隣が土田で、これがハダと往時訓むから、足守・土田の一帯くらいの把握か）に居たところ、妃の兄の御友別《みともわけ》がその子弟を膳夫《かしわで》として供膳奉仕をしたので、吉備国を割いて御友別の子弟を封じ、兄媛には織部（服部）を賜った（『書紀』）。

一族あげての供膳奉仕は、景行天皇の東国巡狩にも見える服属儀礼である。吉備氏の一族が、応神の吉備到来に際し改めて大王への服属を誓ったという意味がある（この点でも、吉備の独立王国論はおかしい）。このとき封じられた地域と内容は、応神紀二二年条に拠ると、御友別の長子の稲速別が川島県で下道臣の祖、次子の仲彦が上道県で上道臣・香屋（賀陽）臣の祖、末子の弟彦が三野県で三野臣の祖とされ、御友別の兄弟では、兄の浦凝別が苑県で苑臣の祖、弟の鴨別が波区芸《はきき》県で笠臣の祖とされる。

こうした御友別の子弟関係や分封、その時期については疑問も少なからずあり、十分な検討を要する。御友別が吉備武彦の子とされることは系譜等に異伝がないが（『三代実録』元慶三年十月廿二日条など）、この系譜も実は問題だと併せて留意しておきたい。

葦守八幡宮本殿。葉田葦守宮の跡に建つとされる。（岡山市北区下足守）

吉備の五県分封伝承

応神天皇による「五県分封」の伝承は、地域配置などいろいろの問題をかかえている。当該「五県」は古代吉備の中枢部とみられる地域である。その配置は、備前に上道県（後の上道郡を中心に赤坂郡あたりも含むか）・三野県（後の御野郡を中心に津高郡あたりもか）、備中には川島県・苑県・波区芸県とされる。備前のほうはあまり問題はないが、備中のほうの地域比定はすっきりいかない。後の氏族や国造の配置、「川島川」の流域などの事情から見ると、川島県は下道郡あたり、波区芸県は小田郡あたりとして、苑県が下道郡曽能郷（倉敷市真備町の北部の大字有井付近で、箭田大塚の東方近隣）とするのは狭小のきらいがある。

後の平安中期には『和名抄』によると、備中の郡は、北部辺境の哲多《てた》・英賀《あか》両郡（ともに新見市域）を除くと、賀夜・下道・後月・小田・窪屋・都宇・浅口の七郡となる。このうち後月・小田両郡及び浅口郡という三郡ほどが後には笠岡市・井原市や浅口市の域となるから、これをほぼ波区芸県とみることができよう。残りは賀夜・下道のグループ（後世の明治には併せて吉備郡となる）、窪屋・都宇のグループ（同、都窪郡となる）になる。この二グループ四郡あわせて、後の総社市・岡山市・倉敷市及び高梁市の地域につながる（以上はかなり大雑把な表現）。だから、ごく素直に考えれば、下道・賀夜両郡あたりが川島県で、窪屋・都宇両郡あたりが苑県にあてられる可能性がある。

「国造本紀」には、吉備本体地域の国造として、上道国造、三野国造、下道国造、加夜国造、笠臣国造という五つがあげられ、みな応神朝に設置と記される。下道国造、加夜国造というのは、『延喜式』時の各々下道郡、賀陽郡にほぼ対応するのであろう（広さなどを考えると、下道郡のメインが川島県であって、賀夜郡と都窪郡とが吉備全体の中央部〔備中東部〕で苑県という可能性もあるかもしれない。その場合、下道国造が下道郡、加夜国造が「賀夜郡＋都窪郡」に分配される。ともあれ、川島県を浅口郡とみる古典文学大系『日本書紀』の上註は疑問であり、狩野久氏は都窪・賀夜（一部）・下道の地域を考えるし（これでは広大すぎるか？）、また下道・都宇・浅口を考える見方も出てこよう。「川島県」の比定は難しい問題である）。

　ところで、苑県の長（当時で言えば、苑県主ということか）の後裔とみられる**苑臣**という氏が後世に見え、奈良時代にも苑臣（薗臣）氏は郡領家であった。宝亀七年（七七六）十二月の備前国津高郡陸田売買券に「大領外正六位上薗臣（欠名）」とあり（唐招提寺文書）、『備中国風土記』逸文（『仙覚抄』に所引）に天平六年（七三四）の「賀夜郡司大領従六位上の下道朝臣人主」及び同「少領従七位下薗臣五百国」が見える。『万葉集』巻二にも「園臣生羽の女」（三方沙弥との相聞歌が掲載）が見え、在京で出仕する一族もいた。『類聚符宣抄』巻八には村上天皇朝（康保元年十月）の宮内少録園五種が見える。こうした事情から見ると、苑臣氏は備前から備中にかけての地域、いわば吉備中枢地域のなかでも中央部に有力者として居た。その領有地が消されて、後に加夜国造に置き換えられたという可能性も出てくる。あるいは、苑県が賀陽臣氏につながるとか同族とかいえるかもしれない。

　苑臣の祖・浦凝別は御友別の兄と見えるから（「賀陽氏家牒」にも同様で、吉備建日子命の子）、この家が本来の吉備嫡流であったか。吉備氏の系図には、浦凝別の子に曽乃之雄命（曽乃能男命。一に曽乃熊男命）をおき、これが芦母利《あしもり》武彦命の兄弟とするのもある。その場合、前者が苑臣の祖で、後者が賀陽臣・上道臣（苑臣のほうに付く可能性もある）の祖と整理できるのかもしれない。応神・仁徳の段階ではまだ「吉備上道臣」という複姓的な呼称もできてないとみられ、雄略朝に反乱記事が見える「国造吉備臣山」や「吉備窪屋臣」（娘が上道田狭の妻）というのは、一応、下道系統とみたが、苑臣あるいは上道臣の系統の可能性もあるかもしれない。

これに関連して、出宮徳尚氏は、後に窪屋郡があることから「窪屋臣」を姓氏だとみて、これが吉備本宗だったという見方を提示する（最初にあげた主要文献のなかの「吉備氏」）。当該窪屋臣のほうは名前とみられるが、この者が吉備国造一族では本宗だという見方はありえよう。その場合、後の上道臣・苑臣・津臣なども含め五県の長が皆、吉備国造の支流であって、五県の長のほか本宗として吉備国造家が雄略朝まで存在したという見方になる（吉備五県がカバーしない中枢部に吉備国造がおり、それが御友別ということか）。吉備下道臣前津屋が吉備を代表したという記事は疑問となろう（前津屋の前の「下道臣」は竄入で、下道氏としては反乱を起こさなかったということか。この辺は、突き詰めて考えて行けば、造山古墳・作山古墳も、本宗吉備国造家が被葬者という可能性すらでてくるが、これは今のところ考えないことにする）。

吉備中枢地域の国造の設置時期にも疑問がある。上記応神紀の記事でも、「県」の設置だから、国造というより県主（県造）という受け取り方もなされうる。もとは上記五国造の領域が全部含めて吉備国造一本のなかにあって、それが下道氏及び上道氏の反乱（あるいは反乱の嫌疑をうけ）に因り、いくつかの国造に整理、細分化されたことも考えられる。だから、同書に見える諸国造の細分設置は、それが実際にあったとしたら、時期はもっと遅い雄略朝頃ではなかろうか。同書でも、「元封」という表現が軽嶋豊明朝（応神朝）にあり、その後に改めて国造を賜った多佐臣（上道国造）、笠三枚臣（一に三枚、三枝。笠臣国造の記事。鴨別の八世孫とあるのは世代数でいうと疑問が大きい）という後裔の名も記事に見える。賀陽氏でも、雄略朝ごろらしい真丹臣に国造との記事が系図に見える事情にある。

吉備国造が最初に置かれたのは、国造の全国設置にあわせてで、成務朝とみられる。この「大国造」

（吉備主要域の全体に及ぶ国造）としての吉備国造の存在を否定する根拠はなく、この意味で井上光貞氏（「国造制の成立」）等に同説である。それが、一つの氏族に固定されず、上道臣や下道臣が交互に就任と考えるのは無理がある（吉備の族長が上道系統から下道系統に交替があったとを認めても、これは交互に国造就任ということにはならない）。

ともあれ、応神朝の段階では吉備国造が一本立てか、せいぜい上道国造・下道国造の二本立てであって、雄略朝の吉備本宗の反乱後に元の国造が細分されて、五分国（小国造。一部は県主のままだったか）ほどになったのであろう。太田亮博士は、笠臣について、もとは県主だが、後に国造になったかという見方もするが、「笠臣国造」という表記にも疑問がある。吉備中枢部を囲むように、周辺部には備前東部に大伯、美作辺りに吉備中県、備後には穴及び品治という別族の国造も置かれた。これらの設置時期は、順に応神朝、崇神朝、景行朝、成務朝と「国造本紀」にあるが、実際には各々応神朝、崇神朝、成務朝、応神朝、といったところか。品治国造の後裔は備後一宮の吉備津神社に奉仕して中世まで有勢であり、南朝の忠臣・桜山茲俊や南北朝期に備中守護にもなった雄族宮氏を出した。

吉備海部の系譜

吉備の兄媛については、仁徳天皇の妃と見える吉備海部の**黒日売**とも同一視されることもあるので、これにも触れておく。

この話は『古事記』のみに見えており、吉備の海部直の娘、黒日売は容姿端麗と世に聞こえて天皇に召され、仁徳の寵愛を受けた。皇后磐之媛の嫉妬にあって吉備に逃げ帰ったので、仁徳は淡路島を経て吉備まで行幸し、再会した黒日売は御餐を献上したとある。吉備の姫が天皇に寵愛され、その帰国したのを、天皇が追いかけて淡路を経て吉備に至ったということで、話しに似たところがあるが、応神天皇のときとは別物である。すなわち、「応神＝仁徳」ではありえないし、同じ吉備が舞台でも、黒日売は、兄媛とはまったくの別人である。両者の系譜も異なり、吉備海部直は吉備臣一族ではなく、海神族系の倭国造の同族であった。

その系図を倭国造の系図（『百家系図稿』巻二一所収）に拠って見ると、応神朝に明石国造に任じられた都弥自《つみじ》宿祢の弟、乙日根乃直が吉備海部直となり、その娘として黒日売があげられる（こうした分岐時期が正しいかは確認できない。吉備津彦伝承では、その随従者に吉備海部の祖先もあったように伝えており、吉備津宮の摂社・十柱神社に祀る）。

この一族は備前国邑久郡（瀬戸内市）の牛窓港あたりの海岸部に居た。邑久郡神前の従三位神前明神（現・岡山市東区神崎町の神前《かむさき》神社）は倭国造の祖・珍彦命を祀るとされ、その後裔の吉備海部の奉斎にかかるとみられる。同社の中古の祭神は猿田彦命というが、この神の実体は倭国造・阿曇連を含む海神族の祖・穂高見命のことである。

後裔には、雄略紀に新羅征討で見える吉備海部直赤尾や、敏達朝二年に越の海で難破漂着した高麗の使者を送り返す役に任じた吉備海部直難波、同十二年に百済に派遣された吉備海部直羽嶋がいた（『書紀』）。いずれも航海技術を買われて、韓地関係での外交・軍事に活動したことが見える。神功皇后と三韓征伐の伝承も、牛窓あたりに残る。

吉備海部直一族の墳墓とみられるのが**牛窓古墳群**であり、牛窓湾を取り囲むように存在する。主なところでは、四世紀末頃に築造の牛窓天神山古墳（約八五㍍の前方後円墳。瀬戸内市牛窓町牛窓）に始まり、黒島一号墳（同、約八一メートル）、鹿歩山《かぶさん》古墳（同、約八四メートルで周壕あり）、波歌山《はかやま》古墳（同、約六〇メートルか。破壊され跡地だけ。鹿歩山より先とみる説もあり、ほぼ同時期か）までが五世紀代の築造とみられ、更に二塚山古墳（双塚。約五〇メートル）と五基の前方後円墳が続く。このほか大小の群集墳があって、それぞれが港湾を望む丘陵の上に位置する。牛窓は古くから瀬戸内海航路の重要な寄港地として知られ、牛窓町師楽《しらく》から大量に出土した「師楽式土器」という製塩土器は、この一族の繁栄の基に製塩があったと示している。当該吉備海部直が大伯国造だとみる見方があるが、大伯国造は久米氏族の出であり（国造本紀には、「応神朝に神魂命の七世孫の佐紀足尼を国造に定めた」と記載）、この見方は当たらない。

長和四年（一〇一五）四月の邑久郡少領外従五位上の海宿祢共忠が老耄のため従八位上海宿祢恒貞へと交代を申請しており、その「邑久郡司解」（『平安遺文』六一六四号）には、海宿祢氏の「累代問地」とあって、海宿祢一族が郡司を世襲していた。この一族は海部直の後裔とみられ、中世には吉井川を遡行し美作に入って繁衍した模様で、「美作三党」の一つに海氏があげられる（他の二党とは、菅氏・漆氏。各々が

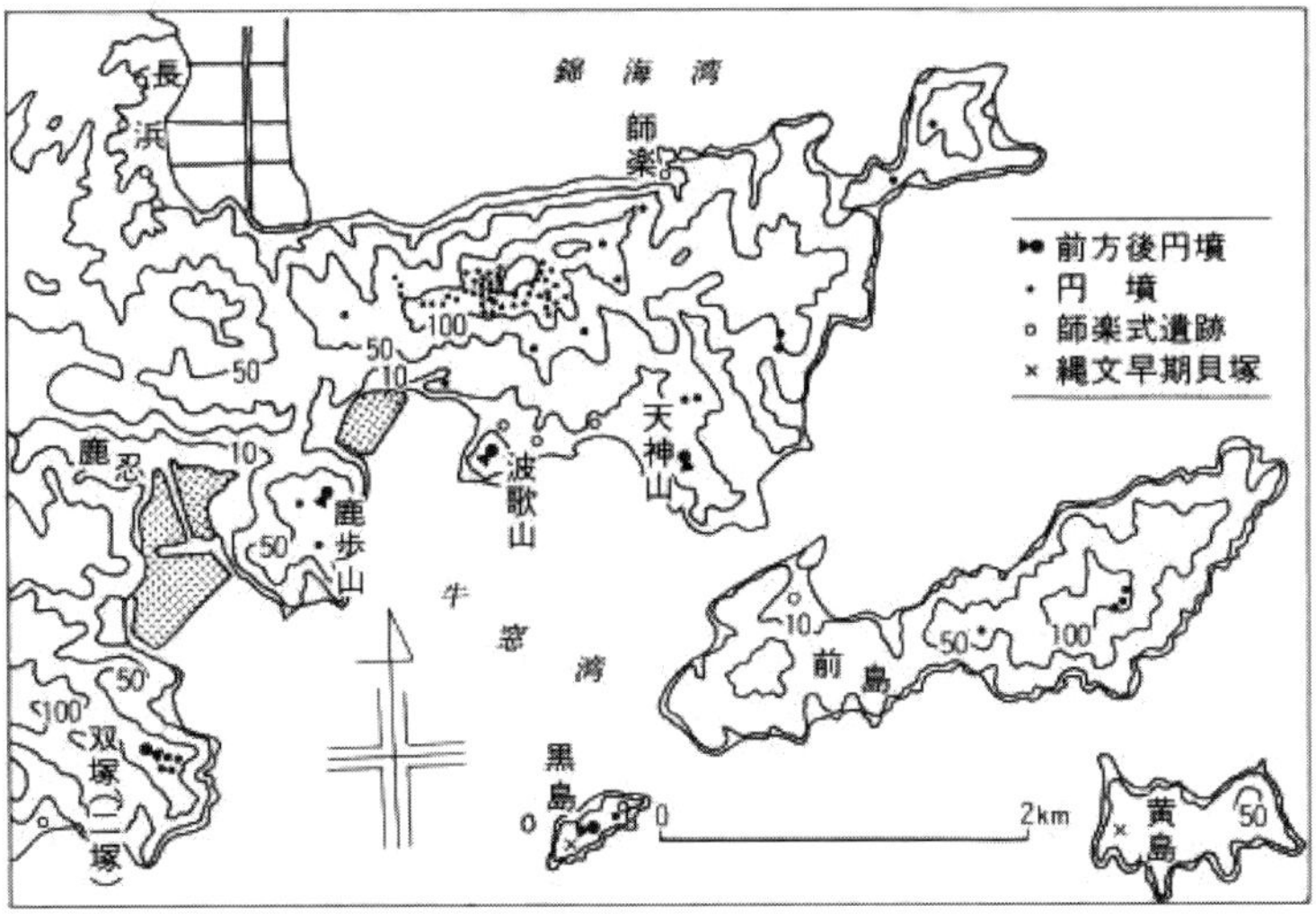

牛窓湾周辺の遺跡（縄文～古墳時代）
＝近藤義郎著『吉備考古点描』より＝

菅原、漆間〔漆島〕と姓氏を称したが、実際には吉備弓削部、久米部族の漆部姓か。これらに比べ、海氏は中世、顕著ではない)。

なお、和歌山県有田郡に吉備町という町がある(有名な「有田みかん」の産地)。現在は有田川町になるが、ここの大字庄に吉備津神社もある。『和名抄』に紀伊国在田郡吉備郷と見える地で、吉備の邑久郡あたりの吉備海部が移って定住したので、この名を持つともいう。黛弘道氏は、『和名抄』が記す古代の郷名では、吉備と紀伊では一致するものが多いことを指摘して、吉備海部の東漸を述べ、この裏づけが平城宮出土木簡の「安諦郡吉備郷吉備里海部」だとする(大林太良編『日本の古代8』所収の「海人の伝統」)。安諦郡は紀伊国有田郡の奈良時代の呼称で、『書紀』や『続紀』では、吉備と紀伊の水軍が共同作戦をした記事も見られる。備中の小田郡有田や式内の在田神社(笠岡市域)との関係も知られない。『続紀』神亀元年(七二四)十月条に紀伊行幸の賞で見える海部直士形は、紀伊国海部郡郡領らしく、吉備海部系かもしれない(太田博士は吉備国造族とし、別に紀国造紀直族とする説もあるが、山祇族系の紀国造に海部直が出たとは思われず、前者が概ね妥当か)。

吉備氏の初期段階の系譜

吉備氏に関する系譜は、記紀には数か所見える。そのなかでも、上記の①応神紀二二年九月条に見える系譜は代表的なものとされる。この記事と、②『古事記』孝霊段に見える記事、及び③『書紀』孝霊二年二月条に見える記事という三個所について、これらが整合性があるかなどを含め、その記事・解釈が検討されてきた。これに関しては、岡山大教授であった吉田晶氏(「吉備一族の消長」などの論考・著作)や佐伯有清氏などの見解があるが、実のところ、これら見解は皮相的な検討結果であって、妥当とはいえない。吉田氏は、応神二二年紀の記事には吉備氏が祖先を天皇家とする形では見えないから、皇裔とする系譜伝承を否定するが、一族分封に関して祖先系譜は関係がないから記されないだけのことである。だから、孝霊二年紀の記事とは矛盾するものとは直ちに言えないし、『書紀』記載の吉備氏系譜が二種類あると捉えるべきではない。

これらのほかにも、記紀の景行天皇の皇后稲日大郎媛や倭建命東征随行の吉備武彦兄弟の系譜、更には『姓氏録』、『旧事本紀』の天皇本紀・国造本紀などに見える関係系譜があり、考古学的知見などを含めて、総合的に吉備氏一族の系譜を考える必要がある。

結論的なものを掻い摘んで先にあげると、**系譜関係の要点**は次のとおりである。

ア　『書紀』の応神紀や孝霊紀、『姓氏録』に見える吉備臣は一系とされており、全ての吉備諸氏が稚武吉備津彦命（稚武彦）の後裔とされる。しかし、これは原型ではない。考古学知見にもあるように、吉備地方では当初から上道地域と下道地域に二系統が並立する形で吉備氏の大豪族が居た。

イ　上道臣・下道臣の二系統のうち、吉備津彦（彦五十狭芹彦命）の後裔が上道臣であって、これが本来の吉備臣氏の本宗系統であり、その弟・稚武吉備津彦の後裔が下道臣で、本来は支族であった（『記』孝霊段や「天皇本紀」の記事のほうが吉備氏の起源に関してほぼ妥当）。賀陽氏の系図でも、先祖に吉備武彦をあげても、稚武彦をあげない。

ウ　上道臣系統からは倭建東征に随行した吉備武彦一族（武彦の妹は倭建命妃）を出したが、倭建命の母・稲日大郎媛や御友別・兄媛兄妹らは下道臣系統であった。

エ　上記応神紀二二年条に見える系譜は、吉備氏の両系統を一系に統合するほか、吉備・出雲の平定の際に吉備一族とともに行動した美濃の三野前国造（美濃西部を領域）一族を同族化して吉備氏系譜に取り込むという後世の改編が窺われる。三野前国造は天孫族系・少彦名神後裔の鴨県主同族であり、吉備氏一族のなかにあげられる三野臣・笠臣の諸氏が実際にはこの流れであった（吉備氏と早くから通婚を重ねたことで同族化したが、男系としては別系であり、祖神祭祀も異なることに注意）。『書紀』に見える笠臣の祖「鴨別」なる者の名もこうした出自による。

吉備氏一族のなかでは時に応じて、いくつかの系統のなかで栄枯盛衰があった。応神・仁徳朝の時期は下道系統のほうが有勢になって、備中に造山古墳・作山古墳という巨大古墳及び小盛山古墳（三段築成の円丘部が径九五メートルで、日本最大級の大円墳とも造出付帆立貝形墳〔この場合、墳長一〇八メートル〕かともいう。古墳5期）を築造した。これら被葬者が御友別・稲速別親子（門脇禎二氏なども同説）と応神妃・兄媛だとみられる。雄略朝には、国造の吉備臣山（「下道臣前津屋」という名も同人か）、上道系統の吉備臣田狭一族が大和王権への反乱の嫌疑で相次いで各々が討滅されたため、吉備氏一族の勢力はおおいに衰えた。更に、後には下道系統の吉備真備一族の台頭もあり、これら諸事情で吉備氏の系譜も混乱してしまった。

后妃関係では、吉備氏からも上記の稲日大郎媛・兄媛のほか、雄略天皇が吉備上道臣の女・稚媛を娶って磐城皇子・星川皇子の二男子を生んだと『書紀』に見える。稚姫は当初、田狭臣の妻となり兄君・弟君を生んだが、雄略がその美貌に因り取り上げて、自ら寵愛する宮人としたと見える。子の弟君は韓地で謀反を図ろうとしてその妻に殺害されたともいい、兄君のほうは母と共に星川皇子の反乱に関与して皇子と共に焼殺された。田狭臣の妻は、別本には葛城玉田宿祢の娘の毛媛ともいう（稚媛とは別人か）。吉備氏と葛城氏の通婚も実際にあって、これも雄略による吉備氏抑圧の理由であったか。ともあれ、以上のように、雄略朝とその後の時期に、吉備一族は三度ほどの討伐を続けてうけて次第に衰えていき（この辺はある程度史実とみて良かろう）、後期古墳の築造規模もこうした動向に相応する。

吉備の巨大古墳と被葬者

吉備地方では墳丘長が百㍍超の巨大古墳が一四基ほどを数える（一八基という見方もある）。地方では、東国の毛野地方と並ぶ有数の古墳密集地であった。先に吉備の前期古墳を見たが、古墳の巨大性は中期古墳で顕著であり、なかでも最大級の**造山古墳**（全長約三五〇㍍。岡山市新庄下）及び**作山古墳**（同、二八六㍍。総社市三須）が規模で突出する。これらは、所在地の備中という地域からみて、下道氏系統の族長の墳墓で（狩野久氏も『岡山県の歴史』で、川島県の首長すなわち下道臣がふさわしいとする）、被葬者は年代的に対応する応神朝の御友別命とその子の稲速別命の親子に比定される可能性が大きい（別の比定の可能性も既述）。

御友別の妹、兄媛は応神天皇の妃となり、吉備下道氏一族が応神の王権を支えたから、応神登場の時点で吉備最大の勢力は、倭建東征随行の吉備武彦の上道氏系統から御友別の下道氏系統へ変わっている。造山古墳の東北三キロほどで足守川向こうに、佐古田堂山古墳があり、その東北側近隣の低丘陵にある**小盛山《こもりやま》古墳**（平山造山古墳）が兄媛の墳墓かとみられる。佐古田堂山の墳丘の形態は、造出がない点をのぞくと、造山古墳とよく似ており、造山の前代の首長墓に当たるとの見方がある。小盛山のほうを佐古田堂山より先にみるのは、造出をもつ点からいっても疑問で、後者が前者被葬者の父にもなろう。応神行幸伝承のある葉田葦守宮（跡地が葦守八幡宮だという）は、小盛山

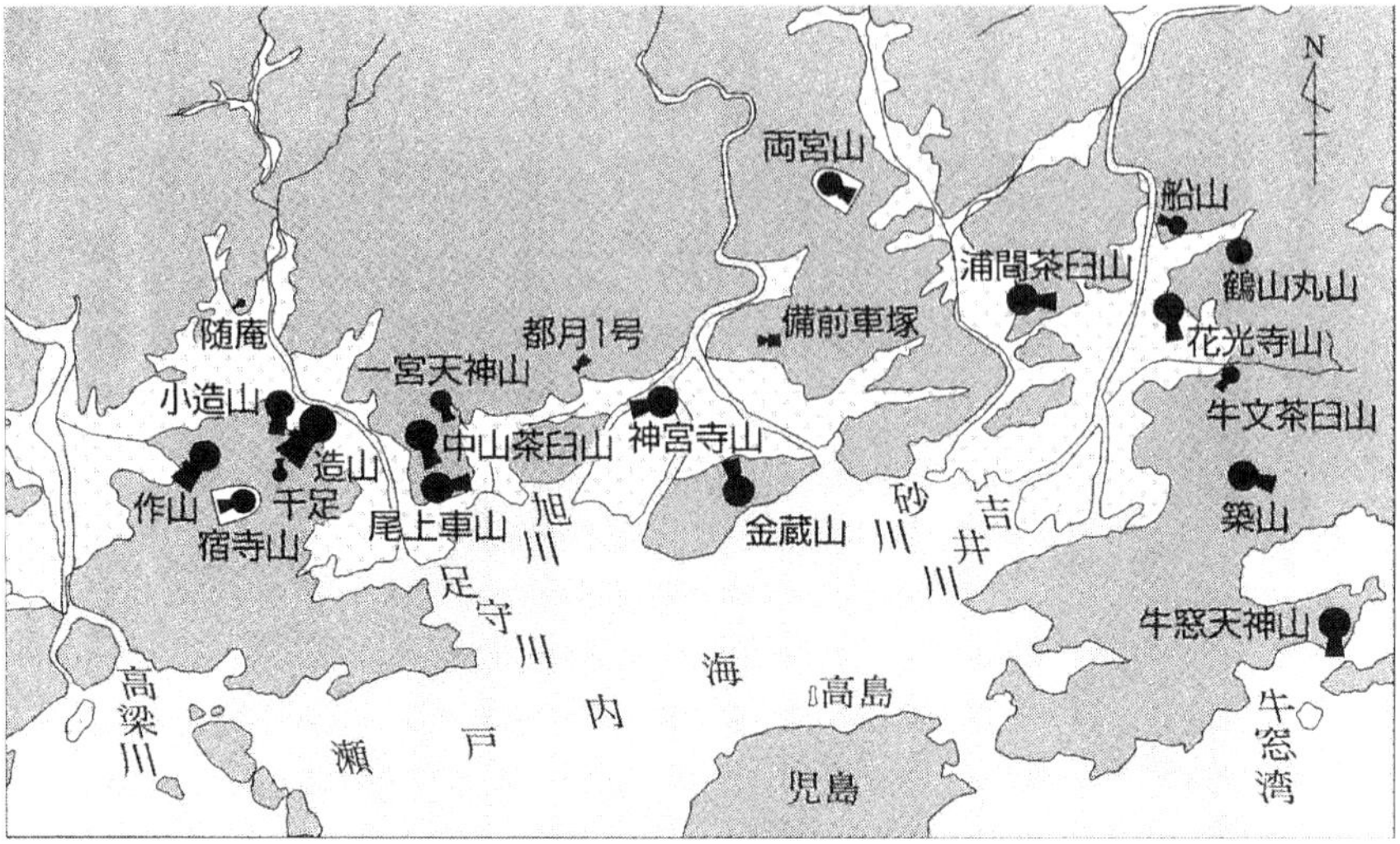

吉備の巨大古墳（『岡山県の歴史』掲載図）
葛原克人「造山古墳とその時代」（近藤義郎編『吉備の考古学的研究（下)』）を基礎とする。

順	古墳名	墳長メートル	築造期	場所	副葬品など	被葬者案
1	造山古墳	350~360	中期　V	備中:岡山市	円筒埴輪Ⅲ,Ⅳ	御友別?
2	作山古墳	286	中期　Ⅵ	備中:総社市		稲速別?
3	両宮山古墳	194	中期　Ⅶ	備前:赤磐市		上道田狭?
4	金蔵山古墳	165	前期　Ⅳ	備前:岡山市	埴輪Ⅱ,水鳥形土器,神獣鏡,筒形銅器	吉備武彦?
5	神宮寺山古墳	150	前期　Ⅳ?	備前:岡山市	円筒埴輪Ⅱ	
6	佐古田堂山古墳	約150	前期　Ⅳ?	備中:岡山市		
6	玉井丸山古墳	約150	中期	備前:赤磐市		未調査
8	小造山古墳	142	中期　Ⅵ	備中:岡山市		
9	浦間茶臼山古墳	140	前期　Ⅰ	備前:岡山市	特殊器台形埴輪	吉備津彦?
10	尾上車山古墳	135	前期　Ⅲ～Ⅳ	備中:岡山市		
11	湊茶臼山古墳	約125	前期　Ⅲ?	備前:岡山市	円筒埴輪Ⅰ or Ⅱ	
12	中山茶臼山古墳	120	前期　Ⅰ	備中:岡山市	特殊器台形,陵墓治定	若武彦?
13	宿寺山古墳	118	中期　Ⅶ	備中:総社市		
14	小盛山古墳	95~108	中期　V	備中:岡山市		吉備兄媛?
14	こうもり塚古墳	約100	後期　X	備中:総社市	（横穴式石室）	

（備考）小盛山古墳は造出付円墳（又は帆立貝形古墳）で、他は前方後円墳。墳長・築造期は一案。十期区分の築造期は、前期はⅠ～Ⅳ、中期はⅤ～Ⅶ、後期はⅧ～Ⅹ、の割振り。

吉備の墳丘長100メートル超の主要古墳

の北西近隣に位置する。

造山古墳は、前方部頂に阿蘇凝灰岩で作られた刳抜《くりぬき》式の長持形石棺が知られる（近くの新庄車塚古墳の出土品ともいわれ、その可能性にも留意される）。同墳の南に隣接する千足《せんぞく》古墳（約八〇メートルの帆立貝形の装飾古墳で直弧文をもつ石障がある。造山五号墳に当る）でも肥後石室類似の横穴式石室（九州系の初期横穴式石室二基）が見られ、円筒埴輪Ⅳ式や巴形銅器・鉄製刀剣・甲冑片等が出土した。作山古墳のほうには造出がある。両墳ともに、三段築成の墳丘をもち、Ⅲ式・Ⅳ式の円筒埴輪が見られるから古墳時代中期、五世紀代の築造とされる。本体部の学術的調査がまだなされず、鏡・刀剣・武具という副葬遺物も知られない。造山古墳の付近にあって陪塚らしい榊山古墳（造山古墳1号墳ともいう。径四〇メートルの円墳）からは伽耶・新羅に類例のある馬形帯鉤《たいこう》や銅鈴、変形神獣鏡や大量の鉄製品、陶質土器などが出土した（造山付近の五つの古墳は同時代の陪塚とは必ずしも言えないとされる）。

造山及び作山は、墳丘全長という規模ではともに全国で上位十傑にはいるほど巨大であって、河内・和泉の大王級巨大諸古墳に匹敵する。しかし、両古墳ともに墳丘の下半分は丘陵を利用した切り出し整形であって、築造に費やされた土木量は応神陵・仁徳陵の比ではなく、遥かに小さい（宇垣匡雅氏も、濠など周辺施設を含めた「古墳の総長」では、全国で各々四位→九位、九位→廿八位とランク落ちすると指摘）。造山など吉備の築造を畿内の応神陵・仁徳陵などよりも先行するという見方も、埴輪や古墳型式から見ると疑問が大きい。

間壁忠彦氏は、邑久の勢力・古墳をも併せて総合的に考え、「巨大古墳を築いた五世紀の吉備も、実は、必ずしも強力に吉備全土を支配するような独自の組織を持つまでにはいたっていなかった」とする。古墳の巨大さや数の多さに眩惑されがちになるが、「実は、一地方の豪族連合ともいうべき古い形の勢力として、畿内勢力との協調関係のもとで強力な力を持ち得たに過ぎなかった面をうかがわせる」と結論する（「吉備の古墳―造山・作山の謎―」、『ゼミナール日本古代史』下所収）。吉備氏は最盛期にあっても、決して王者ではなかった。地方の「王」と表現するのも行き過ぎであり、この辺が冷静な見方ではなかろうか。

吉備にあっては、最も重要な造山古墳・作山古墳はもとより、後円部頂に天計神社が鎮座する神宮寺山古墳や、墳丘から墳裾あたりに郷土資料館などの建物がある玉井丸山古墳について、主体部等の発掘調査がなされておらず、このため巨大古墳についての把握が十分ではない（玉井丸山は殆ど無視されている有様）。この辺にも、的確な発掘調査のうえ、吉備古墳全体の総合的な把握の必要性を感じる。

古墳時代では、内海が現在の岡山平野南部に深く入り込み、まだ島であった児島の北側に位置した。これが「吉備穴海」とか、吉備内海と呼ばれるもので、古墳築造の経済基盤では、稲作の農業生産よりは塩・鉄のほうを重視するのがよいかもしれない。

笠臣氏の祖先伝承

ここで、吉備本宗とは本来、異系だったとみられる諸氏も見ておく。

早くに現れる**笠臣氏**は、先祖の鴨別が応神朝に波区芸県に封じられたのが起こりとされる。「波区芸県」の主要部が備中国西部の小田郡あたり、現在の笠岡市付近と多くみられている。「波区芸」の名は山陰道の波伯国造すなわち伯耆に通じ、ハハキ神（箒神。少彦名神の父神か）が由来とみられるから、この意味でも天孫系である。笠岡市北部の丘の上にある長福寺裏山古墳群は、五世紀前半頃に築かれた古墳群とされる。西から順に、七つ塚古墳群、双つ塚、一つ塚、仙人塚、東塚の諸古墳があり、そのうち双つ塚古墳は、最大で墳丘長約六〇㍍の帆立貝形墳である（朝顔形埴輪Ⅳ式を出し、古墳7期とされるから、築造は五世紀後半頃か）。その後は仙人塚、東塚と続き、これらも五世紀中での築造とされる。

笠臣先祖の鴨別が応神朝より先にも神功皇后摂政前紀に見えて、九州で熊襲討伐の活動をした。応神天皇が吉備へ行幸されたときにも随行したと伝える。天皇が「加佐米山（笠目山）」（応神山。笠岡市街地の東方にある標高一二九㍍の名山）に登ったとき一陣の突風が吹いて天皇の笠を飛ばした。これを怪訝に思った天皇に対し、お供の鴨別命が「山の神が天皇に奉ろうとしている」と神意を説明し、そこで山で狩猟をしたところ大いに収穫があったので悦んで「カサ（賀佐）」の名を賜ったと『姓氏録』（右京皇別・笠朝臣条）に見える。山中には応神岩（八畳岩）、六畳岩などの花崗岩の奇岩が点在し、山麓には応神天皇を祭神とする笠神社（岡山県笠岡市笠岡。伏越八幡宮、宮地八幡宮ともいった）がある。

ここまで記した「**加佐米山**」については、笠岡での地名比定であり、佐伯有清氏は、興味深い二点の指摘をする（『新撰姓氏録の研究』考証編）。その第一は、突風に笠を飛ばされて、それが地名の由来とされる説話は、鴨別が熊襲を討つときに随行した神功皇后が羽白熊鷲を撃つときにも見え（神功皇后摂政前紀）、この類似からいって笠氏が鴨別の伝承に採り込んで、氏名の「賀佐（笠）」の由来譚を造作したものであろうとする。第二は、「加佐米山」とは「金山の別峰で、現在の地は岡山市牧石」とする。現在の地名で言うと、牧石は岡山市北区玉柏（旭川の中流西岸）にあたるが、その北方に金山（山頂の下に磐座らしき巨岩）があり、玉柏の西方近隣に笠井山（地名は北区畑鮎）がある。この地は、備前国三野郡に属し、笠井山の真南三キロ弱には三野臣氏の本拠（北区三野本町）があった。笠岡あたりにめぼしい前期古墳がないから、笠臣氏の展開・開発は少し遅れるものと私はみていたが、佐伯氏の把握に基づけば、この古墳事情と符合するし、笠臣氏が三野臣氏と密接に結びつくことも分かる。先に、津高郡の鴨神社が鴨別命を祀ることにも触れたが、地域的にも、笠岡よりは先に鴨神社にと結びつく。ちなみに、三野本町から旭川を挟んで南東に六キロ弱の地にも同名の笠井山（同市中区今谷）があり、この山麓からは銅鐸が出土した。

これらに続いて、仁徳朝に県守という者が、吉備の川嶋河俣にいて民衆を苦しめる大虬《みつち》（大蛇か）を切り殺したという（『書紀』仁徳六七年条）。「川嶋河」については、下道郡・浅口郡を流れる高梁川とみられているが、そうであれば、下流の浅口郡あたりは笠臣氏の領域か。この高梁川に限らず、吉備では穴海と諸河川の流入状況が時代により大きく変わった。大虬退治というのも、河川の改修・管理を適切に行って治水対策の事績をあげたことになろう。浅口郡には、鴨方（浅口市鴨方町鴨方）に鴨山という名の山や鴨神社・天神社もある。

笠臣氏の系図では、「県守」という名の者は見えるものの、世代が雄略ないし継体朝くらいであって、『書紀』の記事とは年代が矛盾する。この名称はあるいは県主級の者の普通名詞で、実名はほかにあったかもしれない。その活動年代も笠県が成立した時期とあいまって、雄略朝頃だったか（笠臣の系図には、雄略朝頃の三牧臣の子の位置に県守臣を記載するが、本来は両者が同人か）。こうした諸事情から見て、浅口・小田両郡あたりが「波区芸県」で、後の笠国造や笠評につながるのだろう。

笠岡市の大字大島中にある河神社は、陶山氏の後裔が浅口市寄島町の日吉神社から勧請したといい、大山咋命（実体は少彦名神のこと）を祀る。明治二十年の社殿創建のとき、奉献碑の名簿には陶山一族からも名が見える。笠岡市にあるもう一つの式内社の論社である神島神社は、航海の守護神で、神島の天神社（笠岡市神島）に合祀して鎮座する。「天神」というも、もとの祭神は菅原道真のはずがない。笠岡市域には竜王山・石槌山という名の山がそれぞれ複数あり、浅口市にも竜王山・石槌山がある。

小田郡式内の在田神社は、笠岡市有田の八幡神社で応神天皇を祀るというが、並祀される有田八幡社が鎌倉時代に陶山藤三義高の勧請というから、もとは天孫族祖神の八幡神（五十猛神）あたりを祀ったか。祭神は「鉄鉱及び水銀採掘の犬一族の神」ともいう。在田神社の境外社・陶山神社（大字有田のなかで、在田神社の東南近隣）は経津主神等を祀り、ヤタガラスの置物があると報告される。中世の陶山荘に起こった豪族が陶山氏だった（後述）。

津高郡の鴨神社にもう少し触れると、笠臣氏が居たのは小田郡に限られなかった。江戸期の寛政年中に大沢惟貞が編纂した『吉備温故秘録』には、津高郡賀茂郷に鎮座の鴨神社（現加賀郡吉備中央町上加茂（旧御津郡加茂川町））に関し、「上古は津高郡を鴨県といひし由、今も奥分（津高郡奥分）を賀茂といふ。此鴨県には鴨別命居玉ひ、其子孫住玉ふの故に、……始祖の鴨別命を祭りしならんか」と記される。これに限らず、吉備地方には鴨関係の神社が多く、式内社が備前に三社もあり、地名もカモ関係がかなり多い。

三野臣氏の動向と関連古墳

吉備異系のなかでは笠臣氏よりも本宗筋かと思われるのが備前の三**野臣氏**だが、史料への登場はかなり遅れる。本拠を備前国西部の三野郡（『和名抄』の御野郡）あたりとし、中心地が同郡御野郷、現在の岡山市北区三野本町（旧地名で御野村三野。旭川中流西岸で、ＪＲ岡山駅の東北方近隣）とされる。

当地に鎮座の式内社が丘の上にある**天神社**（国帳に従四位上天許山明神）であり、祭神を少彦名命（国帳）とするから、この系統が少彦名神系の天孫族に出たと分かる。本殿後方にある岩は磐座とみられ、北方近隣には笠井山がある。

「御野」（三野、美濃）とは、元来、天孫族の故地・高天原（筑後の山本・御井郡）あたりを意味した。現在、福岡県久留米市山本町耳納の地名も残り、その南方に位置する耳納山地（久留米市の高良山や耳納山〔標高三六七メートル〕があり、最高峯が鷹取山〔同、八〇二メートル〕）もある。この地名は筑後のこの一帯を起源地として、天孫族の居住地に「ミノ」の地名が多く見られるため、海神族出の吉備一族の地域にあっては、吉備臣同族として違和感がある。

この三野臣氏系統が吉備本宗と別系であれば、整合的な理解が可能となる。吉備と美濃との両地域には、三野に限らず、守（森）・守矢（守屋）など苗字の共通性もある。

上記の天神社のほぼ真西一・五キロ余の地点には、吉備でも初期古墳とされる**都月坂《とつきざか》一号墳**（北区津島本町。都月坂古墳）がある。墳長が約三三メートルの前方後方墳とされ、器台形埴輪・都月式埴輪・壺形埴輪があり、石槨内からは碧玉製管玉一個、鉄剣一、斧一が出た。その築造年代は浦間茶臼山古墳・中山茶臼山古墳や大和の箸墓古墳とほぼ同時期とみられているから、三野臣氏初祖の墳墓か。すなわち、この氏が吉備津彦神社で祀る楽々森彦命あたりの墳墓かと思われる（楽々森彦命は美濃の鴨族出自かと先に触れた）。

都月坂古墳とほぼ同様な年代の特殊器台形埴輪をもつ古墳が操山《みさおやま》一〇九号墳（全長約七六メートルの前方後方墳。一に前方後円墳といい、原型をとどめない）であり、都月坂から旭川を挟んだ東南六キロほどの近隣、岡山市中区平井の尾根先端（操山の南麓）にある。その東北近隣には、備前の巨大古墳系列で浦間茶臼山に次ぐ**湊茶臼山**（操山一〇四号墳ともいい、一〇九号墳に後行）がある。それらの特徴からいって、操山一〇九号の被葬者は都月坂一号の近親で、湊茶臼山の被葬者の母の可能性も推される。先に楽々森彦の娘が吉備津彦の妻となったとの系譜伝承を見たが、実際には姉妹で、上道系統二代目の日子刺肩別命の母だとすると、全体的に整合性がとれよう。湊茶臼山の北東近隣には、備前系統第三番目の巨大墳・金蔵山古墳があり、これが吉備武彦（上道系統三代目）の墳墓かと先に記した。

吉備の前方後方墳

ここまでに吉備の初期古墳としての前方後方墳が出てきたので、この関係を見ておく。

この型式の古墳は、吉備では、備前の都月坂古墳＊・操山一〇九号＊・七つ𡈽《ぐろ》古墳＊・備前車塚、備中で最近発見された一丁𡈽古墳（全長七五メートル。前方部がバチ形。総社市秦）や荒木山東塚などがあり、美作では植月寺山（全長八六メートル）・郷観音山・津倉古墳などがある（＊は特殊器台形埴輪を出土）。このほか、小田川流域の北岸にある備中国下道郡の黒宮大塚古墳（倉敷市真備町尾崎）も、前方後方墳形ないし長方墳形（最近の調査では、一辺が約三〇メートルの前後の長方形で、弥生墳丘墓という見方も出る）といい、特殊器台形土器や勾玉・管玉が出ており、近くの熊野神社が管理する。

全国的に見て、前期古墳の段階（主に四世紀中葉頃の垂仁・景行朝ないし成務朝）に盛行した前方後方墳については、諸説が多い。とくに、前方後方墳の性格（前方後円墳との違いに意味）やその起源地は、あまり明確ではない。西嶋定生氏は、墳形が身分秩序を示し、カバネの中でもオミを表すのが前方後方墳型式だとみる。広瀬和雄氏は、前方後円墳との違いは「首長層の政治的なランク付け」の反映だとみる（『前方後円墳の世界』、二〇一〇年刊）。この関係事情では、墳丘規模がどの地域でも前方後円墳のほうが上回ること、前方後円墳とが併存していること、両型式のいずれでも最大規模の古墳は畿内に存在すること（最大の前方後方型古墳は大和の西山古墳だが、変型で二段目から上は前方後円型）、副葬品に差がないことなどの事情をあげて、畿内と東国との二極対立説（東海地方に前方後方墳の起源を求め、狗奴国の系譜とみる立場がある）を退ける。私も、政治的な地位や身分秩序に関係し、前方後方墳のほうがやや下位を示すとみるが、カバネとは無関係であろう。

前方後方墳の分布は一般に東国に多いとみられている。しかし、分布が多く、大規模が顕著な地域は東国の下野那須、濃尾、吉備及び出雲であって、出雲はこの型式の古墳を遅く後期古墳まで長く築造した。大和の氏族では、盆地東部の物部氏・倭国造や葛城国造の墳墓にこの型式があり、吉備氏の発祥とも関係ありそうな竜王山西麓の萱生古墳群に多く見える（波多子塚、下池山、フサギ塚、マバカ古墳、ノムギ古墳で、これらは倭国造関係か）。それでも、大和では一時的な築造であった。

前方後方墳の起源地は、濃尾地方という説が強いが、吉備説（薬師寺慎一、高見茂氏など）もありえそうである。私見では、一応は濃尾説（美濃の象鼻山《ぞうびざん》古墳、白石古墳群や尾張の愛知県一宮市の西上免古墳〔弥生墳丘墓？〕など）でみており、吉備もそれに次ぐような先行的な位置をしめ、両地域を繋ぐのが美濃の鴨族・三野前国造一族の吉備平定関与かとみる。吉備からは美作を経て出雲や東伯耆へも、同様に鴨族など吉備勢力が伝えたのであろう（安芸以西ではあまり目立ったものはない）。山城でも、鴨族に関係する向日市の元稲荷古墳（特殊器台形埴輪を出土）に同じ前方後方型式がある。

東国方面には、美濃や尾張が基点の四道将軍派遣・倭建東征など倭王権の勢力伸張があって、古墳築造型式に影響したか。美濃西部には、規模が大きい粉糠山《こぬかやま》古墳（全長一〇〇メートル）、北山古墳（全長八三メートル）もある。尾張の東之宮古墳は倭建東征に参加した尾張国造の祖・建稲種の墳墓とみられ、同型で三角縁神獣鏡を出す備前車塚に築造年代的にも対応する。

史料に見える三野臣氏

三野臣氏の活動が史料に見えるのは、吉備氏族のなかではすこし遅い。三野郡の郡領を古代でも世襲したというが、奈良時代の史料に見える氏人はあまり多くない。中央官人では、天平十七年（七四五）の正七位下行縫殿寮大属三野臣枚田《ひらた》（正倉院文書「縫殿寮解」）、奈良時代の経師に三野船長などがおり、『続日本紀』には延暦五年（七八六）十月に采女の正六位上三野臣浄日女《きよひめ》に授外従五位下と見え、この氏からも采女が出ていた。

備前では、宝亀七年（七七六）十二月の津高郡少領外従七位上三野臣浪魚が史料に見える（「備前国津高郡司牒」）。この文書には、大領で外正六位上薗臣（欠名）や外員少領蝮王臣（欠名）、蝮王部臣公緒（ともに「**蝮壬部《たじひのみぶ》臣**」の誤記か誤読）も見える。津高郡は三野郡の西隣であったが、同郡津高郷の人では、三野臣乙益が宝亀五年（七七四）十一月及び同七年十二月・同八年四月付けで津高郡内の田畠売買券に、宝亀七年の同郡収税解に三野臣薗生が見える（ちなみに、蝮壬部臣氏は居住地などから推して三野臣一族かとみられ、末流が阿哲郡の中世武家で見える多治部氏か）。延暦四年（七八五）七月には、正八位下三野臣広主が貢献の功で外従五位下を授かった。広主は官位から見て備前の郡司階層の富者とみられる。

これら氏人は、現在に伝わる系図（『諸系譜』等に掲載）にはまるで見えず、この系図の古い部分は信頼できないかもしれない。現伝の三野氏関係の系図には、幕末の平賀元義が関与したものもあるが、多くが江戸時代以降の系図であり、遡っても鎌倉初期の大藤内までであって、古代部分を伝えるものは少ない。古代の部分の記載では、奈良・平安期の史料に記載がない歴代の名を記すので信頼性の確認ができないが、世代的にはほぼ符合するので、その意味で否定もしがたく、一応、巻末の系図に一部をあげておいた。

三野郡での後裔は、平安中期頃から備前一宮の吉備津彦神社を永く奉斎し、当初は大森、後に大守《おおもり》を苗字とした。鎌倉初期の大藤内隆盛を中興の祖として、この頃から藤原朝臣姓と称し、奉斎社付近の御津郡一宮村辛川（岡山市北区西辛川・辛川市場）に代々居住した。神主大藤内家については後でも触れる。鎌倉中期の建長七年（一二五五）五月付の金山寺文書には北条長時の下知状があり、「三野郡の地主、三野佐胤、同佐信」と見える。南北朝初期にも備前の美濃権介助重（佐重）が『太平記』の船上合戦などの記事（巻七・十四・十六）に見え、児島高徳等に呼応し南朝方について活動した。これら佐胤・助重などは三野臣後裔とみられるが、神主家の系図には見えず、この辺の関係は不明なままである。

吉備津彦神社の本殿の周囲四隅には、摂社の楽御崎《らくおんざき》神社・尺御崎神社が鎮座する。各々前社の祭神・楽々森彦命及び後社の祭神・夜目山主《やめやまぬし》命は、ともに吉備津彦が吉備入りのとき功績があったと伝え、前者は三野臣氏の先祖か（後者は別系か）。大守支流には児島郡林村の新熊野社（倉敷市林の熊野神社）の祠官家もあり、ここでも天孫族系の祭祀が見られる（吉備ではこのほか、笠岡市〔旧陶山村〕の篠坂や倉敷市真備町尾崎にも熊野神社がある）。

笠臣氏・三野臣氏の一族は、瀬戸内海の諸島を経て古代讃岐あたりにも進出した模様であり、それが讃岐の地名に残る。『和名抄』の讃岐国香川郡笠居郷（高松市域）は、天暦十一年の太政官符に讃岐国香河郡笠郷と見えており、江戸時代は笠井村、或は葛西とも書いた。三野も讃岐西部に三野郡として残り、物部二五部に見える讃岐三野物部はこの流れであろう。式内社だけを見ても、讃岐では、坂出市加茂町の鴨神社、仲多度郡まんのう町の神野神社があり、阿波には三好郡東みよし町加茂の鴨神社がある。桃太郎伝承が讃岐にもあるのは、吉備から讃岐に進出した一派（笠・三野など鴨氏族か）が伝えたものか。讃岐国一宮で香川郡式内名神大社の田村神社（高松市一宮町）は、その祭神を百襲姫や五十狭芹彦命（吉備津彦命）、猿田彦神などとするが、これらは信頼しがたいように思われる。

吉備臣一族には都宇郡の津臣もあり、『書紀』斉明三年（六五七）条に小山下の津臣傴僂《くつま》が百済から帰朝し、天平十一年（七三九）の「大税負死亡人帳」にも同氏一族（益麿、弟嶋・酒見売）が都宇郡の神沼里・岡田里に見える。その系譜は不明も、上道臣同族か。

播磨に残る吉備氏同族―牛鹿臣と印南野臣

吉備への進出の根拠地であった播磨西部にも吉備氏の一族が残った。それが飾磨郡の**宇自可《うじか》臣**（牛鹿臣）氏で、安閑紀には「播磨国牛鹿屯倉」があげられる。『新撰姓氏録』にも右京皇別に宇自可臣をあげて、「孝霊天皇々子彦狭島命之後也」と見える。よく混同されがちだが、彦狭島命とは日子寤間命とも書き、稚武吉備津彦命の別名である。

奈良時代から平安中期頃までは、朝廷の下級官人として宇自可臣一族が見える。宇自可臣山道は、外従五位下で画工正となったと『続日本紀』に見える。『三代実録』には、右京人の外従五位下主計権助宇自可臣秋田等男女十四人が、笠朝臣を賜姓しており、彦狭嶋命之後と見える。平安中期の天慶の乱を伝える『将門記』には、承平五年（九三五）十二月廿九日の官符が同六年九月に到来したが、そのとき左近衛の番長正六位上英保《あなほ》純行、同姓氏立、及び宇自加友興等を東国へ差し向けて、常陸・下毛・下総の国に伝えたとある。『御堂関白記』寛仁元年（一〇一七）一月条に右番長牛鹿吉忠が見え、文治二年（一一八六）にも宇自加利友が「九条家文書」に見える。奈良時代には牛鹿首という姓氏も見える。

なお、信頼性に乏しそうな伝承だが、但馬国七美郡の式内社・高坂神社（兵庫県美方郡香美町村岡区高坂）は宇自可臣に縁の神社とも伝えており、『国司文書　但馬神社系譜伝』には敏達天皇の三年秋七月、七美郡司・宇自可臣狭立が祖先の彦狭島命を祀ったという。

播磨国印南郡には**印南野臣**氏が残った。『続紀』の関係記事によると、馬養造人上《うまかい》は八世紀中ごろの播磨国賀古郡（加古川市・高砂市付近）印南野の地方豪族であった。天平神護元年（七六五）五月に外従七位下に叙されたが、その先祖は吉備都彦の後裔で「仁徳朝の上道臣息長借鎌」であるとされ、六世孫の牟射志《むさし》のとき上宮太子（聖徳太子）の馬司に任じられたため、庚午年籍を作成したとき（西暦六七〇）に馬養造に編されたが、居住地域の名に因み印南野臣への氏姓の変更を願い出て、これを許されている。

この先祖の上道臣息長借鎌という名前には命名の違和感を感じるものであり（おそらく原型として考えれば、上道臣系統から出ており、名が息長借鎌命ということであろう）、仁徳朝の人ということで、応神紀二二年条に記載の吉備五県分立の系譜関係とも年代的に整合していないことに留意される。ここに、系譜改編の臭いを感じるものでもある。

印南郡の隣の賀古郡に「賀祜臣《かこ》」がおり、『類聚国史』天長四年（八二七）正月条に賀祜臣真柴の叙外従五位下の記事が見えるが、これも印南野臣の同族だったか。
以上の記事からは、宇自可臣は下道系統、印南野臣は上道系統となる。

東国の毛野氏の分岐

下道系統の稚武吉備津彦から御友別までの系譜、及び御友別・稲速別から吉備真備までの系譜についてははっきりしない面がある。それに関連して、東国の毛野氏族の起源問題がある。毛野氏は崇神天皇の後裔のように伝えるが、これは系譜仮冒の疑いが濃い。

毛野氏族を多くの観点から見ると、西の吉備氏族と並び、地方に本拠を持ちながら古代史上の中央・外地でも大きな役割を果たした。毛野氏族が三輪氏族に多くの類似点をもつこと、毛野の祖が和泉のチヌ（珍努）に関係したことなどから、毛野が磯城県主支流と推され、準王族的な位置にあった彦坐王の同族から出たとみられる（拙考「毛野の系譜」参照。『姓氏と家紋』第五三～五五号〔一九八八～八九年〕所収）。そのうえで、吉備と毛野の両氏族がもっと近縁ではなかったかという疑いもでてくる。それは、毛野の祖先に「彦狭島命」という名が見えるからである。この名は、吉備二系統のうち備中主体の下道系統の祖先・稚武吉備津彦命の別名でもあり、両者は同一人で共通するのではないかということである。また、彦狭島命にあたる橘入来命が能登国造の祖・大入杵命に通じる要素がある（能登国造の系譜も不安定で所伝に混乱があり、「国造本紀」能等国造条では垂仁天皇の皇子・大入杵命の孫に初祖彦狭嶋命をおくが、『古事記』では大入杵命を崇神の皇子に記載）。

ところで、東国の毛野にあっても、吉備同様、上野国東部の上毛野氏本宗と西部の物部君などという二系統の並立という形で、大古墳の系統が続いた（上野・下野で二系統という見方もある）。そして、上野西部系統のほうは毛野一族とはいっても、毛野本宗とは少し離れた同族だとみられる。物部君の祖の夏花命は、早く景行紀に見え、景行の九州親征に随った。このため、夏花命は筑後の高良大社を奉斎した物部君とつながるとみる向きもあるが、そうではなく、夏花命の子孫は東国で続いた。成務朝から応神朝にかけての時期に韓地で活動したと『書紀』に見える毛野氏の荒田別・鹿我別のうち、鹿我別が夏花命の子孫かとみられる。荒田別・鹿我別の関係は兄弟ともみられているが、そうした近親というよりはイトコ（あるいは再イトコ）くらいの関係という可能性もある。鹿我別の族裔は、磐城の相馬地方におかれた浮田国造（福島県南相馬市鹿島区浮田を中心域）や、そこから北方の陸奥にかけての広い地域に「吉弥侯部」として分布した（浮田の地名は、吉備では歴史的地名に見えない。現在の岡山市東区の浮田は、戦国大名の浮田氏の居城に因み、明治中期の命名）。

このように、毛野の系譜自体が難解で一筋縄ではいかないが、結論からいうと、毛野本宗の祖の彦狭島命が吉備下道氏の祖で崇神朝に活動した彦狭島命と同人だとみられる。この同人性の証明も難儀だが、時代がほぼ同じで同じ名を持ち、両氏族が三輪君の同族で竜蛇信仰を同じくもったことをあげておく。その活動地域も、彦狭島命の時代には毛野氏はまだ東国には達していなかった（次代の御諸別王のときに、能登などの北陸道を経て東国に至ったか）とみるから、畿内から吉備にかけての地域ということで、舞台もほぼ同じとなる。

吉備にも毛野にも式内社で「大神神社」があげられ、下野国都賀郡の式内社「大神社」は栃木県栃木市惣社町の大神神社（祭神は倭大物主櫛甕玉命）に比定される。上野国の式内社でも、山田郡に美和《みわ》神社（群馬県桐生市宮本町。祭神は大物主櫛甕玉命）、佐位郡に大国神社（同県伊勢崎市境下渕名。大国主命）がある。同国二宮で勢多郡の名神大社・赤城神社は群馬県内に分社が一二〇社弱を数えるほど多く、上毛野君の創祀とされ、大己貴命を祀る。三輪神社周辺の遺跡に出土が多い子持勾玉が、東国では上野から下総にかけての地域に出土分布が多いという事情もある。

このように考えていくと、毛野の初期二代は①豊城入彦、②八綱田と続くとされるが、②八綱田が第③代の彦狭島王か第④代の御諸別王に重複するか（この場合、「豊城入彦＝イサワケ」となろう）、あるいは①②各々が③彦狭島王、④御諸別王に重複すること（①と③、②と④とが対応する）になる。毛野の初祖の活動世代は、実質的には垂仁・景行朝頃から始まるし、両毛地方の古墳築造状況でも、おおむねその頃から毛野氏の活動が始まることを示唆する。

吉備の造山古墳は五世紀前半の築造とみられるが、同時期の築造で吉備から遠く離れた毛野の最大規模の太田天神山古墳（墳丘長約二一〇メートル）と殆ど正確に相似形だと指摘される（安本美典氏）。これら巨大古墳は、応神朝頃に活動した吉備及び毛野の族長の墳墓であった。太田天神山からは円筒埴輪Ⅲ式や長持形石棺も知られ、被葬者は荒田別・竹葉瀬親子のいずれかとみられる。露出した長持形石棺の底石や水鳥埴輪などから、五世紀の畿内の大古墳に採用されるものと変わらず、古墳文化などから見ても、毛野の中央王権からの独立性について過大評価すべきではない。毛野氏族関係の検討は、これだけでも大部なものになるが、ここでは系譜など入口部分のみにとどめる（吉備・毛野両氏が同根だとすると、東国・陸奥に多い吉弥侯・吉弥侯部のなかには、吉備氏の流れを汲むものもあるかもしれない。例えば、倭建命を祀る常陸国那珂郡の名神大社吉田神社祠官の吉弥侯〔吉美侯〕氏はそうした候補になろう）。

六　吉備氏一族の反乱

五世紀後葉頃から吉備氏は次第に衰退期に入っていくが、その契機が吉備氏一族の「反乱」とされる。この反乱伝承が史実かどうかについては議論の余地もあるが、その後の古墳の築造規模などから見ても、衰退自体は明らかであろう。ここでは、先に触れた反乱伝承について、もう少し詳しく検討をしてみる。

雄略天皇の時代

雄略天皇は、『万葉集』や『日本霊異記』の冒頭に記事が掲げられる。これらの事情などもあって、雄略朝という時代が中央の大和王権勢力が内外ともに拡大強化された歴史的な画期であると古代の人々が把握していたとみられている。

雄略が即位までの過程で有力な皇族や葛城氏などの中央豪族を滅ぼした。即位すると平群真鳥を大臣に、大伴室屋・物部目を大連に任命して、専制王権を確立した。朝廷の組織としては、史戸・掃部《かきもり》・宍人部・河上舎人部・少子部《ちいさこべ》・贄土師部《にえはじ》・穴穂部などの諸品部を設置し（『書紀』『姓氏録』など）、三蔵の一つである大蔵をたて秦酒君をその長官に任じた。百済や呉（中国南朝のこと）から新たに迎

えた渡来人（今来漢人《いまきのあやひと》）を組織して、漢衣縫部などをつくり、陶部・鞍部《くらつくり》・画部・錦部・訳語《おさ》など
を東漢《やまとのあやの》直掬《つか》に管掌させた。
地方に対しても、有力な地域部族長を大和王権に臣従させる動きを強めた。特に当時の地方最大
の勢力・吉備氏に対しては抑圧・鎮圧につとめた。雄略七年には吉備下道臣前津屋《さきつや》や韓地任那での
吉備上道臣田狭・弟君親子の反乱を鎮圧して、両吉備勢力の弱体化を進めたと『書紀』に見える。
雄略天皇の死後には、吉備兄君らが支援の星川皇子（母が吉備ノ稚媛）の乱を大伴室屋らが鎮圧して、
地方に対する中央の大和王権の優位を決定的にした。ほかにも地方豪族討伐の記事が雄略朝にある
が、播磨の文石《あやし》小麻呂や伊勢の朝日郎《あさけ》の反朝廷行動が討伐された程度であるから、主に吉備狙い打
ちという感が強い。

吉備国造一族の反乱

『書紀』に見える吉備氏の反乱について、もう少し見ていこう。
最初が雄略朝七年条に見える吉備下道臣前津屋《さきつや》である。一に国造吉備臣山と見える。応神・仁徳
朝以降は御友別の出た系統（一般に下道系統とされるが、別の可能性もあり、ともあれ吉備国造家）が勢
力が大きかったから、これが吉備でまず狙われた理由ともいえよう。
雄略七年八月条の記事に拠ると、雄略の官人であった吉備弓削部虚空《おおぞら》が、帰郷した時、吉備下道
臣前津屋に引き止められて大和への帰任が遅れたので、天皇は身毛君丈夫《ますらお》を遣わして虚空を引き戻
した。天皇のもとに戻った虚空が、前津屋の天皇に対する不敬を報告し、これを聞いて激怒した雄
略は、物部の兵士三十人を遣わし前津屋と一族七十人を誅殺した。

吉備への遣使とされた**身毛君丈夫**は、美濃国武儀郡（岐阜県関市・美濃市あたり）の牟下都《むげつ》国造の出で、『上宮記』逸文の系譜には伊自牟良君と娘の久留比売《くるひめ》命（継体天皇の祖母）が見えるとともに、『皇胤志』には前掲雄略紀の身毛君丈夫が麻須良緒君として伊自牟良君の子に記される（ここに唐突に身毛君が出てきたのは、犬飼に関連しての既述先例に因るものか）。**吉備弓削部**は、弓削連の支族で吉備に在った弓削部である。弓削連の系図（『諸系譜』第十五冊所収の「弓削宿祢」）には、崇神朝の二世代前の人、速古から吉備弓削部が出たと見え、この孫世代（名前は不明）が吉備侵攻に参加した者か。吉備弓削部といっても、吉備氏に隷属していたわけではない（あくまでも朝廷の職掌部であることに注意）。

『和名抄』で見ると、美作国久米郡の弓削郷（現在の久米南町弓削）、備前国邑久郡に靭負《ゆげい》郷（現在の瀬戸町弓削）あたりに居たとみられる。備中国賀夜郡の葦守郷三井里にも弓削部連田道が居た（「備中国大税負死亡人帳」）。それらのいずれにせよ、吉備出身で大和に出て朝廷で官職を得た者もあって、虚空もそうした一人で、帰郷した時に下道臣氏系統の首長・前津屋から自分に従うようにと勧誘されて吉備に留まった。これに怒った雄略が使者を送って半ば拉致するような形で虚空を連れ戻したという事情である。

この一連の事件に登場する人々の実在性が各々、関係系図からも窺われるから、吉備国造討伐の事件そのものも現実にあったとみるのが自然であろう。例によって、一定の政治目的で蘇我氏等により吉備の反乱伝承が後世に造られたという見方（大橋信弥氏など）もあるが、具体的な論拠を欠くし、こうした造作説は立証されていない。このときに討伐されたのが吉備氏本宗とし、後にあらわれる下道臣氏は、その支流だとする見方もある。

吉備上道臣田狭の反乱

次いで、吉備上道臣田狭《たさ》（雄略七年是歳条）が反乱を起こして討伐され、更に、雄略没後の星川皇子の乱への吉備氏の関与をもって、吉備一族の反乱は最後となる。吉備氏の初期系譜をここまで見てきたように再考すると、上道系統の系譜も五世紀代は不明となるが、雄略朝に活動する吉備田狭臣は上道系統とされる。

田狭には稚媛という妻があり、その間に二人の男子がいたが、雄略天皇がその美貌を聞き及んで、田狭を遠く任那の国司に赴任させた上で、稚媛を奪った。それを知った田狭は、叛意をもち任那から日本と仲の悪い新羅へ亡命しようとするが、雄略は、稚媛の息子の弟君を征新羅将軍に任じて父を討たせた。出撃したものの対応に困った弟君は、風待ちと称して大島に留まって月日を重ねていたところ、父の使いが来て謀叛の計画を伝えるが、この発覚を恐れた妻・樟媛《くすひめ》によって殺されたと伝える。田狭のその後は不明である。弟君の韓地派遣は事実としてあって、百済より帰還して漢手人《あやのてひと》らを献上した別伝もある。

なお、田狭の妻は、吉備上道臣、一本に言う吉備窪屋臣の娘ではなく、葛城玉田宿祢の娘・毛媛ともいう。妻が複数のこともありうるが、吉備窪屋臣については、「窪屋臣」という姓氏はないことに留意される（窪屋郡の地名があっても、こうした姓氏を名乗る者は史料に見えない。「窪屋」は名前とするのが自然。太田亮博士をはじめ、多くの研究者にはこの点で誤解がある）。

稚媛は、雄略との間には磐城皇子と星川皇子を産んだ。雄略が死ぬと、息子の星川皇子に皇位を狙うよう唆して大蔵の役所を占拠させるが、朝廷の軍に包囲され、星川皇子は稚媛や異父兄の兄君（田狭の長男）と共に焼死してしまう。これらを救おうと、吉備上道臣らは、軍船四十艘を率いてやって来たが、間に合わなかったという。磐城皇子の娘（『書紀』では孫娘というが、世代的には疑問）の難波小野女王は、顕宗天皇の皇后となるも若死した模様である。田狭・弟君の叛乱には、どこまで実態があったか不明だが（叛乱はなかったとみる吉田晶氏の見方もある。両宮山古墳の築造・保存からみて、そうかもしれないが、埴輪・葺石の皆無はなんらかの処罰か。宇垣氏は、本墳について葬送儀礼が通常どおりではなかった可能性も考える）、星川皇子の乱への吉備氏の加担は確かなのであろう。

この事件の後は、領する山部（山守部）を奪われ、新嘗・服属儀礼での役割から除外されるなど、上道臣は没落した、と志田諄一氏はみる。こうした動向に応じて、吉備地方には名代・子代やその部民の分布がかなり濃密である。各種史料から、健部・白髪部・蝮壬部《たぢひのみぶべ》・日下部・私部・藤原部・軽部など（壬生部、刑部、矢田部、忍海部、丹部、伊福部も同様か）が知られており、吉備一族から伴造としてその管掌にあたり、白髪部臣・蝮壬部臣・日下部臣などの姓氏を名乗るものも出た。

上道臣氏の活動は上記反乱の後、長く史料に見えず、後裔の系図も伝えず、天武朝の朝臣賜姓もなかったから、「反乱」に因る打撃が大きかった。上道臣氏は賀陽臣氏と同族とされるが、田狭の先祖からの系図も具体的には不明である。下道・上道の両系統の「反乱」で、吉備氏は大きく衰える。それでも勢力はまだ残り、オケ・ヲケ両皇子が播磨で見出され弟が顕宗天皇として即位すると、その元年四月に播磨国司の来目部小楯の功績を賞して山部連の姓と山守部を賜った（山官に任命）時、吉備臣を副官としたという（吉備臣は欠名）。

吉備では、五世紀後半に築造の**両宮山古墳**を最後に、大古墳の築造がなくなる。同墳は吉備第三番目の規模の前方後円墳（岡山県赤磐市穂崎。墳長は濠水面上で約一九四メートル。二〇六メートルが墳長とする見方あり）で、吉備上道氏の族長墓とみられ、二重周濠（水濠）と三段築成の墳丘にその勢威が窺われる（仁徳陵古墳の企画の五分の二という）。埴輪・葺石がないので時期判別は困難な面もあるが、これが7期の古墳（宇垣匡雅氏の『両宮山古墳』）であれば、被葬者は上道臣田狭（ないしその父）も考えられ、地元でも田狭の墳墓と伝えるという（「両宮」と称するのは田狭と弟君の二人を葬った故だともいうが、宇垣氏は伊勢神社たる両宮神社の名に因るという）。両宮山以降の備前では、これにやや遅れる森山古墳（帆立貝形で墳長八二メートル。7期）、その後に朱千駄《しゅせんだ》古墳（同八五メートル。8期）があるくらいであり、五世紀末以降は古墳の規模縮小が著しい。備中でも、総社市宿の宿寺山古墳（墳長約一一八メートルで埴輪Ⅳ式を出土。作山古墳の東南近隣で、竜王山の北西麓）の後は、めぼしい古墳が見られない。

五世紀末から六世紀前葉頃では、吉備地方最大級は、辺縁の邑久郡の築山古墳（瀬戸内市長船町西須恵の全長約八二メートルの前方後円墳。円筒埴輪Ⅳ式や甲冑等を出土）があげられる程度で、吉備中枢部における古墳の小規模化が分かる。ちなみに邑久郡では、四世紀中葉頃の前期古墳として花光寺山《けこうじやま》古墳（全長約八六メートル。同市長船町服部で、長持形石棺をもち内行花文鏡・三角縁神獣鏡各一面や素環頭太刀、鉄製刀剣、ヤリガンナ、銅鏃・鉄鏃などを出土）があり、同じ丘陵上に並んで新庄天神山古墳（道一つ隔てる備前市新庄に所在。径約四一メートルの円墳で、勾玉や多数の管玉、碧玉製石釧・貝釧のほか、棺外に鉄剣・鉄鏃など多くの鉄器類を副葬。前者の妻が被葬者か）もある。これら邑久郡の古墳は、久米系統の大伯国造一族の築造にかかるものか。別途、牛窓古墳群については吉備海部との関係で先に触れた。

ともあれ、上記清寧即位前紀の反乱をもって、吉備氏の王権に対する反抗は鎮まる。これが、その勢力削減や古墳規模の縮小となって現れる。それでも、吉備地方には六世紀後半頃の時期に横穴式巨石墳が下道系統に二つ（倉敷市箭田の箭田大塚、総社市上林のこうもり塚。賀陽郡領の下道氏に続く系統か。総社市三須の亀山古墳も同様か）、上道系統に一つ（岡山市北区の牟佐大塚）が造られるから、衰えたりとはいえ隠然たる力をもった。箭田大塚・牟佐大塚や亀山古墳は円墳とされる。こうもり塚（黒姫塚古墳）は墳長約一〇〇メートルの前方後円墳で、吉備地方最後の大古墳である。盗掘を受け副葬品は残り少ないが、大刀などの武具・馬具、盤龍鏡、金環など装飾品、鉄滓・鉄釘等が知られ、複数の棺・被葬者があったとされる。牟佐大塚やこうもり塚では、王墓山古墳・江崎古墳等と同様、浪形石が石棺に使われた。

吉備氏一族の韓地での活動

雄略朝の対外政策では百済との友好提携を保持し、雄略八年に身狭《むさ》村主青などを呉（中国の南朝）に遣使した。翌九年には、将軍の紀小弓《おゆみ》宿祢・蘇我韓子宿祢・大伴談《かたり》連らを派遣し新羅に攻め込んだが、最終的には撤退したとされる。紀小弓宿祢に対し、雄略天皇が賜った采女として吉備上道采女大海の名も見える。「采女」は、地方の国造・県主、後には郡司階層が、服属の証として朝廷へ差し出した一族の未婚女性で、後宮に仕えた。

先に吉備上道臣田狭の任那国司任命を見たが（雄略七年条）、雄略八年二月条には吉備臣小梨が見えて、膳臣斑鳩《いかるが》・難波吉士赤目子らと共に、任那日本府から新羅救援に出撃し奇計を用いて高句麗の軍を破ったので、新羅は倭王権への忠誠を誓ったという。更に、雄略二十三年七月条には、征新羅将軍として吉備臣尾代が見える。尾代は、五百人の蝦夷の兵を率いて西下したが、吉備で自らの家に立ち寄った時、蝦夷たちは天皇の崩御を聞いて逃亡し反乱を起こしたので、娑婆《さば》水門（広島県福山市の佐波町あたりとみられる）などでこれを破り、蝦夷のことごとくを射殺したとされる。吉備氏が蝦夷を率いて韓地へ派遣されたことも分かる。これら韓地関係で現れる諸氏のなかでは、物部・

紀・大伴・毛野などと並んで吉備氏は重要な役割を果たした。小梨や尾代の系譜は諸伝あり、下道一族説もある。

更に、欽明天皇朝の初期に、安羅におかれた任那日本府において、的《いくは》臣・河内直らと共に高官の一人として吉備臣がいた。同朝二年四月（あるいは五年十一月で、いずれかが重複記事か）に任那諸国の高官らと百済に赴き、新羅に侵略された任那の復興について、百済の聖明王と協議した。このときの「吉備臣」は、同二年四月条などには欠名で見え、同五年三月条の割註には「吉備弟君臣」と記される。この弟君は既に雄略朝のとき妻により殺害されたと『書紀』に見えるから、この記事が正しければ割註に見える名には混乱ないし誤記がある。その前の継体朝二四年九月条には、近江毛野臣により殺害された「吉備韓子那多利・斯布利」（両者は名前からみて兄弟で、弟君臣かその父・田狭が韓人女性との間に生んで韓地に遺した子か）が見える。この二人は、弟君の近親関係者なのかもしれない。その意味では、これを不完全に伝えたのが上記割註の記事か。

後に中大兄皇子が主導した外征の白村江の戦いでは、吉備氏一族の廬原君臣（「臣」が名前で、系図には「臣足」と見える）が一軍の将として健児万余を率いて戦った（『書紀』天智二年（六六三）条）。その先の斉明六年（六六〇）十二月条に、駿河に船を造らせたことが見えるから、古代造船の中心地で、駿河の廬原君氏には水軍としての性格が伝わっていた。廬原氏に限らず、吉備氏一族諸氏に海部的な性格があることは、中西洋子氏（「吉備氏伝承の発生基盤」）や笠井倭人氏（『古代日朝関係と日本書紀』）も説かれる。

廬原臣足の孫として系図に見える虫麻呂は、神亀元年（七二四）に藤原宇合を持節大将軍とする蝦夷平定軍のなかに見え、戦功により勲六等と田二丁を賜った。当時の蝦夷征討にあたり船師が活躍する場の多かったことから、「盧原氏は八世紀においてもなお水軍的機能を保持していた」と指摘される（笠井倭人氏の「盧原氏とその有縁氏族」。前掲書に所収）。虫麻呂の曾孫に有守がいて遣唐訳語《おさ》として見え、承和二年（八三五）には兄の柏守とともに盧原朝臣姓を賜っている（『続日本後紀』）。

吉備氏一族の祭祀

吉備氏一族は備前・備中及び備後に吉備津神社（備前のみ吉備津彦神社という）を奉斎し、これらは各々一宮とされる。ここで、吉備氏一族の祭祀事情を見ておく。

備前・備中の一宮は「吉備の中山」の麓に近隣してあり、東北側の麓には備前一宮の吉備津彦神社が、西側の麓に備中一宮の吉備津神社が鎮座する。一つの山に二つの一宮が依りつく例は他の地域にはない。なかでも、備中の吉備津神社が中心で、西日本を中心に分布する吉備関係社（摂社・末社を含む）の百数十社の本宗とされる。承和十四年（八四八）に従四位下の神階を授けられ、十世紀のはじめ醍醐天皇の代に『延喜式』の制定で名神大

吉備津神社（本社と拝殿）＝岡山市北区

社に列せられた。神位は次第に昇階し、十世紀中葉の天慶三年（九四〇）二月には、承平・天慶の乱鎮定の功で正一品の最高神位となって、以降は「一品吉備津宮」と呼ばれた。吉備津神社やその分霊・関係霊を祀る吉備津系（御崎神社、艮神社なども含む）の神社は、吉備地方のほか、瀬戸内全域で、北は島根・鳥取、東は奈良・和歌山、西は福岡にまでわたり、合計三〇九社もあるという。

備前では、『延喜式』神名帳で唯一の名神大社が邑久郡の**安仁《あに》神社**である。天慶の乱の後に一宮の地位を朝廷より剥奪され、備前一宮の地位は吉備津神社より御霊代を分祀された吉備津彦神社に移ったという（純友に味方したためかともいう）。「安仁神」の実体は不明で、神武天皇の兄・五瀬命という現祭神は近世以降の見方とみられ、疑問が大きい（一説にいう兄のほうの吉備津彦か。又は藤井氏の祖の吉備兄彦命か）。同社の鎮座地は邑久郡藤井（現・岡山市西大寺一宮）であり、社家の宮崎氏は、もと藤井といい、途中で太美ともいった。もとは背後の鶴山に鎮座したといい、付近からは小型古式の銅鐸も出土している。

これら神社で祀られる「大吉備津彦」とは、吉備津彦兄弟の父、吉備氏両系の祖の意味とみられる。すなわち、播磨の日岡坐天伊佐々比古《あめのいささひこ》神社の祭神で、かつ越前角鹿での祭神であるイササワケでもある（「吉備」が冠に付いても後世の称で、吉備には来ていない）。

さて、吉備の中山がもとから聖山だったかというと、疑問もある。上道郡には**竜王山**（標高三一二メートル）が赤磐市馬屋（岡山市北区との境界付近）にあって、美作・備後を除くと同名の山では最高峯である。大和の竜王山（天理市。標高五八六メートル）と吉備氏との関係を考えると、赤磐市・岡山市境付近の当該竜王山が当初の頃の聖山ではなかろうか。その東側に両宮山古墳を含む西高月古墳群や備前国分寺跡、西南側には牟佐大塚古墳（後期の大型円墳で巨石墳）があって、これらが上道氏一族の墳墓とみられる。西北近隣には、本宮高倉山（標高四五八メートル）があって備前の国見山といい、そこにもと鎮座したのが「備前国総社神名帳」にあげる古社、高倉神社（高蔵神社。今は南中腹の岡山市北区牟佐）で、祠官家の本郷氏は上道臣姓と伝える（祭神は変化し、いま海神族尾張氏系の祖神とするのは疑問）。竜王山の東南方には大廻山小廻山の山城遺跡があり、更に東南方に前期古墳では吉備最大の浦間茶臼山古墳が吉井川西岸にある（いずれも現岡山市東区）。

「吉備の中山」という丘陵地の最高所（北端部分）も竜王山（標高一七〇メートル）と呼ばれ、山頂に吉備津彦神社の元宮磐座がある。吉備の中山の南側山上尾根を切断して築造されたのが吉備津彦の墓と伝える「御陵」で、吉備中山古墳（中山茶臼山古墳）というが、これが稚武吉備津彦命の墳墓だとみられると先に述べた。

備中の吉備津神社の神主家は賀陽氏で、備前の吉備津彦神社のそれは三野氏であった。なお、一説に吉備津彦命から五代目の孫にあたる加夜臣奈留美命《なるみ》という者が、祖神の吉備津彦命を祀ったのが吉備津神社の起源と伝えるが、後世の誤伝である。この神は大和国高市郡の式内社、加夜奈留美命神社（高市郡明日香村栢森）の祭神とされ、「賀屋鳴比女」とも書き、天太玉神・櫛玉神・臼滝神とともに飛鳥神の裔神だと『類聚三代格』（貞観十年六月二八日付「太政官符」）に見えるものの、実体不明な神である（吉備氏一族とは無関係か）。

賀夜郡式内社の古郡《ふるこおり》神社（総社市域）は吉備武彦を祭神とする。社家の永山氏は賀陽姓で、沼田神社の社家清水氏とも同族だと伝える（『吉備郡史』）。「備中国惣社宮造営帳写」（一四二六年）には「社中面々・賀陽左行事清水次郎左衛門尉」と見えるという。古郡神社は論社が総社市の総社西山と槙谷にある。沼田神社も同郡式内社の野俣神社の論社とされ、総社市総社にあって、大年神を主神に大物主命等を配祠する。このほか、大神神社・神神社など三輪氏族に関係しそうな諸神社（後述）も吉備一族の祭祀にかかるとみられる。

吉備津神社の摂社で五所大明神の一社に**岩山宮**があり、正宮の背後で吉備中山の山腹に位置する。吉備国の「国魂」という神体は自然の巨巌で、祭神は建日方別命とされ、「吉備国の地主神」と伝える。備前の吉備津彦神社でも、岩山神社として祭神建日方別命（中山主神ともいう）を祀る。この神の実体は三輪氏の祖・櫛御方命（天日方奇日方命、鴨主命のことで、磯城津彦や健飯勝命の父）とみられ、これが吉備氏大遠祖となろう。赤磐市の高蔵神社の祭神のなかに見える「建御名方命」も、諏訪祖神ではなく、三輪氏の祖のほうが転訛したのであろう（備中神楽の影響をうけて、経津主神らの退治対象の荒鬼とされる建御名方命の名に変わったか）。出雲の斐伊川下流域の御名方神社（出雲市斐川町名島）も、祭神の原型は吉備の建日方別命であろう（高見茂氏も、近隣の原鹿神社〔祭神が吉備津彦〕と同様に吉備系とする）。

岩山宮－吉備の地主神を祀る

この吉備氏一族では、吉備津彦兄弟のほか、大己貴命などの海神族祖神を祭祀した。吉備から遠い盧原国造、角鹿国造では、豊受大神（保食神）を奉斎することに留意される。
吉備でも、本来は異系の笠臣・三野臣が別の神々を祀ったことを先に見た。例えば、賀夜郡式内社の鼓神社（岡山市北区上高田）は、祭神を遺霊彦命（留霊臣）、高田姫命、吉備津彦命、楽々森彦命、吉備武彦命とするから、吉備津彦の妃一族を主体に祀る神社である。

吉備氏の祖系

吉備津彦兄弟の父を「イササワケ（伊奢沙和気、天伊佐々彦命）」として、その祖系を考えてみる。ここまで見てきたように、吉備氏とその同族には大己貴命など海神族系統の祖神祭祀が割合顕著に見られる。かつ、吉備の国土神を「建日方別命」とする事情もあるから、磯城県主や三輪君の支流の出とするのが系譜として自然である（『古事記』には吉備の児島の亦の名を建日方別というと見える）。その場合、皇裔を称した彦坐王と同系の一派と考えられる。この関係で、初期段階の天皇家の系譜を記紀や『旧事本紀』などから検討する。

『旧事本紀』の天皇本紀では、第四代懿徳天皇の次には、「孝照天皇↓孝安天皇↓孝照天皇」という順で項を立て、混乱した記載が見られ、そこでの記事内容にも大きな混乱がある。この辺を整理してみると、そのあたりの皇位継承は、「③安寧↓④懿徳↓⑤孝安（懿徳の世子・孝昭が幼少につき、皇后の弟が中継ぎの形で磯城県主家から大王位を継いだ）↓⑥孝昭↓⑦孝霊……」という順が相続実態とみられる。中継ぎの孝安天皇の後裔たちが、彦坐王（日下部連の祖）や、大吉備津彦（吉備臣の祖）、豊城入彦（上毛野君の祖）であって、各々が実際には天皇の皇子ではなかった。このように考えると、崇神天皇以前の皇別大族の諸氏については、系譜仮冒が多くあり、それが現存する記紀の皇室系譜のなかに混入している。

第三代の安寧天皇の名は磯城津彦玉手看《たまてみ》とされるが、その皇子とされる「磯城津彦命」は、その名のとおり磯城県主家から出た者で、これが、懿徳紀の二年二月条割注に見える「武石彦奇友背命」にもあたる。『古事記』では、懿徳段に師木県主の祖・賦登麻和訶比売《ふとまわかひめ》（亦の名が飯日比売）を娶って孝昭天皇及び多芸志比古命（血沼別、多遅麻の竹別、葦井稲置の祖）を生んだと見える。「武石彦＝多芸志比古」（タギシヒコ）であるが、その位置づけが、『書紀』では懿徳の弟、『記』では懿徳の子とされていて、異なっている。その実態は、記紀双方とも異なるもので、懿徳皇后の弟で懿徳の後継的な存在（大王位の後継）が「タギシヒコ＝磯城津彦」とみられるということである。これが、今に伝わる記紀では、第六代天皇とされる孝安天皇にあたる。孝安天皇が「日本足彦国押人」というきわめて抽象的で、実在性を欠くような名前で『書紀』に記される事情の背景でもある（名前表記から闕史八代の天皇のなかで孝安は特に実在性が薄いとされるが、簡単な切捨ては疑問が大きい）。

ちなみに、上記の血沼別《ちぬのわけ》は和泉の茅渟《ちぬ》に起こって、後に吉備氏・毛野氏を分出し、「多遅麻《たぢま》の竹別《たけのわけ》」は但馬の竹野君の祖であって、彦坐王の後裔に位置づけられる但馬国造・丹波国造や日下部君・日下部連などの諸氏と同族であった。これら一族から崇神・垂仁朝にあって全国平定事業を担った四道将軍（阿倍氏を除く二人）やいわゆる「皇族将軍」を出した。

以上の系譜にあって重要な結節点の役割を果たした懿徳天皇の皇后は、『古事記』の記事「師木県主の祖・賦登麻和訶比売《ふとまわかひめ》（亦の名が飯日比売）」が正しく、『書紀』割注一伝の「磯城県主太真稚彦が女、飯日媛」（命名法からすると太真稚彦の「妹」）がほぼ正しく、磯城県主家の歴代は、「①黒速→②葉江→③太真稚彦」と続いたとみられる。太真稚媛こと飯日媛は、『書紀』孝安紀の割注一伝で孝安皇后として見える「磯城県主葉江が女、長媛」とも同人であり、懿徳皇后として孝昭天皇を生んだ（『古事記』懿徳段）。

磯城県主家は、『粟鹿大明神元記』では「①櫛御方命→②建知遅若命→③櫛瓶戸命」として三代（ないし四代）しか記されないが、この三代の実名が記紀に見える「①黒速→②葉江→③太真稚彦」という名に対応する。櫛瓶戸命（＝太真稚彦）の後は子があっても早世した故に、弟の武石彦奇友背命が磯城津彦（磯城県主）を継いだものの、一時的にもせよ大王（上記の⑤孝安天皇）になることで、磯城県主家の嫡系としては絶えた形とみられる（可能性を考えれば、武石彦の跡は従弟で十市県主家の五十日彦（大目とも同人か）に継がれたものか。大目には十市県主とも磯城県主とも『書紀』割注に見える。この辺の事情は拙著『三輪氏』参照のこと）。

以上のように、複雑な経緯や系譜事情を経て、崇神天皇前代の大王家や磯城県主関係の系譜が出来上がっている模様である。しかも、それが何度か改定されたと思われるから、古代系譜についてよほどの知識と整理がない限り、学究といえども的確な理解が及ばなかった。現存史料からは、大王家や磯城県主家の系譜の完全復元は困難と思われる。

さて、吉備系統の「イササワケ」の先祖として磯城県主一族の武石《たぎし》彦奇友背《くしともせ》命が考えられ（関係する世代を照合すると祖父くらいか）、そこから磯城県主に吉備氏の祖系がつながるものと導かれる。吉備地方には、ミワを名乗る人々も見えており、天平十一年の「備中国大税負死亡人帳」（正倉院文書）には備中国窪屋郡美和郷の戸主美和首広床、戸主神首伯、戸主神人部赤猪が見える。高梁川の東岸には総社市三輪があり、当地の三輪山（標高九六㍍の独立丘陵）・宮山には宮山墳墓群や三輪神社もある（百射山神社も後に遷座）。前方後円墳型である宮山弥生墳丘墓からは、宮山型特殊器台（桜井市の箸墓古墳の頭頂部から発見された特殊器台と同じ）と飛禽鏡が出土した。三輪山古墳群のうち、展望台古墳は全長約五五㍍で柄鏡型の前方後円墳で、三笠山古墳は全長七〇㍍の前方後円墳で、ともに底部穿孔壺形埴輪を出し四世紀半ば頃の築造とみられる。総社市八代の神神社は大物主命を祭神とするが、この社は下道郡の式内社にあげられる。もとは三輪の地に鎮座していたと伝える。

備前では、上道郡の唯一の式内社に大物主神等を祭神とする大神神社四座があり、岡山市中区四御神の備前車塚古墳の南東近隣に位置する。この地はもと財田村四御神といい、大物主神・少彦名神・三穂津姫神・大穴牟遅神の四神を祀ることに由来する。邑久郡の式内社にも美和神社（瀬戸内市長船町東須恵）がある。やはり大物主命を祀り、その神体山の広高山は「三和ノ峰」ともいう。『和名抄』には、備前から分かれた美作の苫東郡及び大庭郡にも美和郷があげられる。

志田諄一氏は、征新羅将軍の吉備臣尾代が背いた蝦夷に対して、「空弾弓弦《ゆみつるうち》」（弓弦の擬声）で討伐にあたったが（前掲。雄略紀二三年条）、これは「大物主神を奉祀した吉備氏の姿をよくあらわしている」と実に鋭い指摘をする。この特徴的な所作は、蝦夷に立ち向かった上毛野氏にあっても見えることに留意したい。要は、吉備氏も毛野氏も、実際には大物主神を祖神とする海神族系の三輪氏の同族という系譜を共にもっていた。

七　大化以降の奈良・平安時代の吉備氏一族の動向

白猪屯倉と大化前代の吉備氏一族

雄略朝で大きく衰えた吉備氏一族は、その後、大化頃まではほとんど現れない。六世紀中葉の欽明十七年頃（欽明十六年条、同十七年条と記事の重複があり。西暦五五五、六年頃に当たる）になって、朝廷は大臣蘇我稲目宿祢・穂積磐弓臣らを派遣して、吉備五郡にわたって大王の財産として直轄領たる白猪《しらい》屯倉を置き、吉備支配をますます強化した。朝廷の屯倉は五世紀中葉頃の安閑・宣化・欽明の三朝に置かれたのが多く、白猪屯倉に先だち安閑朝二年には、備後あたりに七屯倉（備前・備中にも若干あったとの見方もある）が置かれたから、磐井の乱後のこの頃に大和王権の強化がはかられた。とくに白猪屯倉については、次の敏達朝十二年条まで合計で七本もの記事が見えており、王権にとって重要な屯倉であった。

『書紀』には吉備に白猪屯倉と児島屯倉という二つの屯倉を置いたようにも記されるが、これは重複記事かとみられる。記事の重複例は同書にかなりあって、編者が一本に整理できなかったということであろう。栄原永遠男氏の研究では白猪屯倉と児島屯倉とが同一とされるが（「白猪・児嶋屯倉に関する史料的検討」、『日本史研究』一六〇号、一九七五年」）、海上交通の要衝で塩の生産地たる児島を含む吉備主要部の広域に置かれた屯倉ということであり、基本的にはそれでよかろう（地域的には前者の表現のほうが広いように思われる）。

白猪屯倉を銅・鉄の採掘が主目的として美作中心に置かれたとみて、児島屯倉と別物に考える見方もあるが、疑問が大きい。白猪屯倉が「吉備五郡」に置かれたと記されること、管掌者の葛城山田直瑞子《みづこ》の子孫が田使《たつかい》首として備前国児島・津高両郡等にあったこと（後に平清盛家人で見える難波次郎経遠や戦国期に高松城籠城の清水宗治はその後裔。「難波」は備前国津高郡駅家郷の地名）や、書紀記事の六世紀以降には重複記載がままある事情などから見ての判断である。白猪屯倉関連の奈良時代の平城宮出土木簡が、備前国邑久郡、同児島郡三宅郷などや備中国哲多郡についてである。備前国子島郡小豆郷の「白猪部乙嶋」、児島郡三家郷に「白猪部少国」、「備前国邑久郡方上郷寒川里白猪部色不知」という記事があり、児島郡・邑久郡に古くから白猪と関る人名や地名があって、具体的な裏付けとなる。

その後の欽明三十年一月条では、この屯倉に田部を置いてから年数がたち、一定年齢に達しても戸籍から漏れて課税を免れる者が多いとのことで、王辰爾の甥の胆津《いつ》を派遣して「白猪田部丁籍」を検定せしめ、詔によって籍を定め「田戸」とした。この定籍の功を賞して、胆津には白猪史の姓氏を賜わり（後に葛井《ふじい》連となる）、田令《たつかい》（屯倉の管掌者）とし、先に児島郡に置いた屯倉の田令たる葛城山田直瑞子の副官としたと見える。白猪屯倉設置のときには、吉備側の者の名は見えないが、後に白猪臣（後に大庭臣の賜姓者もいた）、三宅臣という姓氏が吉備にあることから、吉備氏一族にも屯倉管掌の関与者がいた（『太平記』で有名な児島高徳は、実際には三宅臣の末流か〔太田亮博士〕、あるいは平城宮出土木簡の児島郡の「三家連」の末流か。浮田〔宇喜多〕秀家は高徳の後裔という系譜を伝え、高徳以降の歴代はほぼ妥当か）。

和銅七年（七一四）二月には、正八位下三宅臣藤麻呂が従六位上紀朝臣清人とともに国史の撰修を命じられた詔が出ており（『続日本紀』）、これが『日本書紀』編纂とされる。

大化の笠臣垂と笠一族の動向

大化前代では、吉備一族の名が史料にほとんど見えない。韓地で活動する吉備氏関係者を除くと、約一世紀半もの期間、吉備氏の動向が殆ど知られない。それでも、一族諸氏の後裔に現在に伝わる系図類を見ると、大化の頃の人々の二世代ほど前の者から各々の支族分岐が始まったように伝える。これは、敏達朝あるいは推古朝くらいから吉備一族諸氏では、男女ともに大和の朝廷に出仕しはじめていることとも関連する。

法隆寺旧蔵の観音菩薩立像（165 号）＝東京国立博物館蔵

采女では、舒明天皇に召されて賀陽皇子（『姓氏録』左京皇別・三島真人の祖）を生んだ蚊屋采女が知られる。一族諸氏からはほかにも采女で出仕しており、柿本人麻呂が作った吉備の津の采女を弔う挽歌が『万葉集』に見える。巻二の歌番二百十七～二百十九（長歌と二首の短歌）には、「吉備の津の采女のみまかりし時、柿本朝臣人麻呂の作る歌」との詞書きがある。これによると、その采女は、恋しい人と一夜添寝をしたため、若い命を滋賀の湖で絶ったとされる。「吉備の津の采女」は備中国都宇郡（津郡）の出身であった。

吉備では、大化直後の頃に「笠評君」一族の活動が金石文に見える。法隆寺に旧蔵（東京国立博物館蔵）の金銅観音菩薩立像（一六五号）には、同像の台座框に銘文が記される。それに拠ると、白雉二年（六五一）に笠評君大古臣が死去して、遺児の布奈太利古臣とその伯父の建古臣の二人が発願し造像した旨が見える（記事は、「辛亥年（白雉二年）七月十日記、笠評君名大古臣、辛丑日崩去辰時故、児在布奈太利古臣、又伯在建古臣二人志願」。『寧楽遺文』下巻に所収）。笠臣氏が「評君」（後の郡につながる「評」の長）として吉備に在ったと確認できるが、大古臣・布奈太利古臣親子は現存の系図に見えず、中央で活躍する次の笠臣垂との関係も不明である（年代的に見ると、大古は垂の従兄くらいか）。

笠岡市の光明山遍照寺は、貞享三年（一六八六）に住職秀遍法印が記した縁起によると、七世紀後半の白鳳期にこの地方の大守笠臣の氏寺として吉田村（同市市街地の北東の大字吉田）に創建されたと伝えており、それを陶山藤三義高が笠岡に城下町を築く際、この寺を町の中央（大字笠岡で、昭和五二年に西浜に移転）に移転させたといい、陶山氏の菩提寺であった。吉田の箱田山神社では、吉備津彦命や少彦名神、海神の綿津見三神等を祀る。

大化頃の吉備一族で中央で最初に現れるのが笠臣氏である。『書紀』の垂《したる》や諸石、『続日本紀』ではかなり多数の官人が見え、『万葉集』では麻呂・金村・笠郎女があげられる。

なかでも最初に見える**吉備笠臣垂**（志太留）は、大化元年（六四五）九月に古人大兄皇子が謀反を企てたとされる際に、中大兄皇子に密告して恩賞を得た。これは、陰謀だったとの見方もあるが、その場合、当初から中大兄皇子側に通じていたものか。後に天平宝字元年（七五七）になって、大化以来の功績ある者に対して、壬申の乱を中心にして、遡って功田の給付が行われたが、そのとき大錦下笠臣垂には功田二十町が与えられ、二世に伝えられた。垂の子には、麻呂・金村兄弟がおり、共に万葉歌人としても名を残す。

次ぎに、天智六年（六六七）に吉備笠臣諸石が見え、唐の百済鎮将から遣わされた使者の帰路の送使をつとめ帰朝した。白村江敗戦後の処理にあたったことになる。諸石は垂の弟であり、その六世孫に陰陽助名高《なだか》が系図（『諸系譜』第一冊「笠朝臣」）に見える。

さらにその五十年後に、征隼人持節将軍大伴旅人のもとで副将軍をつとめた笠朝臣御室がいた。御室は養老三年（七一九）に叙爵し、翌四年に上記副将軍となり、同五年に隼人征討から帰還し、神亀三年（七二六）には従五位上に叙位された。系図には、垂の弟に御室及び金村があげられ、この二人の後裔も長く活動する。こうした事情等を見ると、天武朝に吉備氏一族からは下道臣と笠臣の二氏だけが朝臣賜姓を受けたことに対応する。

笠氏一族では、奈良時代の官人が多く見える。上記のほか、麻呂、長目、吉麻呂等があって朝臣姓で記載される。女官の出仕もあり、天平宝字六年（七六二）には笠命婦の名も見える（大日本古文書。その六年後に無位からの叙爵が見える笠朝臣比売比止と近親か）。養老五年（七二一）に右大弁となった麻呂以降では、弁官をつとめる笠氏一族が史料に見える。『姓氏録』には、右京皇別に笠朝臣・笠臣の二氏をあげ、朝廷では弁官・国司などの中下級官人で平安中期頃まで長く残るが、同後期以降では殆ど見えなくなる。

笠臣氏は、奈良時代以降の朝廷では、下道氏が改姓した吉備朝臣に次ぐ地位を吉備一族のなかで占めた。『姓氏録』では右京皇別に笠朝臣及び笠臣の二氏があげられ、稚武彦命の孫の鴨別命の後とされる。そのせいか、吉備同族と称する別の氏から笠朝臣姓を賜った例がいくつかある。六国史には、もとの姓が三財部毘登、印南野臣、宇自可臣、三尾臣という諸氏から笠朝臣への賜姓が見える。奈良時代の右京七条二坊に戸主笠新羅臣吉麻呂、戸口の笠新羅臣山人も『正倉院文書』（天平勝宝九年の「西南角領解」）に見える。先祖が外交などで新羅と縁由があって、こうした姓氏を号したものか。平城宮出土木簡には笠難波臣公麻呂なる者も見える（奈文研『出土木簡概報』三十九）。

笠一族の万葉歌人

笠氏の麻呂・金村兄弟は、八世紀前半に活動し、共に万葉歌人としても名を残した。

笠麻呂は、大宝四年（七〇四）正月に従五位下に越階昇叙し、慶雲三年（七〇六）七月に美濃守に任じ、その治政の功もあって再任を重ね、合計で十四年も美濃を治めた。その間の業績としては、信濃に通じる「吉蘇路《きそじ》」（木曽路）という難工事の完成のほか、不破関の整備、広域条里の設定と席田・池田の二郡を設置、国衙窯の経営などがあり、功田・封戸を賜った。不破行宮に来た元正女帝を案内して当耆《たぎ》郡（美濃国多芸郡）多度山の醴泉（養老の滝付近の美泉）へ行幸を導き、養老改元につながる活動で国司では極位ともいうべき従四位上を賜った（笠氏の男性官人としても最高位）。養老三年（七一九）には尾張・三河・信濃をも管轄する按察使に兼任されてもいる。養老四年（七二〇）には藤原不比等の死去に伴う人事異動で、右大弁になって都に戻ったが、翌年出家を願い許された。

出家以後は沙弥満誓《まんせい》を名乗り、養老七年（七二三）には筑紫の観世音寺の造営別当として大宰府へ派遣された。神亀四年（七二七）頃に、大伴旅人が大宰帥として九州に赴任すると、いわゆる筑紫歌壇の一員に加わり、『万葉集』に短歌七首を残し、天平二年（七三〇）正月の梅花宴にも「笠沙弥」の名で歌をよんだ。

その子には名麻呂（従四位下右衛士督）が見え、その娘の道成女は、嵯峨天皇の乳母として尚闈《しょうい》従三位まで昇進した（後宮十二司のうちの闈司の長官）。その姪の継子は嵯峨天皇の宮人として皇子の参議源生を生み、同じく従三位に叙された。後に貞観八年（八六六）三月には、観世音寺の寺家人清貞ら三人が、笠麻呂が造寺使の時に寺家の女・赤須に生ませた子の子孫だと認められ、良民として筑後国竹野郡に貫された。この事件は清貞の祖父・夏麻呂が頻りに訴えたが、その存命中に認められなかったことも含め経緯が『三代実録』に記される。系図には、名麻呂の弟に肥人をあげ、その曾孫に本件の清貞兄弟が見える。

麻呂の弟の**笠金村**は、経歴は不明だが、上記系図には越前守に任じたという。万葉歌人として名高く、『万葉集』に約四十首（「金村歌集」も含む）もの歌を残した。作歌年次がわかるものでは、霊亀元年（七一五）の志貴皇子に対する挽歌から始まり、天平五年（七三三）の「贈入唐使歌」までの約二十年間の活動が知られる。仕えたのは元正天皇及び聖武天皇で、吉野・難波や紀伊・播磨などへの御幸に従駕の作が多く、宮廷歌人といえよう。『万葉集』の巻六では、天武天皇朝を神代と詠う笠金村の歌を冒頭に据える。天平三年頃の作成かという近江北部の伊香山・塩津山を越える時の短歌や越前の角鹿津（福井県敦賀市）で乗船のときの長短歌、合計六首もあって、越前国司赴任の裏付けかもしれない。後の『玉葉和歌集』にも、二首が入集する。子に賀古（叙爵）・猪養を記す系図がある。

笠一族から出た万葉歌人としては、ほかに**笠郎女**もあげられる。額田王や大伴坂上郎女と並ぶ代表的女流歌人であった。『万葉集』には合計二九首もの歌が収載され、大伴家持に贈った多くの相聞歌が大半で、一時は彼と恋愛関係にあった。家持と相聞歌を交わした女性はほかにも多いが、歌の技量の点では、笠郎女が最も優れるとの評価がある。生没年や系譜は不明だが、活動年代から金村や麻呂（沙弥満誓）などが父親に擬せられている。

吉備真備とその一族の活躍

吉備真備は、奈良時代八世紀後半の公卿で（生没は六九五～七七五）、文人でもあった。右衛士少尉下道朝臣圀勝の子として生まれ（出生地は下道郡八田村土師谷という）、天平十八年（七四六）に吉備朝臣を賜姓して、吉備氏本宗たる位置を明確にする。真備は在唐中に史経や陰陽・暦道に通暁し、帰朝して陰陽家としての才能を発揮した。このため、後世の陰陽師たちにより本朝陰陽道の始祖的な人物と仰がれた。それは早く平安時代の大江匡房の著作『江談抄』第三（十二世紀初頭成立）に見られる。平安中期の賀茂忠行以降、陰陽道を専担した賀茂氏にあっては、始祖に「吉備彦之孫、右大臣吉備麻呂」という名をあげるが（『尊卑分脈』など）、もちろん誤りであり、鴨氏の先祖に吉備麻呂（奈良時代初期の人で、従四位下按察使が極位。藤原不比等の妻・比売〔聖武天皇外祖母〕の兄弟）という名の者がいるにすぎない。

真備の事績を薨伝などに拠って簡単に記すと、霊亀二年（七一六）廿二歳のときに遣唐留学生になり翌年に入唐し、天平七年（七三五）に帰朝。唐礼百三十巻、大衍暦経などの典籍多数をわが国にもたらした。帰朝後は正六位下大学助にまず任じ、順調に昇進し右衛士督従五位上の時、九州で反乱の藤原広嗣からは、僧・玄昉とともに政権中枢から排除すべき対象とみられた。孝謙天皇や橘諸兄に重用されたが、藤原仲麻呂の企てで筑前守・肥前守に左遷、天平勝宝三年（七五一）には復帰して、遣唐副使で再び渡唐し帰朝、同六年に大宰大弐に任じ、造東大寺長官に遷任、従三位中衛大将として恵美押勝（藤原仲麻呂）の乱鎮圧に貢献して参議となる。天平神護二年（七六六）には正三位に叙位、ついで中納言・大納言、さらには道鏡の法王就任に伴い右大臣（当時七二歳）にまで同年のうちに累進し、後には正二位に叙されて、地方豪族から異例の大出世を遂げた。世に吉備大臣という。右大臣として下道郡大領も兼任しており、在地性は失われていない。

宝亀元年（七七〇）には称徳天皇の崩御後の皇位をめぐって藤原氏（百川や左大臣永手など）と対立し、白壁王（即位して光仁天皇）が後継者と決まって真備側は敗れた。この後しばらくは真備は右大臣にとどまるも、その一年後に再度辞職を願い出て認められ、その四年後に享年八一歳で薨去した。鎌倉時代に描かれた『吉備大臣入唐絵巻』（ボストン美術館所蔵）がある。著作には『私教類聚』、大和宿祢長岡と編纂の『删定律令』などがある。ほぼ同時期に唐に渡った阿倍仲麻呂と交友関係があり、ともに海外からの学生としての名誉を施したとされる。真備の菩提寺が倉敷市真備町箭田の吉備寺（もとの地に箭田廃寺があった。吉備氏の氏寺）であり、その北方近隣に箭田大塚古墳もある。

吉備真備の姉に**吉備由利**があり、女官で出仕して吉備命婦といい、真備と同様に称徳天皇の信任が厚かった。僧・道鏡が失脚して、天皇が病に倒れた後の百余日間は、由利だけが天皇の病床にあってその意志を下達したとされる。典蔵・尚蔵を歴任して従三位の高位に昇ったが、宝亀五年（七七四）に薨じた。真備の兄弟には、乙吉備、真事（一に直事）、広が系図に見え、兄・真備に少し遅れて天平二十年（七四八）に吉備朝臣の賜姓を受けた。このなかで叙爵したのは真事のみである。天平十七年（七四五）に下道朝臣直事は『文選音義』一巻を同族の下道朝臣福倍に付して写経所に送っている。

吉備寺（倉敷市真備町箭田）

真備の一族を見ると、叔父・圀依の子の牧雄も吉備朝臣となった。圀勝・圀依兄弟の祖父の古瀬臣は舒明天皇朝に舎人として出仕（その子・鹿瀬男も同様）したのが、中央官人のはじめと伝え、その弟の建縫臣は下道郡領家、下道朝臣姓の祖となった。その孫の下道朝臣長人は、太宰府少監を経て、宝亀十年（七七九）に正六位下で遣新羅使に任ぜられ、大和介外従五位下まで昇進した。このほか、下級官人で出仕した者も見えるが、省略する。建縫臣の弟の腸足は岡田毘登姓を負い、後に子孫で河内国志紀郡に移った者が神護景雲二年（七六八）に吉備臣を賜姓し（『続紀』）、『姓氏録』右京皇別に吉備臣であげられる。

同じ右京皇別で、真備の後裔は吉備朝臣で見え、それに続いて右京に掲載の下道朝臣は長人の後か。平安前期の貞観年間の医師、下道朝臣門継（生没が八一〇～八七四）は権針博士外従五位下となり、仏道に深く帰依し、臨終に際し髪をそり僧となった（『三代実録』）。

下道臣氏の先祖では、継体天皇朝頃の津布子臣から後の世代はほぼ定まるようだが、現伝の系図に世代欠落や混乱もあって、津布子臣の父祖も確かめがたい（現存の系図には、津布子の祖父を前津屋とするものもあるが信じがたい。一族の窪屋の子という説で巻末系図に記載した）。

真備の地元の下道郡には、中心の箭田に吉備寺があり、真備関係の記念碑が建立されており、産湯伝承の井戸跡などもある。また、古代吉備の重要な井堰、**湛井堰**《たたい》のすぐ近くにある秦原廃寺（秦廃寺。正木山の真東麓、高梁川西岸に位置）も下道氏関係の寺だったか（永山卯三郎は、地名や山城秦氏の大堰川の井堰、灌漑の利益を得る地域などから、湛井堰も秦氏関係とみており、薬師寺慎一氏もこれに賛意して、寺も秦氏とみるが、当時の備中における大族としての秦氏の存在は史料に認められず、疑問）。この堰は平安中期の『延喜式』の記事に存在が知られ、築造はそれ以前に遡る。秦原廃寺跡には立派な塔の心礎が残っており、出土する瓦等から飛鳥時代の創建とされる県内最古の寺院跡といわれる。

真備の大和での別業は、香具山から東北東に約一キロの吉備池周辺の十市郡香久山村、現在の桜井市西部の吉備集落あたりにあったと俗に伝える。「大臣薮」（又は大臣屋敷）と呼ばれる吉備池の西北約七〇〇メートルの地があり、吉備池の東南部ほとりには遺物・遺構が見られて、吉備氏の氏寺跡との想定もなされた。真備は浄利をこの吉備の地に建立し、心楽寺と命名して大日如来等を安置したが、それが後に再建され、万願寺、さらに蓮台寺の名になった（吉備池の北東近隣に位置）。その境

吉備池。一帯から九重塔をもつ古代寺院の伽藍（吉備池廃寺）が発見され、舒明天皇の百済大寺の遺構とされる（桜井市吉備）

内には「吉備大臣の墓」と伝える五輪塔もあるが、鎌倉後期の銘が知られる。ともあれ、吉備氏になんらかの縁があったものか。

後者の吉備池のほとりを奈文研・桜井市が共同調査した結果、巨大な金堂基壇など礎石群が遺存し、七世紀代の古瓦も出て、この寺院（吉備池廃寺）が舒明十一年（六三九）に造営が始まった「百済大寺」（最初の勅願・官営の寺）にあたることはほぼ確実だといわれる。百済大寺の建立を企てたのが舒明皇后の宝皇女（後の皇極・斉明天皇）で、その母が吉備姫王《ひめみこ》（吉備嶋皇祖母命《すめらみおや》の諡名。欽明天皇の孫で、桜井皇子の娘）であった。

楊貴氏墓誌の出土

真備の母とされる**楊貴氏《やぎし》墓誌**があり、江戸中期の享保十三年（一七二八）に大和国宇智郡大沢村（現・奈良県五條市西北部の大沢町）の火葬墓と推定される古墓から骨蔵器らしき壺とともに出土した塼（せん）の一枚といわれる。当初は同村蓮華寺に所蔵というが、何度か埋戻しされ、現在の所在は不明で、拓本だけが残る。その出土地とされる場所には文化十一年（一八一四）などに墓碑が建てられた。この墓誌には、七行四三文字で、「従五位上右衛士督兼行中宮亮の下道朝臣真備が亡母の楊貴氏を葬る墓。天平十一年八月十二日に記す。歳次（干支）は己卯」という内容が拓本に見える。

ところで、真備の父（下道圀勝）も亡母の為に墓誌を作成しており、それが、十七世紀末に、岡山県小田郡矢掛町東三成《ひがしみなり》の谷川という地から骨蔵器で出土した。合計四七文字で「下道圀勝弟圀依朝臣右二人母夫人之骨蔵器」と「和銅元年歳次は戊申（七〇八）」などの記事をもつ青銅製骨蔵器（下道圀勝圀依母夫人骨蔵器）が国指定重要文化財となり、出土地から約一キロ西の圀勝寺《こくしょうじ》に安置される。

出土地付近から、「左衛士府（一行目下欠）、夫人下□（□は道か。二行目も下欠）」の刻字のある塼も出て、この一帯は下道氏の墓域だったか。東三成には吉備真備を神として祀る吉備大臣宮があり、その北方の上高末には吉備津神社もある（岡山市の二社を除くと県内の吉備津神社は当社くらい）。

下道一族には亡母のために墓誌作成の慣わしがあったのかもしれないが、楊貴氏墓誌はわずか三十年弱前の圀勝等母骨蔵器に続くものであり、真備母の墓誌のほうは後世に偽刻されたものという可能性もいわれる。「楊貴氏」は八木造氏と同じかとみられているが、「楊貴」という表記では他に見えず（「陽疑、陽枳」の表記は史料に見られるものの、墓誌が年代的に唐の楊貴妃に先行しており、古代大和の八木氏も具体的には存在が不明）、『諸系譜』所載の「妹尾氏」系図には「従五位下倭海直男足の娘、髪長支姫」が真備の母という（こちらの記事の裏付けもない）。因幡の伊福吉部徳足比売《とこたりひめ》臣の例でも、和銅三年（七一〇）に埋葬されて鋳銅製の骨蔵器に刻まれた銘文が知られるが、当時の慣わしが上記の圀勝兄弟母夫人骨蔵器にも見られるように鋳銅製骨蔵器そのものに墓誌を刻むのであれば、この点でも疑問となる。「楊貴氏墓誌」は古代の墓誌の数少ない例ではあるが、墓誌の形状などの諸事情で怪しいとみる見方も多いようであり、当面、当否を留保しておくのが無難である。

備中の下道一族としては、史料に見える天平年間の人々として、窪屋郡軽部郷の戸主下道臣牛、同郡美和郷の戸主下道朝臣加礼比、賀夜郡大領従六位上下道朝臣人主らが見える。これらを併せると、備中では賀夜・窪屋・小田の三郡にわたり下道氏が分布していた。

吉備真備の後裔一族

真備には泉、与智麻呂、書足、稲麻呂、真勝という子があった。嫡子の泉が平安時代初期にかけて活動し、参議などを歴任して正四位上まで昇り、与智麻呂は叙爵した（延暦九年）。書足・稲麻呂の子孫には、陰陽生に任じた者（仲道、有道、時宗）が見える。

吉備泉（生没は七四三～八一四）は、称徳天皇の信頼が篤かった真備の子として、同朝では順調に昇進を重ね、次の光仁朝では大学頭、造東大寺長官を歴任した。桓武朝には天応二年（七八二）に伊予守に転じたが、しばしば告訴を受けた結果、同職は解任され、譴責で延暦四年（七八五）に佐渡権守に左遷された。更に同十四年（七九五）に父祖の出身地・備中国に移されるなどし、延暦二四年（八〇五）の赦免、帰京まで長く不遇を託った。

平城天皇が即位した大同元年（八〇六）に准参議に抜擢されたが、翌大同二年に参議の号の廃止と観察使制度の設置で南海道観察使に任ぜられ、翌年には正四位下まで昇るとともに、右、左大弁・右京大夫などを歴任した。嵯峨朝に入って、大同五年（八一〇）に観察使制度の廃止により参議となる。同朝では刑部卿などを兼帯し、正四位上に叙されたが、これが極位となり、その後、官を離れた散位で弘仁五年（八一四）に卒去した。

幼い頃より孔門の童子として評判が高かったが、生来の偏屈で短気な性格で、非協調的なことが多かった。上記の短所は老いても変わらず、こうした性格が六国史の卒伝でも述べられるから、それが後々まで子孫にたたったのかもしれない。

吉備泉の子が**吉備全継**《またつぐ》（全嗣）であり、官位は従五位下・伯耆守まで昇ったが、昇任時期の遅さからして吉備氏の凋落ぶりが分かる。承和十二年（八四五）になってようやく叙爵し、石見守に任ぜられた。仁寿二年（八五二）に美作介、天安三年（八五九）には上総介・伯耆守、貞観九年には尾張守に任じたが（『三代実録』など）、中級官人で官歴がおわり、その子孫も史料にほとんど現れなくなる。六国史の記事では、全継の孫の民淵が元慶三年（八七九）十一月条に中監物従五位下で見えるのが最後である。

平安中期では、延喜二年（九〇二）の鋳銭判官正六位上に吉備朝臣陸道が『除目大成抄』に見え、「吉備大臣の後」と記されるが、系図に民淵の孫と記載される。延喜十六年（九一六）には隠岐前司として吉備忠常も見える（『政事要略』）。系図には、陸道の従兄弟の列見に従六位下備中権介、その子の真国に播磨介正六位下という記事があり、これが正しければ、この頃まで中央官人として活動した。真国の子世代以降は、地元の備中国下道郡の郡司階層として続いた。その後裔のなかには、備中国小田郡矢掛《やかげ》村の丑寅宮（現・小田郡矢掛町矢掛の東部に位置する矢掛神社。祭神は吉備津彦命）の祠官家長谷川氏（後に朝倉と号）もあった。矢掛に下道氏の墓域があったことは先に触れた。矢掛町の中及び浅海には岩山神社もあって、祭神は建日方別命（いわゆる岩山明神）だろうとみられている。

上道正道の栄達と左遷

雄略・清寧朝の田狭と兄君・弟君が討伐をうけた後は、上道氏はいったん歴史の舞台から姿を消してしまう。その二百年ほど後の天武朝の八色之姓の賜姓にも漏れている。

上道氏の氏寺は、岡山市中区賞田にある**賞田廃寺**とされる。岡山市街地の北東、龍ノ口山南麓に位置し、湯迫・四御神の備前車塚古墳の南西二キロほどの近隣にもあたる。備前最古の寺院跡といわれ、飛鳥時代末から白鳳時代初期にかけて創建され、奈良時代末期に盛期があって、その後も縮小しながら戦国時代まで続いた。氏寺の西側には、終末期古墳で巨大な横穴式石室をもつ唐人塚《かろうとづか》古墳（円墳だが、墳丘は削平。牟佐大塚に続く時期）が先行して所在するから、なんらかの一族存続が知られる。この近隣には、備前国府跡や幡多廃寺跡（中区赤田《あこだ》。賞田廃寺の南方約二キロの地）もあり、この地域一帯は古墳時代から奈良時代にかけての古代備前の中心地の一つであった。幡多寺は白鳳期の創建とされ、岡山県下最大の塔の心礎が水田のなかに一つ露出し、発掘調査により金堂・塔の基壇・回廊や諸門などが確認され、国の史跡に指定された。これも上道氏の氏寺の一つと推測される。

奈良時代になって、上道臣斐太都《ひたつ》が姿を見せる。斐太都は、当初、中衛舎人を務めたが、天平宝字元年（七五七）に橘奈良麻呂らによる皇太子・大炊王（のち淳仁天皇）や紫微内相・藤原仲麻呂を殺害する謀反計画への参加を前備前守・小野東人から勧誘されると、逆に仲麻呂に対してこの計画を密告する。その結果、関係者への大弾圧が開始され、四百四十人超に上る王族・貴族が捕縛されて厳しい処罰を受け、謀反は未然に防がれた（橘奈良麻呂の乱）。この功により同年七月に従八位上から十五階も特進して従四位下中衛少将に叙任され、上道朝臣の賜姓もあり、同年末には功田二十町も賜与された。

こうした動きには陰謀の臭いもあるが、ともあれ右兵衛督・中宮大夫・宮内大輔という京官や、出身地に近い播磨・備前・備中・備後の国守など、地方官の顕職を斐太都は歴任し、天平宝字元年（七五七）閏八月に備前国造に任じて卒時までその任にあった。同六年（七六二）には淳仁天皇の側近として中宮院に侍すなど、仲麻呂政権下では地方豪族として異例の抜擢を受けた。これは、同じ吉備の豪族出身の下道真備（吉備真備）への対抗策でもあったか。名前も正道と変更した。同八年（七六四）の藤原仲麻呂の乱では、すこし前に備後守で赴任しており、翌天平神護元年（七六五）に和気王の謀反に連座した粟田道麻呂の飛騨員外介左遷と同時に飛騨守に任ぜられ、そこでは、以前より恨みを持つ道麻呂夫婦を幽閉し、死亡させた。神護景雲元年（七六七）九月に従四位下で卒去している。

正道の一族としては、延暦十六年（七九七）に外従五位下で玄蕃助に任じた上道朝臣広成、同二四年（八〇五）に正五位下に進叙の上道朝臣千若女が『日本後紀』に見られる。これより先、支族で臣姓の木工大允上道臣広成は、延暦十五年（七九六）に備前国の銀を採り、西大寺に備前国大豆田荘（上道郡豆田郷あたりか）を施入した功績があった。上道臣広羽女も女官として出仕し、天平宝字二年（七五八）に外従五位下に叙せられた。

これらの後には上道氏はまた沈淪したが、地元では天平十一年（七三九）の『備中国大税負死亡人帳』に都宇郡撫川郷鳥羽里の戸主として上道臣意穂《おほ》が見える。周防にも上道氏が見えており、天平十年（七三八）の「正税帳」に防人部領使の上道臣千代があげられる。畿内の河内国丹比郡（野中郷、三宅郷などと郷名が変化）にも、上道一族（姓は欠落）の戸主で百嶋、波提麻呂が従八位下ほどの官位で養老～天平勝宝年間に見える（『大日本古文書』）。

その後も上道氏はあまり見えないが、平安期にも下級官人として細々と続く在京の上道一族がいた。永延二年（九八八）に摂津介に任じた上道滋真、長和三年（一〇一四）の左少史上道行忠、長和四年（一〇一五）の朝集使正六位上掾上道実忠、万寿元年（一〇二四）に鎮守府軍監に任じた上道久頼、長元元年（一〇二八）に近江少掾改任の上道光成、朱雀天皇朝の右近衛将監上道守代、永承四年（一〇四九）に備後掾補任の上道忠職などがおり、『平安遺文』や『魚魯愚鈔』『類聚符宣抄』等に所収の文書に見える。

先にも触れたが、上道郡の高蔵神社の祠官本郷氏はその後裔と伝える（「高蔵神社杵舞記」、『吉備群書集成』第五巻所収）。同社に残る正慶二年（一三三二）の銘がある「正二位高蔵大明神」と彫られた鳥居の扁額《へんがく》の裏面には、「大願主国造神主上道康成」の記事が見える。

賀陽豊年とその一族

賀陽氏は、上道臣氏からの早い分岐だと系図ではいうが、応神紀に見える始祖伝承以外では、氏人の活動は上古では見えない。系図史料（「賀陽氏家牒畧写」等）などから考えると、雄略朝（ないし継体朝）頃の賀陽国造と見える真丹がその初期段階の模様である。真丹の四世孫あたりに置かれる七世紀前葉頃の広庭臣以降が歴代、吉備津宮の神主をつとめたと系図に見える。舒明天皇の子、賀陽皇子を生んだ賀陽采女（若媛）は広庭の娘と見え、『書紀』舒明二年条に「蚊屋采女」と記されて、これが同書での賀陽氏の初見である。

賀陽采女の兄弟の諸手の五世孫とされる小珠《おたま》が奈良の朝廷に出仕した。『続紀』には賀陽臣小玉女と見えて、六国史では「蚊屋采女」の次ぎに登場する。天平神護元年（七六五）正月に従七位上から外従五位下に叙せられ、その夏六月に小玉女は一族十二人とともに賀陽朝臣姓を賜わり、更に宝亀元年（七七〇）十月には無位和気公広虫（清麻呂の姉妹）らとともに従五位下に叙せられた。天平宝字八年（七六四）の正倉院の「雙倉北雑物出用帳」には薬調合用の「桂心小壱伯伍拾斤」を賀陽采女が宣を受けて取り出すと見えており、小玉女がこの該当者か（同文書には、和気広虫の夫・葛木宿祢戸主の名も見える）。神護景雲二年（七六八）二月には加陽安人が安芸目に任じたが（『正倉院文書』）、近親であろう。

小玉女のその後の活動は知られないが、系図にはその姪・手玉にも采女と見える。ところで、平安時代初期の皇族に賀陽親王（生没が七九四～八七一年）がおり、桓武天皇の第七皇子で二品・大宰帥となった。「高陽親王」という名で『今昔物語集』二四巻第二話に登場する（その建てた京極寺の付近の田に仕掛けを細工した人形を設置したことで、日照りの最中でも水不足を避けたと見える）。賀陽親王の母は多治比真宗（参議多治比真人長野の娘）といい、同母兄に葛原親王（子孫は清盛らの桓武平氏）があったのだから、名前は乳母に因るとみられ、その場合に手玉が乳母だったか（賀陽氏の一本系図には宗麿の姉妹が賀陽親王の母とも記載する）。

奈良時代の氏人では下級官人にも賀陽氏があり、経師の賀陽臣田主や鼓吹大令史の賀陽臣兄人なども史料に見える。備中のほうでは、天平十一年（七三九）の賀夜郡八部郷美濃里の戸主賀陽臣恵理麻呂、同郡日羽郷狭野里の戸主賀陽臣小枚などが史料に見える。

次ぎに平安時代初期の貴族・文人として名高い**賀陽朝臣豊年**《とよとし》（生没が七五一〜八一五）があげられる。六国史には豊年の系譜が見えないが、賀陽氏の系図には小珠の兄弟に見える（ほぼ同時代人で同様に朝臣賜姓の備前和気氏の和気広虫・清麻呂姉弟には、官位で各々及ばない）。

卒伝などに拠ると、芸亭院に通って経書と史書に精通し、文才は淡海三船・僧道融すら及ばないと称えられた。文章博士を経て、延暦十六年（七九七）に皇太子・安殿親王（後の平城天皇）の東宮学士となり、即位後の平城天皇朝では信任されて、まず陰陽頭となり、従四位下式部大輔にまで昇進するが、薬子の変（八一〇年）には関わっていない。この変の後に官職を退いたが、才能を惜しんだ嵯峨天皇の要請で播磨守に任ぜられ、弘仁四年（八一三）に病のため離任し、以後宇治の別荘で余生を送り、二年後に六五歳で卒去した。『凌雲集』に収められる漢詩は、撰者小野岑守と同数の十三首で、嵯峨天皇に次いで多く、死後に正四位下の追贈を受けて、国華（国の名誉）として崇敬された。豊年の子孫は知られず、備中一宮の吉備津宮神主職はその兄の高屋の子孫に長く伝えられた。

賀陽氏には氏寺もあり、賀陽郡服部郷域に白鳳期に創建とされる栢寺（廃寺跡が総社市南溝手字栢寺元。廃寺跡には浄土宗の賀陽山門満寺が江戸時代に再建）が比定されている。

平安期の吉備氏一族諸氏

十世紀中葉に藤原純友の乱が起こると、朝廷は全国の十三の大社に幣を献じて鎮定を祈願させた。吉備津神社もそのなかの一社で、乱が治まる天慶三年（九四〇）にはその功により一品という最高の神階を授かり、これ以降は明治まで「一品吉備津宮」と呼ばれて、篤く崇敬を受けた（吉備津神社縁起）。この乱において吉備氏一族から武士として関与した者は系図等も含め史料に端的には見えず、吉備における武士化の歩みは他地域より遅かった。ただ、純友配下で日振島にあった海賊集団魁師の一人、津時成は承平六年（九三六）に伊予守兼追捕海賊使の紀淑人のもとに帰順しており、この者は吉備の津臣後裔か。

平安中期以降にあっては、吉備氏一族で見えるのは、京の下級官人、吉備の神人くらいであり、前者には笠氏が多く、後者では賀陽氏・三野氏が代表的な存在といえよう。

平安前期後半頃には**賀陽氏**一族から出た宗成が『三代実録』に見える。貞観四年（八六二）に左大史正六位上で弟・真宗とともに左京職に貫し、同七年には備後介に任じた。宗成は上記の高屋の孫にあたる。『類聚符宣抄』天暦二年（九四八）に式部少録で見える賀陽真正は真宗の後裔か。『三代実録』にはまだ賀陽氏一族が見えており、姑子《ははこ》及び乙三野が各々貞観元年（八五九）及び仁和三年（八八七）に外従五位下から従五位下に叙せられており、姑子は宗成・真宗の姉妹で、乙三野はその姪である（乙三野は、貞観九年の叙位記事から女官と分かる）。賀陽氏の釆女・女官の輩出は、ここまで確認できる。

平安中期頃の賀陽一族の繁栄ぶりが『扶桑略記』の寛平八年（八九六）の条に記される。すなわち、備中国賀夜郡葦守郷（岡山市足守）に備前少目**賀陽良藤**がいたが、その兄は賀夜郡大領の賀陽豊仲、弟は大宰府の統領賀陽豊蔭であり、弟は吉備津彦神宮祢宜の賀陽豊恒、良藤の嫡男は兵衛志賀陽忠貞であって、彼らはみな「豪富の人也」と見える。賀陽豊仲・良藤兄弟は備後介宗成の甥にあたる。備前少目良藤が葦守郷で狐女と交わったという奇譚も同書逸文に見え、後裔が上足守村の鞍山城に居たと伝える（『姓氏家系大辞典』）。

賀陽氏の主要社家は、大領で神主であった賀陽豊仲の後という系譜があり、孫の宗敏の後が神主家・大祢宜家といい、その弟の良梁の後が上番・中番・下番（各月の上旬、中旬、下旬に神殿の宿直にあたる役割）・吉上所という諸家になった。後に養子縁組などもあり、諸家の系譜に入込みや混乱も見られるが、大きい流れとしてこのように分けられそうである。

延久二年（一〇七〇）のとき、吉備津宮の神主は賀陽貞政であった（宗敏の七世孫とも良梁の子・良友の子孫とも伝えるから、このあたりに養子縁組があったか）。『続左丞抄』によれば、吉備津宮神主賀陽貞政朝臣が勝手に社倉を移却したことで、被疑者として京都に召喚された。このとき氏人の正六位上賀陽朝臣致貞・正六位上賀陽朝臣清任・蔭子正六位上賀陽朝臣貞経らが連署して神祇官に対して、「神主が在京の間、神主の代官に氏人賀陽致貞を補任して神事を執行したい」と願い出て許可されている。蔭子貞経は貞政の子で、致貞は貞政の弟だったたか。貞政の子の貞家の後が神主家、その弟の貞村の後が大祢宜家として各々戦国時代まで続き、貞村の孫が栄西禅師であった。

賀陽氏の支族が周防の国衙にもあって、『東鑑』の文治三年四月条には同国在庁に散位賀陽宿祢弘方・散位賀陽宿祢重俊が見える。カバネからいって、奈良時代以前に分かれたものか。その後も周防の阿弥陀寺文書・東大寺文書など『鎌倉遺文』には、散位で賀陽姓の重永・真親・弘兼など多く見えるが、後裔は知られない。

笠氏の流れは、平安期でも中・下級の官人（弁官局、諸国国司）として永く現れ、四位に達した者も出た。平安前期の叙爵者として、庭麻呂、梁麻呂、永世、広庭、仲守、年嗣、数道、兄笠、出羽麻呂、潔主、岑雄、西子（典蔵）、豊興、名高、弘興、冬人、範子、道興、秋田（もと宇自可臣）、宗雄など、六国史に多く見える。十世紀でも下級国司などで見え、それ以降の官人では、十一世紀前葉に笠良信、笠永信など、同中葉頃に笠教良（左衛門志、主税権允）、笠高吉（右衛門府生。孝良とも記され、前者と兄弟か同人）が史料に見える。十一世紀後葉以降でも笠宿祢氏から下級国司等に任じる者が少ないがあり、寛治八年（一〇九四）の『除目大間書』には笠宿祢義時（大舎人番長正六位上から任伯耆掾）、笠宿祢武重（従七位上で任伊予少目）、養和元年（一一八一）の公文左衛門番長笠俊兼（『東大寺文書』）、鎌倉期に入っても寛喜二年（一二三〇）に大和国十市郡の土地売却に関して笠姉子（『東大寺文書』）、寛喜三年（一二三一）に刑部丞笠貞親（『民経記』）、が見える。

若狭国遠敷郡の**若狭彦神社社務家**も、平安中期頃から笠氏が世襲した。その初代が笠節文《たかふみ》（従五位下陰陽助名高の子という）とされ、『若狭国鎮守一二宮縁起』には、若狭彦・若狭姫両大明神垂迹の時に笠節文が奉仕し、それ以後は子孫が代々社務職を相続したと見える。『若狭国鎮守一二宮社務代々系図』が現在に遺される（『小浜市史 社寺文書編』などに所収）。

社務家は中世には牟久氏を号し、支族には分かれて常陸の佐竹氏に仕えたものも出た。節文がどのような事情で若狭に行ったのかは不明だが、あるいはなんらかの女縁だったか。節文の父の笠名高については、「従五位下行陰陽助兼権陰陽博士笠朝臣名高」と『政事要略』巻二五の貞観二年（八六六）に見え、同十三年（八七一）に没した（『三代実録』）。名高の長子・助文は陰陽少允と系図に見えるが、その後裔とみられる陰陽師笠善任が『小右記』長和三年（一〇一四）十月及び寛仁二年（一〇一八）三月条に見える。

笠氏の流れや活動は、このほか出雲（天平十一年の出雲郷伊知里の笠朝臣吉備麻呂）や周防（延喜の玖珂郡玖珂郷戸籍）、越中などにもあった。『類聚符宣抄』巻一には、笠宿祢姓の人も見える。中世の周防大内氏の重臣に笠井氏が見えるが、あるいは古代笠氏の末裔か。

白山本宮神主の上道氏

加賀白山本宮、現在の白山比咩神社（石川県白山市、旧石川郡鶴来町）の神主家は、『白山記』に寛弘（一〇〇四～一〇一二）以来、上道氏が世襲したと見える。白山社所蔵の『白山本宮神主職次第』（『白山比咩神社叢書』に所収）には、神主職を継承した上道氏の系図が記載され、一条院の寛弘二年（一〇〇五）に国司庁宣で同社検校に任じた氏吉から始まる。

一族の多くは、宮保・笠間・柏野・宮丸などを名乗り、手取川旧河道の下流域に集中して居住した。宮丸四郎大夫の上道氏明と長男の氏信、次男の氏家の三人が、後鳥羽院の西面衆となり、承久の乱の時に氏明は白山本宮の神主職にあったが、乱後に同職を没収され、甥で嫡統の宮保氏盛が神主とされた。その後もこの一族は同職を世襲し、嫡統は鎌倉末期頃に絶えたが、支流の笠間氏系統が継ぎ室町期も続いた。『歴名土代』には、加州白山神主上道氏栄（氏盛の八世孫）の天文四年（一五三五）

の従五位下叙位が見える。上道氏は室町後期から東神主をつとめ、江戸前期の寛永十四年（一六三七）に退転したという。

白山神社は祭神を菊理媛神（白山比咩）及び伊弉諾・伊弉冉二尊とする。社家では、上道保命を祖と伝えるが、この者が吉備氏一族から出た確証はない。むしろ、地域的に考えると、古代道君の後裔がそのように称したものかもしれない。名前から見て、上道保命の兄弟か同人らしき上道佐命という者が『小右記』の永観二年（九八四）十一月に左近衛将監として見えるから、「保命」は上記の氏吉の父に当たる世代とみられる。

当該社家につながる者かどうかは不明だが、『類聚符宣抄』第七には、応和三年（九六三）二月に従七位上の上道公友木を勘解由使史生に補任する記事が見え、その七年後の天禄元年（九七〇）十二月には勘解由使史生で従七位上の上道公安木の死去が見える（表記は異なるが、職務は同じで漢字表記も似るから、「友木・安木」は同人とみられる）。

九州の国前・葦分両国造と各地の笠氏

九州北部、豊後の国東半島にあった国前国造の系譜は、奇妙な点が多い。角鹿国造の系図にも、祖の建功狭日命の兄弟に菟名手《うなて》命をあげて、国前国造の祖と記されるものの（「国造本紀」では吉備都命の六世が午佐自命）、その後の歴代の流れが不明である。中田憲信編の『皇胤志』には、後世の偽作とも思われる奇妙な名前で歴代が続くから、この辺は信頼できない。この国造の本来の系譜は宇佐国造あたりの九州の古族の流れではないかとも思われるところもあり、中世には族裔とみられる諸氏では多く紀姓を称した。先祖の名前は、景行紀十二年九月条に「国前臣の祖・菟名手」と見え、この者は『豊後国風土記』逸文では豊前北部の豊国造の祖ともされるが、「国造本紀」には、豊国造条に成務朝に置かれ、伊甚国造と同祖の宇那足尼が定められたとあって、吉備氏の系とは整合しない。以上の諸事情から、菟名手関係者が吉備一族の出と伝えるものの、当否は留保しておきたい。

鴨別が神功皇后の遠征に随行して熊襲を討ったという伝承が『書紀』に見え、九州では阿蘇あたりを中心に笠氏を名乗る一派が見える。その系譜には不明な点が多く、九州の笠氏は、吉備とは別系の笠氏ではないかとしておく。そうしたものは次のようなものか。

①肥後の阿蘇国造の一族から出た模様で、阿蘇社神官の笠朝臣氏。

②阿蘇郡小国郷より起る豪族葉室氏（後に、室氏という）は、初め笠氏を号したが、豊後清原氏の一族ともいう。

③筑前国島郡に笠臣が見えるが、系譜不明であり、この族裔かもしれない笠氏が大宰府官人や肥前国佐嘉郡にも見える。

阿蘇神社の社家諸氏は、往古より「皆血脈ヲ以テ相続ス」（『神道大系　神社編五〇』一八二頁）というが、そのなかで阿蘇氏（宇治部宿祢）、草部氏（草部宿祢で、下田、草部）、山部氏（山宿祢で、宮川）と共に、阿蘇山上の社である天宮社の祝は「笠朝臣」を称した。平安後期頃から笠氏が天宮祝に任じ、重要神事には天宮祝が常に座の中央に着座する慣わしであった。天宮祝は今村を苗字としたが、その系譜を考えると、阿蘇国造一族から出た山部ノ阿弭古《あびこ》が山部宿祢、後に山宿祢となり、そのなかから出て笠朝臣を称した模様である（阿蘇社の権擬大宮司にも今村氏があり、山宿祢を称した）。

関連して言うと、早稲田大学を創立した大隈重信が出た大隈氏は、戦国時代末に筑後国大隈村（現福岡県久留米市梅満町）に住んで大隈を名乗り、後に肥前に移住して鍋島氏に仕えた。その先は笠氏とか葦室氏とか言い、豊後の清原氏の末裔と称し、また実系は菅原道真後裔ともいうが、これら系図は、世代数が多過ぎるなど内容に様々な混乱や不審点がある。従って、これら諸氏（上記③を除く）は阿蘇国造の支族の流れという可能性もある。

肥後南部におかれた葦分国造についても、「国造本紀」では「吉備津彦命の子、三井根子命」を景行朝に国造に定めたとある。葦分は葦北とも書き、熊本県の水俣市・八代市・葦北郡あたりを領域とした。この系譜も疑問が大きく、本来は吉備氏とは別系かとみられる。実際の系譜は難解であるが、阿蘇国造一族で笠朝臣を称した一派と関係したか。

このほか、近江の琵琶湖東岸南部の栗太郡に「笠」にまつわる地名（草津市の南笠、上笠、下笠、笠山など）が残る。下笠には「笠宿祢の本貫とされる西照寺跡」、南笠には「笠氏が建立したという笠寺跡」がある（ともに『滋賀県の地名』）。これら地名の東方近隣、栗東市荒張にある金胎寺の阿弥陀如来像の胎内文書（『平安遺文』金石文編二六五）には、永治二年（一一四二）五月附で結縁男女のなかに笠氏二名、犬養氏、清原氏三名、物部氏などの名が見えるから、現実に笠氏が当地付近に居た。これら笠に関連する地名が美濃国多芸郡笠郷村（現岐阜県養老郡養老町の下笠・栗笠・船附あたり）にもつながりそうである。

八　中世・近世の吉備氏一族の後裔たち

吉備地方では平安末期頃は平家の力が大きくおおっていたため、その滅亡後は、源氏に味方した東国武士が多数、地頭で入り込んだ。更に承久の変では、院方北面武士の藤原秀康が備前守で吉備津宮野地頭職などを知行した事情から、多くの東国武士が新補地頭として吉備に移ってきた。このため、古来からの地付きの武家が吉備では殆ど育たなかった。そうした事情ではあるが、平安末期頃からの吉備氏系の武家や社家の動向も見ておく。

中世の吉備氏系の武家―妹尾氏と陶山氏

平家全盛の時代までに、吉備地方は知行国などでその配下に入ったようである。そのなかでも**妹尾太郎兼康**や、難波次郎経遠・同三郎経房兄弟が平家の家人として著名で、『保元物語』『平家物語』などに清盛の侍大将的な存在で見える。後者の難波氏は白猪屯倉管掌者たる田使首（葛城国造族）の後裔という系図が残る。

妹尾（瀬尾）氏のほうの系譜は不明である（藤原鎌足後裔や桓武平氏というのは明らかに系譜仮冒）。活動地域等を考えると、備中国に起る吉備朝臣氏末流とみるのが、比較的穏当と思われる（鈴木真年著『史略名称訓義』に同じ。起源地は、都宇郡妹尾村（現岡山市南区妹尾）といわれる）。その具体的な系図は不明であって、妹尾太郎兼門の孫が兼康だと伝える程度である。兼康の所領が賀夜郡板倉郷（備中一宮の吉備津神社あたり）とされるが、系譜から考えると、下道郡妹村（現倉敷市真備町妹）との関係も考えられる。吉備真備の末孫、武興が下道権大夫と名乗り、当地の地主になったと系図に見えるが、関係は不明である。

兼康を祭神とするのが井神社（湛井堰の守護神）に併祀の兼康神社であり、総社市井尻野（高梁川中流東岸）にある。兼康は**十二箇郷用水**を整備した功績で、水の神様（罔象女神・水分神を祀る）とともに祀られる。この用水は湛井堰《たたい》から高梁川の水を引いたもので、吉備中枢部を潤し、用水域は刑部・真壁・三輪・八田部・三須・服部・庄内・加茂・庭瀬・撫川・庄・妹尾の十二郷（総社市・岡山市・倉敷市）、約四千五百ヘクタールに及ぶ。

妹尾兼康は保元及び平治の乱に参陣し、源平合戦のなかで倶利伽羅峠で木曽義仲軍に捕縛されるが、欺いてこれを脱出し、備中で挙兵する。その最期は、『平家物語』巻八に「瀬尾最期」という一節に書かれる。寿永二年（一一八三）十月、兼康と小太郎宗康（兼道などの別名もある）の親子は、平家に忠義を尽くして反源氏で挙兵し二千余騎を集めて陣を張り、義仲軍の倉光成澄を討ち取るも、敗れて討死した。小太郎宗康の四世孫にあたる兵衛太郎共房・二郎郷房兄弟は大判事中原章房を暗殺したが、後に後醍醐天皇朝に章房の子・章兼により討たれた（鈴木真年著『史略名称訓義』）。これら妹尾一族の後裔はその後も吉備地方にかなり残り、備中国小田郡下稲木村兼保（井原市下稲木地区）や美作に見える。

備中国小田郡の**小田臣**・**小田朝臣**氏は、居住地などから見て、笠臣と同族系統かとみられる。同郡矢掛町小田の神戸山城には小田氏が居城し、当地に日吉神社（山王さま）や武荅《むとう》神社（祭神は素盞嗚神）がある。同町域に鵜江神社が二社、鵜成神社や貴布祢神社もある。

小田臣も大族で、奈良時代には朝廷に出仕し（天平十七年の「中宮職解」には、従七位上行少属小田臣枚床が記載）、天平勝宝元年（七四九）に外従八位上小田臣根成が外従五位下に昇叙した。天暦八年（九五四）には式部省白丁小田臣豊郷（備中国小田郡人）が小田郡大領を望んだので、同姓の遂津に替えたと見える（『類聚符宣抄』巻七）。次ぎに、康和二年（一一〇〇）正月には采女従五位上小田朝臣幸子も見える（『朝野群載』巻四）。

中世の小田郡の大族は笠岡山にあった**陶山《すやま》氏**であり、笠岡浦の豪族ということから古代笠臣の後裔か（『姓氏家系辞書』等）。小田郡陶山邑に起るとされ、吉備在地の笠臣の族裔でよかろう（その場合、先に述べた笠評君大古臣の族裔か）。有田の陶山神社の西方近隣には須恵器窯跡もあり、「陶山」の地名はこれに由来する。陶山の一族には杉・田辺・原のほか、西側近隣の備後国深安郡の坪生《つぼう》などの諸氏がある。坪生（広島県福山市坪生町）には産土神で寒森神社が鎮座するので、陶山一族が楽々森彦の後裔を示唆する。この辺まで見ても、楽楽森彦と留玉臣との関係は不明だが、同族で近親（親子ないし兄弟?）くらいか。楽々森彦と遺霊彦とは「共に高田村に住む土豪の神」だとの表現もある（加原耕作氏執筆の『式内社調査報告』備中国賀陽郡の鼓神社の項）。

陶山氏は、平安後期から室町末の十六世紀前葉頃まで、数度の浮沈を重ねつつ笠岡で勢力をもちつづけた。始祖や姓氏には諸説があるが、中央官人の平姓とか大江姓、藤原姓というのは疑問が大きい。所伝では、嘉承二年（一一〇七）に陶山盛高が平正盛に従って源義親を討ち、その功により魚渚・西濱・甲弩を賜り陶山城を本拠地とした（平姓を称したのはこの故か）。九州で悪行を働いた源義親が追討された十二世紀前葉頃から、吉備地方でも武士化の進行があり、西国に勢力を伸ばしてきた平家の傘下に入った。妹尾氏でも妹尾兼康の祖父から名が知られ、ほぼ同様な時期となる。清盛の祖父・正盛のころから平家が吉備を押さえはじめた（正盛・忠盛親子は備前守を各々二期、忠盛は美作守も二期つとめた）。

源氏が台頭して平家が滅亡するとともに、陶山氏は一時離散する。妹尾太郎兼康が戦死の場面には、兼康方の部将（郎等か）として陶山高頼または陶山道勝の名前が見える（『源平盛衰記』）。兼康の遺骸は陶山道勝により葬られ、吉備津の道勝寺となった（岡山市北区吉備津の道勝寺跡宝篋印塔）。最近、それが発掘されて、出土場所・骨の傷等の諸事情からみて、加原耕作氏（前県立博物館長）は兼康に間違いないとみている（『岡山県の歴史』）。

鎌倉期に入って北条時頼に仕え、弘安の役の軍功で陶山氏は再び笠岡を領地とする。藤三義高は元弘の乱には幕府方として後醍醐天皇に敵対し、笠置山の戦いで軍功を立てたが（『太平記』など）、その後に六波羅探題北条仲時らとともに近江北部の番場宿で多くの陶山一族が自害した（『近江番場蓮華寺過去帳』）。ここでまた存亡の危機に立つが、義高の子の高直は足利尊氏に従い、吉備の小旗一揆旗頭として活躍し、足利幕府に奉公衆で仕え弓術に長け「射手衆」として名高い。文芸方面でも交友が広く、連歌師の宗祇や兼載が笠岡を訪れた。応仁の乱で幕府の権威が堕ちるとともに陶山氏も次第に衰えて、十六世紀前葉に没落した。竜王山には山城跡がある。支族に杉氏の名も見えるが、あるいは周防の大族杉氏も陶山同族の出かもしれない（ともに平姓とか大江姓と称した事情もある。陶山・吉田・坪井も長州毛利藩中にあり〔明治三年の『萩藩給禄帳』〕、吉田松陰の実家は杉氏であったことにも関係か）。

この一派が早くから瀬戸内海諸島や讃岐など四国北部沿岸地帯に進出し、**真鍋氏**などになったとみられる。真鍋島は、もと小田郡に属し、笠岡市街地の南方、瀬戸内海に浮かぶ笠岡諸島に属する島の一つであり、ここにも天神社がある（旧陶山村の東隣、旧大戸村〔笠岡市東大戸〕にも天神社が鎮座）。この地に発祥した一族の流れが、平安後・末期頃から海賊（水軍）としておおいに活動し、主に讃岐・伊予・阿波・和泉や土佐・周防・長門など瀬戸内海を囲む地域に広まった。村上海賊の村上氏も同族であったか（以上の陶山氏及び真鍋氏については、拙考「真鍋一族の歴史」〔真鍋敏昭氏と共同執筆〕参照。『姓氏と家系』誌第八～十号に掲載）。

後月郡の**笠原氏**は、支族が室町中期に伊勢早雲に従い関東下向しており、小田原北条氏の重臣で武州橘花郡小机に住した。播磨や美作の衣笠氏も古代笠氏末流の可能性がある。これらのほかに、吉備氏族系の武家としては真壁、多治部（多治目）くらいか。

臨済宗の開祖栄西の系譜

臨済宗の開祖、**栄西禅師**（明庵栄西、千光法師）は平安時代末期から鎌倉時代初期の僧で（生没は一一四一～一二一五年）、京都五山の建仁寺や鎌倉五山の寿福寺の開山でもある。永治元年（一一四一）に吉備津宮の権祢宜賀陽貞遠の子として、備中川入で誕生しており、幼名は千寿丸で、曽祖父は吉備津宮大祢宜で薩摩守貞政とされる。栄西の甥の貞光が『東鑑』の文治四年（一一八八）二月条に吉備津宮領西野田保地頭職で見える。

十四歳で比叡山延暦寺にて出家得度して天台学を修め、形骸化し貴族政争の具と堕落していた日本の天台宗を立て直すべく、平氏の庇護と期待のもと仁安三年（一一六八）に南宋に留学した。

天台山万年寺などを訪れて同年秋に帰国したが、文治三年（一一八七）には再び入宋し、建久二年（一一九一）に虚庵懐敞より臨済宗黄龍派の嗣法の印可を受け、同年に帰国した。建仁二年（一二〇二）、将軍源頼家の外護により京都六波羅に建仁寺を建立し、建永元年（一二〇六）には重源の後を受けて東大寺の大勧進職に就任した。建保元年（一二一三）には権僧正に栄進し、将軍源頼家の子の栄実が栄西のもとで出家している。建保三年（一二一五）に享年七五歳で病没した。著作には、『興禅護国論』『喫茶養生記』『出家大綱』『無明集』などがあり、廃れていた喫茶の習慣を日本に再び伝えたことでも知られ、栄西から茶種を贈られた明恵上人は、京都の栂尾高山寺内に植えたという。

同じ頃に活動した美作出身の僧に浄土宗を開いた**法然**がいる（生没は一一三三～一二一二年）。同じく比叡山で天台宗の教学を学び、承安五年（一一七五）には、専ら阿弥陀仏の誓いを信じ念仏を唱えれば、死後は平等に往生できるという「専修念仏」の教えを説いた。美作国久米郡（現・岡山県久米郡久米南町）の押領使・漆間《うるま》時国の子とされる。

源智上人造阿弥陀如来立像
（宗教法人・浄土宗提供）

法然の没後まもなくの建暦二年

（一二一二）に、弟子の勢観房源智（平重盛の孫）が師恩への結縁者を募って造ったのが、滋賀県甲賀市信楽の玉桂寺に残る阿弥陀如来立像（国指定重文）である。像の内部から像造願文・結縁交名などの文書が発見され、信空・証空ら法然教団の主要人物を含め、四万六千超にも及ぶ男女の結縁交名のなかには、法然の出自した漆一族の名（漆善哉、漆弘信など）のほか、上道・笠・下道・和気・新見など吉備地方の人々や、越前の敦賀姓、越中の射水・砺波・井波姓など古代からの氏の名も見える。

法然の一族も美作の大族で、吉井川流域の久米・苫田郡に定住し、苫田郡の美作二宮高野神主家の立石氏を本宗とした。その系譜は豊前宇佐神官の漆島氏の後というが、系譜仮冒であり、当地上古来の久米氏族の流れとみられる（漆間の姓氏は漆部直か。漆部造・漆部連は物部氏族というが、これも系譜仮冒。拙考「法然の生家美作漆間一族の出自と系譜」〔『家系研究』誌第三八～四一号〕及び本シリーズの『大伴氏』をご参照）。

近世に至る吉備系神社の奉斎

吉備津神社については、藤井駿氏の『日本の神々2』の吉備津神社の記事が要を得て詳しく、以下はその辺を踏まえて記しておく。

江戸後期の文化文政の頃、賀陽貞持の著『吉備津宮略書記』によると、室町前期の応永頃まで当社に奉仕した神官は常に三百家に及んだ。天正以降でも神主を初め「みやっこ」の家は七十余家、番匠（大工）・陶師らを合せると八十余家もあった。そのうち、神主などの重職は賀陽氏であり、それに次いで神饌を司った御供座は藤井氏と堀家氏、神楽座は藤井氏と河本氏で、そのほか宮侍の家が十数家あった、という。

賀陽氏は賀陽国造の後裔であり、神主家の宗家は平安末期頃に備中国賀陽郡足守郷から約八キロ南方の吉備津宮の西南近隣に移住した。それが、岡山市北区川入の伝賀陽氏館跡という遺構であり、一族はいくつかの神官職を世襲して中世、近世に及んだ。鎌倉時代以降も神主家・大祢宜家・祝《のりと》家・左行事家・右行事家・吉上家（ここまでを六正官といい、神部という）、上番家・中番家・下番家などいくつかに分れて神務を分掌した。室町期の応永三二年（一四二五）の「吉備津宮正殿遷宮次第」には、神主賀陽吉治以下、大祢宜、左右行事、上中下番に賀陽氏の氏人が見える。同氏に伝えた系図や記録によると、本宗は賀陽高治を最後とし、天正二年（一五七四）に嗣子なくして絶家となった。大祢宜家もほぼ同じ頃の弘治二年（一五五六）に没した貞足で絶家となり、その他の一族も多くが衰滅したが、祝師と上番・中番・下番という四家の賀陽氏が江戸時代まで続いた。

藤井氏も王朝時代から当社に仕えた祠官で、六正官（賀陽氏）に次ぐ御饌司一人、大饌司兼本宮司一人が、ともに藤井氏とされる。その由来は必ずしもはっきりせず、姓氏も経緯不明だが藤井宿祢を称した（賀陽姓とか、先祖を中臣または渡来系の葛井宿祢というのは疑問。延喜八年の周防国玖珂郷戸籍に、三家史・三宅史や三乃、白猪など吉備の姓氏と共に見える無姓の「葛井」か）（注）。藤井氏の神祇奉仕が史料に見えるのは、斉衡三年（八五六）六月に吉備宮奉造のときに供奉したという藤井宿祢高雄（正六位下備中大目）あたりが最初のようである。次第に一族が繁衍して多くの家を出したので、それらの混同を避けるため祖先の名を付して、藤井高安家（本宗格）、藤井末吉家（賀陽氏の後だという）、藤井正安家などと呼ばれた。

近世の初頭頃、藤井氏を称する社家は次第に繁衍して三十余家にもなった。なかでも御饌司と大饌司を世襲した藤井高安家・同末吉家は、賀陽氏四家と共に社家頭として七十余家の社家達を統率して社務を司り社領の支配に当ったが、十八世紀初頭頃の事件により六家とも追放された。代って藤井氏三家（高利家、重安家、重末家）、堀家氏二家（清政家、末政家）が新に社家頭となり、各々が五位に叙せられ国守名を名乗って、明治維新に及んだ。

（注）吉備社神官の藤井氏の系譜は謎が多く、渡来系で白猪屯倉管掌の葛井連の後とするのもあるが、古社祭祀からいうと、備前国の上道郡藤井村（現・岡山市東区藤井）か、邑久郡藤井村（現・同市東区域で、安仁神社が鎮座）に起る吉備古来の氏族とするのが妥当か。

中田憲信編『皇胤志』には、景行天皇の子に吉備兄彦命をあげ、その子の葛井命に吉備藤井別の祖と記される。吉備兄彦は『古事記』にも景行の皇子（妾の子）として見え、『書紀』『旧事本紀』に成務天皇の同母弟（八坂入媛の所生）とされる。これらの信頼性に疑問があるが、総合的に考えると、系譜は鴨族、美濃の三野前国造の流れを引くものか。美濃国では東北端部に加茂郡白川町三井藤井の地名、その東南方向に笠置山もあり、大和でも山辺郡の竜王山の付近に笠・藤井の地名が隣接する。京の下鴨社神官にも神工棟梁や鍛冶工職などで藤井姓が見える。

社家の**堀家氏**（堀毛）も古来世襲の神官で、留霊臣命の裔と称したことは先に触れた。一族は数家に分れ、中世には吉上・横箭などの役を世襲し、藤井氏と共に御供座に属した（応永末期に御供所所司で見える「紀高延」は藤井氏か）。堀家清政家と堀家末政家は前記の藤井氏三家とともに社家頭としてあり、備前一宮の祠官にも堀家氏が見える。社家の河本氏も十家ほどで、藤井氏の九家と共に古くより伶人として神楽座を組織した。これらのほか、服部・長谷川・岡田・矢尾・中田・江国・浜野・灰原などの諸氏があった。

総じて言えば、江戸時代社家の組織としては社司五家、御供座社家二十四家、神楽座社家二十家、無座（宮侍）社家十家、神子家数家など、合計七十家ほどの社家があった。明治二年（一八六九）には神領を新政府に奉還し、ついで明治四年には国幣中社に列せられ、宮司・祢宜・主典などおかれることとなり、従来の社家は失職したり、他国に転出するもの、絶家となるものも多く、旧来の祭祀も習慣も一変するにいたった。

備前一宮のほうの**吉備津彦神社**は、三野臣姓の大守氏が主流であった。『姓氏家系大辞典』の記事（キビ第9項）を踏まえて維新前の主な社家を記すと、次のようなものがある。

大守氏には大藤内家神主、祝部兼中番、権祝部兼下番、三官左行事の諸家があり、浅野氏は傔授兼上番、神子、御餅別当をつとめた。ほかに横部、熊代、竹原、和気島、小山、黒住、中山、内田、深井（社家三老の一）、難波（深井と同族で田使首姓）、堀家などの祠官諸家もあった。鈴木真年は、大守社務家が三野臣、祝部家が田使首とし（『列国諸侍伝』）、吉備津宮公文の浅野が開化天皇後裔の阿宗公姓と見える（『苗字尽略解』。ただし、系図・出典は不明）。上記の社家にはこれらの同族諸氏も多くあろうが、殆どが系譜不明である。同社は、戦国後期の永禄年間に日蓮宗を篤信する備前西部の覇者・松田氏に逆らったとして社殿を焼かれ、慶長六年（一六〇一）に備前国主小早川秀秋により再興されている。

吉備氏一族から出たその他著名人

ここまで触れなかった吉備氏関係の著名人について、中世・近世を主体にあげておく。

雪舟（雪舟等楊）は、室町時代中期に活動した水墨画家・禅僧である（生没は一四二〇～一五〇六）。

備中赤浜（現在の岡山県総社市）に生まれ、生家は小田氏とされる。総社市井尻野の宝福寺は、雪舟が少年期に修行し、鼠の絵の逸話が有名である。京都相国寺で修行した後、周防に移って大内氏の庇護をうけ、遣明船に同乗して中国に渡って李在より中国の画法を学んだ。帰国後、山口に雲谷庵を結んで本拠として活動し、日本独自の水墨画風を確立したとされる。石見の益田で死去した。雪舟が築いたと伝える庭園も残る。

次ぎに吉備津神社氏人では、『元亨釈書』に見える平安後期、寛治年間の吉備津宮祠官の藤井久任が著名であり、江戸期にも藤井高尚は宣長門下の国学者として名高い。

藤井久任は、『元亨釈書』『拾遺往生伝』によると吉備津宮の神官で、寛治四年（一〇九〇）に都宇郡撫河郷の柴津岡に薪を積んでその上に座し、念仏を唱えながら往生の素懐をとげた、火定（焼身）の人として伝える。『郡郷考』には、古の撫河とは日畑（吉備津宮の南西近隣で倉敷市北東部。岡山市北区の中撫川の北隣）あたりで、今の撫川は新田の地だという。

宝福寺に展示された「涙でネズミを描いた雪舟」の絵
（総社市井尻野）

藤井高尚《たかなお》（生没は一七六三〜一八四二）は、藤井高利家の社家頭藤井但馬守高久の子であり、正五位下位長門守に任じた。伊勢の本居宣長に入門して、国学の普及につとめ、平安朝の古典文学研究に大きな業績をあげ、『伊勢物語新釈』『古今集新釈』『松の落葉』など多数の著書がある。その孫娘の婿に藤井高雅《たかつね》（下総守。旧姓堀家。緒方洪庵の外甥）がおり、社家頭を継ぎ、尊王攘夷運動に加わるも浪士により文久三年（一八六三）七月京都で暗殺された。もと岡山大学教授で吉備史研究大家の藤井駿氏も、吉備津神社宮司の家系という。

黒住教祖の**黒住宗忠**は幕末の神道家で、備前の吉備津彦神社社家一族から出た（祖先の系譜は不明）。御野郡中野の今村宮（旧県社。岡山市北区今で、天照大神・八幡大神等を祭祀し、三社八幡宮ともいった）に奉祀の祢宜宗繁の子とされる。難病克服の過程で天照大神に対する信仰に目覚め、神秘体験を経て独自の信仰を確立したという。皇族・公家のなかには帰依する者が多く、宗忠の死後、神道権威の吉田家より「宗忠大明神」の神号が授けられた。

江戸前期の儒者、**貝原益軒**（名は篤信）の先祖は吉備津神社の下級神官だという（灰原に同じか）。藤原姓を名乗り、祖父信盛（宗喜）が九州攻めの際に黒田孝高に出仕し、それ以降、福岡藩に仕えた。阿曽の鋳物師には林・富岡・貝原などがあるとされる。

まとめ ― 吉備氏についての総括

古代氏族について学究たちがよく用いる「擬制的系譜結合」という表現・見方には、基本的に否定的な姿勢を私はとってきた。具体的な根拠なしに古代氏族の系譜が信頼できないとか、こんなに一族諸氏が多いはずがないという予断のもと、こうした表現が使われがちだからである。たしかに古代、中世を問わず、系図の偽造は実際にもきわめて多い。古代でも現にそうした系譜仮冒が見られるものの、個別に具体的に考えていくべき問題である。だから、総じての表現として、「系譜擬制」とか「擬制氏族」（系譜擬制による氏族結合で、中世の党的結合と類似）という言葉はあまり使うべきではない、という立場である。

先に、出雲国造一族にこうした「擬制」の匂いを感じたことがあり、天孫族系の出雲国造出雲臣の系統と海神族系かともみられる神門臣の系統との二系統の混在を思ったことがあったが、これが確たるところまでは至らなかった。ところが、こと吉備氏一族を名乗るものについては、それら一族諸氏の個別祭祀などの行動を具体的に見るとき、実際に「系譜擬制」として取り扱わないと、この古代氏族の実態を見誤るおそれが強くなると感じる。この意味で、「吉備氏」というのは古代でもたいへん特異な氏族であった。

ここまでの記述に見るように、吉備では擬制的な形での氏族結合も一部あったことが具体的にわかってきた。その基礎には、たんなる異系からの擬制ばかりではなく、特定の吉備氏二系を基幹として、これと度重なる通婚ないし母系などに因む濃い血縁事情があった。こうした諸事情は、吉備が「部族連合国家」であったという見方に私が与するものではない。地域的に見ても、様々な諸氏が混然と永く存続した事情だとみている。

この辺で、吉備氏一族初期段階の要点について簡単な総括を次のようにしておく。

①崇神朝の王権拡張過程にあって、大和王権のもと吉備地方次いで出雲に侵攻した吉備津彦兄弟に吉備氏と吉備の歴史が始まる。だから、「吉備王国」なぞ、幻想にすぎない。

②吉備氏の本宗は、当初は兄の吉備津彦（五十狭芹彦命）の流れである上道氏系統であったが、応神即位頃に本宗格は弟の稚武吉備津彦（彦狭島命）の流れの下道氏系統に替わった。『書紀』及び『新撰姓氏禄』の記事は、下道氏系統による系譜改編を早くにうけており、下道氏を中心とする現存の系譜記事は信頼できない部分がある（それより古い『古事記』や『旧事本紀』の記事を基礎に考える必要がある）。

③雄略朝になって下道氏系統、次いで上道氏系統が大和王権に対して叛意を見せたということで（そのことが理由、因縁づけとされて）、王権から討伐の対象となり、とくに上道氏系統への打撃が大きかった。

④吉備氏一族の勢力は五世紀後葉以降、大きく衰えていき、欽明朝には白猪屯倉が児島を含む吉備全域の各地に設置されて、中央王権の直轄支配を受け、その重要な屯倉となった。こうした事情のもとで、吉備氏一族から男女が朝廷に出仕したが、天武朝になって八色の姓で朝臣賜姓をうけたのは、下道・笠の両氏にすぎない。

⑤古代の吉備地方中央部に居た吉備の主要豪族については、一系ではなかったが、吉備を「氏族

連合国家」と考えるべきではない。吉備本系では「上道・賀陽」及び「下道」の二系統があり、これらとは異系の鴨族系の三野前国造の同族支流とみられる三野臣・笠臣の流れが並んであった。これら諸系には相互に頻繁な通婚があって、吉備氏統合に向けた動きともなったが、異系のほうでは別途、その祖先神祭祀もまだ残って見られる。

⑥吉備侵攻時に吉備津彦兄弟に随従した「犬・猿・雉」(これをトーテムとした部族諸氏)の後裔の諸氏も永く存続して、吉備津宮など関係諸社の祭祀に関与した。「桃太郎の鬼退治」伝承を無視しては、吉備も出雲も上古史の解明ができない。「猿・雉」に関連して上古の美濃国西部(三野前国造)からの影響もあり、「犬」は伊予との関係もあろう。

⑦本来は本宗であった上道氏が早くに没落したため、七世紀後葉からの『書紀』編纂に際しては、下道・笠両氏が主体で吉備氏関係の伝承を大きく変改・潤色したことに注意される(志田諄一氏にほぼ同旨)。『古事記』や『旧事本紀』は、その影響を受けていない。

⑧吉備氏の祖系を考えると、一族の神社・祭祀、吉備の地名や氏人の行動などから見て、大物主神の祭祀が強く出ており、吉備氏(本宗の上道・下道両氏)の実際の祖系が皇別ではなく、海神族系の磯城県主・三輪氏と同族支流に出た。なお、塩・鉄を治め、吉備平定伝承が高句麗の朱蒙王伝承と類似するなど、天孫族系とも思わせる面もあるが、この辺は系譜混雑の結果とみられる。

⑨吉備原住の温羅絡みとみられるマサキ神社・御崎神社や当初の備前一宮と伝える安仁神社については、史料が乏しく、これら祭祀の起こりや経緯、祭祀者がほとんど謎である。

吉備氏関係の多くの論考を改めて読み直して、基本的な立場は私見とかなり違うものの、志田諄一氏の論考に卓見をいくつか感じたことも付記しておく(とくに②⑦⑧について)。これは、志田氏が地元吉備の研究者ではないので、地元という制約（束縛、呪縛？）をうけずに冷静に研究対象を見たこと、著作『古代氏族の性格と伝承』にあるように、古代の主要諸氏を横断的に多く見て吉備氏を総合的に考察されたことなどに因るのであろう。

おわりに

吉備氏族の研究は難しいが、その中心となってきた地元岡山の研究者たちの果たしてきた役割に因る面もある。そこでは、戦後の津田史学の影響をうけてか、「吉備王国」論とか記紀における造作説、潤色説という見地に立っており、かつ部族連合地域国家という見方も総じて強かった。ところで、研究対象が吉備氏だからといって、その一族が古代に活動した地域は吉備地方に限られない。従来の吉備氏研究では、地域的な束縛を受け（当地の主導的学説に制約されてか）、地域的限定を脱し切れていない。それでは、実態把握は不十分である。吉備氏一族の活動範囲はもっと広く、出雲などの山陰道や全国に及んだから、吉備氏の果たした役割自体が低めにみられる方向につながる。また、史料が乏しいなかにあって、吉備地方などに残る様々な伝承・習俗や神事・祭祀の縁起も、無視されすぎている。中臣氏関係者等による『記・紀』潤色という見方を基本的に否定しても、下道氏などによる『書紀』成立前頃までの吉備関係の史実原型のなんらかの改編は認めざるをえない。

吉備氏では、上道本宗も下道本宗も後には血脈がおおいに衰え、中世では有力な武家がほとんど出なかった。そのせいか、関係する現存系図史料が乏しく、この分野でも検討が足りなかった。研究の大家太田亮博士でも、系図関係の誤解が多々見られる。そうなった主因は、『書紀』『姓氏録』の成立までに大幅に改編されていた初期段階の「吉備氏系図の一系化」に眩惑されたものか。太田博士の活動された時期では、戦後の考古学発展の成果がまだ認識されず、神祇研究にも乏しく、文献的アプローチでは吉備一系説の立場にあった。吉備の地域的特異性を踏まえ、現代的、総合的な視点からの検討が必要である。

吉備氏の系図を含む検討はきわめて難解である。これまでずいぶん迷い、見方を何度も変えながら検討したと実感する。現存の各種史料をなんとか寄せ集めても、質量ともに乏しい事情があって、原型把握がしきれていないかもしれない。その意味で、**資料編**に掲げる「吉備氏一族の系図試案」も、現段階での推論（特に上古部分）とお断りする。様々な分野での研究の進展を総合的に把握して、全体として整合的で、歴史の大きな流れに合う形で古代吉備の原像を探究する必要があり、本書はそうした試みの一つである。

最後に、本書作成にあたり、三野臣・賀陽臣氏などの各種史料では真鍋敏昭氏、越中関係の種々の史料・知見では木本秀樹・岸本雅敏両氏をはじめ、様々に示唆・知見を与えてくれた諸先学やご協力いただいた皆様に対して篤く感謝申し上げる次第である。

資料編

1　吉備氏一族の系図（試案）

第3図　吉備氏一族の系図（試案）

※一部推定を含む（とくに吉備氏関係初期段階部分）。

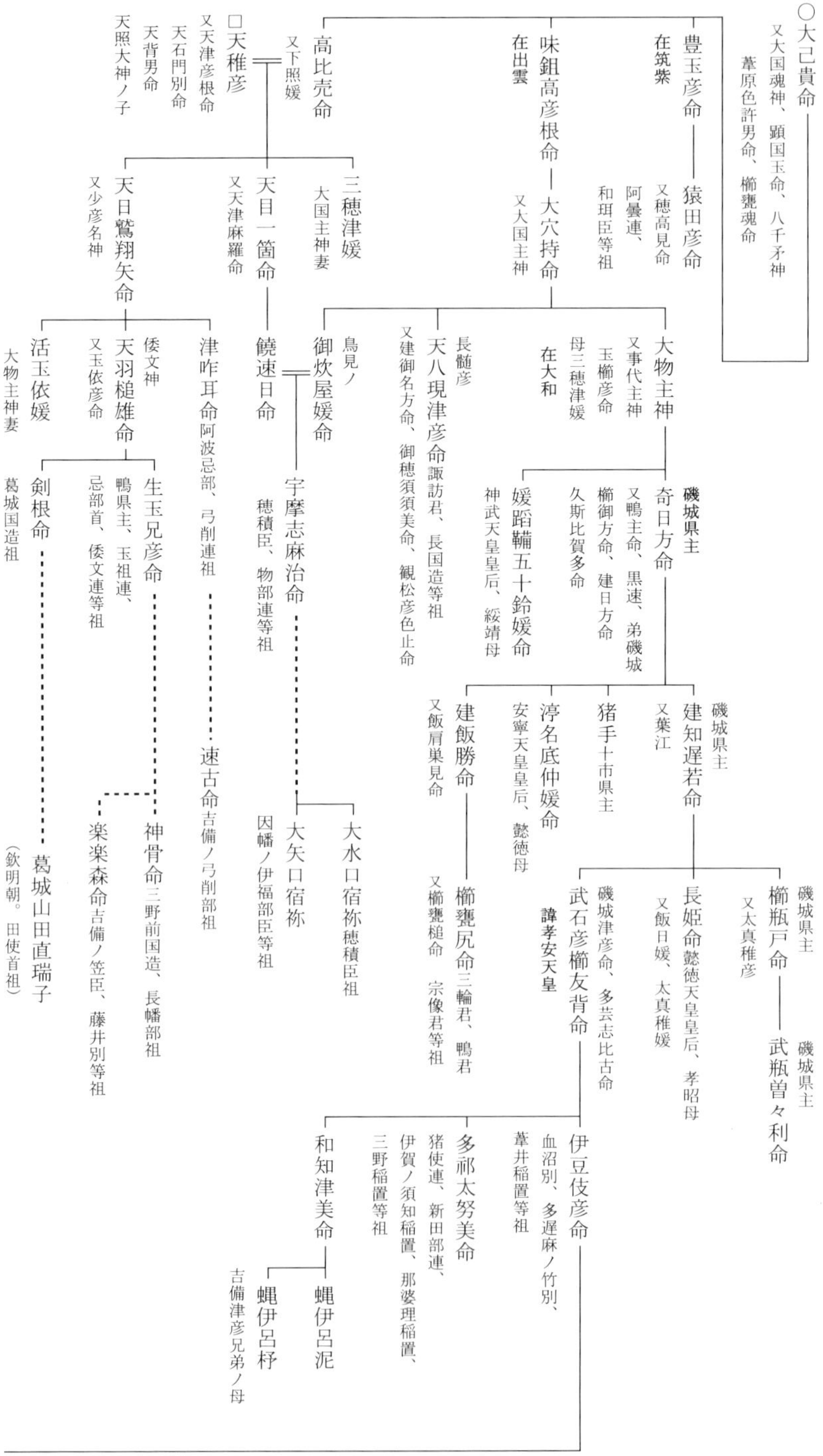

- 建豊歯頬別命
  - 彦坐命（丹波国造、竹野君、日下部連等祖）
    - 丹波道主命
      - 日葉酢媛（諱神功皇后）
        - 小甂媛（応神天皇皇后）
          - 矢田皇女 仁徳天皇皇后
    - 狭穂彦命 日下部連祖
    - 狭穂媛 垂仁天皇皇后（成務天皇皇后）
- 大吉備諸進命（又伊佐々別命 豊城入彦命）吉備・毛野氏族ノ祖
  - ○彦五十狭芹彦命（又吉備津彦 ＊兄弟は崇神朝に吉備侵攻）
    - 彦刺肩別命
      - 吉備武彦命
        - 浦凝別命
          - 曽乃能男命（中彦命）苑臣祖
            - 麻賀辺臣
              - 浮津臣
                - 宇都久志臣
          - 葦守武彦命（又蘆母里彦臣）
            - 稲生臣（又美根臣カ）上道臣祖
              - 田狭臣（又多佐）
                - 兄君臣
                - 弟君臣
          - 息長借鎌命（印南野臣等祖）
            - 豊川臣 賀陽臣祖
              - 真丹臣（賀陽国造）
              - 稚古臣
      - 意加部彦命 廬原国造祖
      - 穴戸武媛（倭建命妃）
      - 建功狭日命
        - 彦隅根命 利波臣等祖
        - 大田束命 角鹿国造祖
      - 菟名手命 国前臣祖ト伝
    - 女子 印南別嬢母（和珥氏ノ比古汝命妻）
  - ○彦狭島命（又稚武吉備津彦 橘入来宿祢 大入杵命）
    - 印南大郎女（景行天皇皇后 倭建命等母）
    - 稚古止男命
      - 御鋤友耳命
        - 御友別命（吉備国造）
          - 久米宇伎豆命（又宇都久志臣）
            - 草能男臣
              - 前津屋臣（又山臣ト同人カ）
          - 稲速別命（又饒別彦命カ 封川島県 下道臣祖）
            - 速津彦臣
              - 窪屋臣
              - 小梨臣
            - 押磐倉臣
              - 尾代臣
        - 兄媛 応神天皇妃
    - 弥麻狭比古命 牛鹿臣祖
    - 御諸別命（又八綱田命）
      - 荒田別命
        - 竹葉瀬命（上・下毛野君祖）
        - 田道命 止美首祖
    - 夏花命
      - 鹿我別命（浮田国造祖）
      - 表刀古命 物部君祖
    - 印南若郎女 又五十河媛（武貝児命妻、稲背彦命母、応神祖母）
    - 能美津彦命（能登国造祖）
  - 大吉備建媛（建緒組命妻、武貝児命母）

〔初期部分は全くの試案〕
□鴨族系統

- 楽楽森命（三野前国造同族）
  - 留玉臣命
    - 吉備兄彦命
      - 葛井命 吉備藤井別祖
        - ……藤井久任
    - 吉備弟彦命（三野臣祖）
      - 吉備根命
        - 速野別命
          - 真主臣
            - 水野臣
    - 鴨別命（笠臣祖、又小枚命カ）
      - 赤波爾命
        - 志摩命
          - 弓束臣
            - 三牧臣（笠国造 又県守）
  - 豊玉根命 鴬王カ（又栗坂富玉臣）伯岐国造・大島国造祖
- 高田姫（吉備津彦妻）

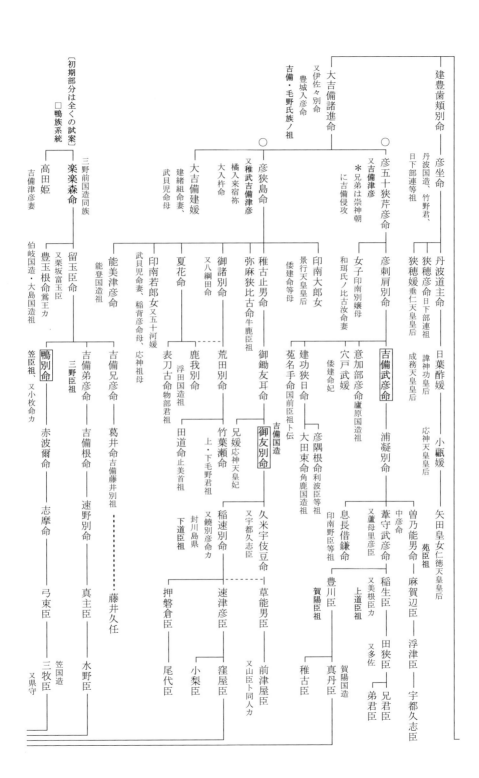

〈笠臣系〉

- 麻奈臣—頴人臣—真咋臣
  - 羽鳥臣
    - 垂（大化頃）
      - 麻呂 笠朝臣
        - 名麻呂
          - 道成女
          - 仲守
            - 継子 従三位
            - 年継
              - 年訓—広足—範子—
              - 西子女
        - 肥人
      - 御室—蓑麻呂—庭麻呂—広庭—豊興
        - 弘興—道興—
        - 遠子
      - 金村—賀古—山主
    - 諸石—長目—真足—江人
      - 梁麻呂—数道—高人
      - 出羽麿—金足—名高
        - 助文
        - 節文—
  - 猪手臣—乙足—三助—道引—黒麻呂—善足—河継—宗雄 若狭彦社祢宜

〈三野臣系〉

- 園部臣—倉富臣
  - 小狭手臣
    - 大嵓臣—広庭臣
    - 常葉臣—師形臣—国麻呂（三野郡擬大領 天武朝）—多美麿—植継—実詮
      - 重信—重信—貞道（大守祖）—
      - 重真—真宗—真貞
  - 磐田臣

〈下道臣・吉備朝臣系〉

- 津布子臣（武烈朝）—香斐臣（評督 宣化朝）—勝辺臣—鹿戸臣（推古朝）
  - 古瀬臣（舎人 舒明朝）—鹿瀬男（内舎人 天武御宇 改賜朝臣姓）
    - 圀勝
      - 由利
      - 真備 吉備朝臣
        - 泉（参議）
          - 全継
            - 有成
              - 氏継 備中権介—
              - 民淵
            - 友成
          - 当継—真吉 中監物従五位下
        - 与智麿
        - 書足
        - 稲万呂—時人—氏道—直材
      - 乙吉備
      - 真事
      - 広
    - 圀依
  - 建縫臣—大足（下道郡領）
    - 黒万呂
    - 長人 下道朝臣
  - 臈足（吉備岡田毘登）—間人—当継—稲城 吉備臣—氏成—文時—時友

- 厚勝
  - 列見—真国—武興（下道権大夫）—宗興—時生（都宇大夫）
    - 時信
      - 正雄（中田太郎、鎌倉殿安堵）—宗雄—宗季
        - 正季—道季—宗久 断絶 船上参上
        - 正共 横谷二郎
          - 正光—正資—
          - 郷光 帯江四郎
      - 正康 矢部三郎
    - 時長
  - 兼勝—兼健 今津太郎
- 厚本—陸道 左衛門尉

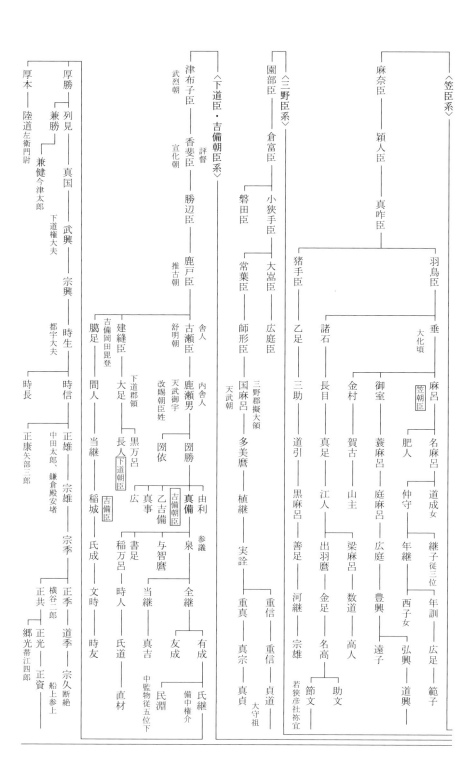

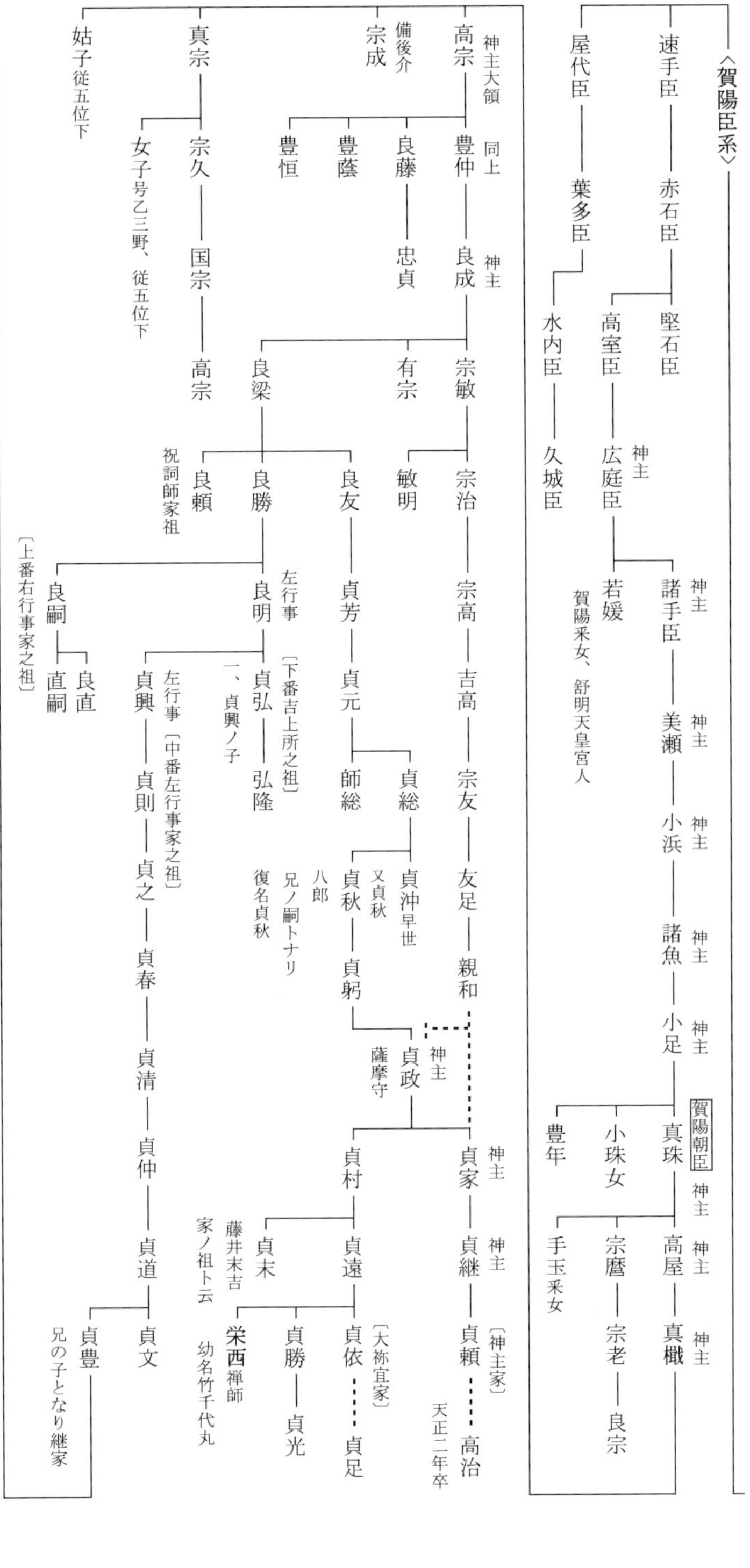

〔備考〕本試案では、下道・賀陽及び笠・三野の四系について世代をほぼ対応させて記載している。すなわち、第二葉は概ね崇神朝頃男～雄略朝頃の期間第三・第四葉では各系が継体朝頃から始まり、下道（吉備）系は南北朝時代初期、賀陽系は室町前期まで及んでいる。

2 吉備氏一族から出た姓氏と苗字

吉備氏族概説

○吉備氏族の祖たる吉備津彦・稚武彦兄弟の父も含め、吉備一族の祖先や初期の同族系譜は極めて難解である。結論的には、記紀のいう孝霊天皇後裔とすることは疑問が大きい。

吉備氏族が天孫族系統から出たとも当初は考えた。再考して、吉備領域の境界地帯や域内に多数の竜王山があり、神（ミワ）系の祭祀・地名も吉備には多く、能登・毛野氏族との類縁性がむしろ重視される。吉備の現存系譜は、『書紀』『姓氏録』を含めて平安初期までに、原型からかなり離れた形で史実が改定された可能性が大きい。

○稚武彦命の実名は彦狭島命とされる。その父を大吉備諸進命（『記』に孝安天皇の子、孝霊天皇の兄弟と記す）ともするが、稚武彦命の兄・吉備津彦命と大吉備諸進命との関係は、吉備津彦の実名の彦五十狭芹命で「イサセリ」は「諸進」の意味に通じ、本来は同人か。その妹・大吉備建比売は建緒組命の妻となり武貝児命（後の皇統や讃岐国造等の祖）を生んだ。

吉備津彦・稚武彦兄弟の実際の祖系は、能登・毛野氏族や彦坐王と近い親族関係があった。この氏族が大王族や磯城県主族と密接な親族姻族関係をもった事情から見て、吉備地方古来の氏族ではなく、大和から播磨西部を基地に吉備地方に進出したとみられる。
○吉備における部族連合という形態から同一先祖をもつ形で吉備系譜を架上・造作したという系譜擬制説は、吉備一族諸氏が本来は一系ではなかったという点では妥当しよう。
吉備地方の大古墳などからみると、崇神朝に吉備津彦・稚武彦兄弟が入って吉備をほぼ押さえ、兄の系統が吉備臣、後に上道氏として主として備前地域に、弟の系統が下道氏として主として備中地域にあった。このように、最初から二系統であったのが、本来の本宗たる上道系統の衰えとともに、後に下道系統のほうに併せて吉備氏の系譜統合がなされた。これに、本来は異系の天孫系であった三野・笠の系統も付加され一系となった。
○吉備一族は大化前代にはかなり弱体化していたが、それでも奈良朝後期には右大臣吉備朝臣真備・参議刑部卿泉親子などの上級官人を出した。平安中期頃までは下級武官として播磨の宇自可臣一族も見える。笠臣のほか、吉備同族で笠朝臣姓を賜った例（もとの姓が三財部毘登、印南野臣、宇自可臣、三尾臣）がいくつか見られる。吉備の地元では、平安期以降は、吉備津彦神社等の神官として賀陽氏などが細々と続いたにすぎない。
○吉備一族で国造として残ったものには、本国吉備地方の上道国造（備前国上道郡）、下道国造（備中国下道郡）、加夜国造（備中国賀夜郡）、三野国造（備前国御野郡）、笠国造（備中国小田郡）のほか、盧原国造（駿河国盧原郡）、角鹿国造（越前国敦賀郡）、伊弥頭国造（越中国射水郡）ある。吉備地方の国造は本来、吉備国造一つ（ないし吉備上道・吉備下道の二つ）であったのが、数次の反乱などの影響を受けて分割された。盧原・角鹿・伊弥頭の諸国造など東国・北陸の吉備一族は、日本武尊の東国遠征に随従した吉備武彦の子弟が遠征路上に置かれたのが起源。九州の国前国造（豊後国国埼郡）、葦分国造（肥後国葦北郡）も吉備一族というが、吉備氏族として疑問もあり、様々な見地から十分な検討を要する。

○吉備氏族とされる姓氏及びそれから発生した主な苗字をあげると次の通り。吉備氏一族には異系統の諸氏も混在するが、主に吉備臣一族をとりあげる。

(1)吉備播磨関係……吉備氏族の本拠地の吉備各地に繁衍したほか、吉備への進出基地たる播磨には、飾磨郡に牛鹿臣、印南郡に印南野臣が残った。

吉備臣（鳥越―備中国小田郡の式内鵜江神社大祝、下道国造後裔との所伝も疑問ありか）、吉備朝臣（録・左京。妹尾〔瀬尾〕―備中国都宇郡人、美作にも分る。下道、中田、今津、野寄、矢部、帯江―備中住の妹尾一族。横谷、長谷川―石州人）、下道臣、下道朝臣（録・左京）、上道臣（本郷―備前の高蔵神社祠官）、上道朝臣（上道―加賀国石川郡の白山本宮神主。その嫡家を笠間、支庶に寺井、宮保、宮丸、米永、柏野、今江―同上族で加賀・石川郡を中心に加越に住。以上の白山祠官一族には道君〔阿倍氏族と称するが、実際には越国造同族〕の後裔説もあり〔上道君か〕、このほうが妥当か。後藤―備前人）。

賀陽臣、賀陽朝臣（賀陽―備中一宮吉備津神社祢宜家。江国―同上族）、賀陽宿祢（周防在庁に見）。永山・清水も同族で賀陽姓と伝える。

苑臣（薗臣）、苑直、白髪部臣、白髪部、真髪部（録・右京。中世武士の真壁は末裔か）、岡田毘登、吉備臣（録・右京。河内の岡田毘登の改姓）、三財部毘登、津臣、建部臣、蝮壬部臣（蝮壬臣、蝮臣。阿哲郡の中世武士、多治部〔多治目〕・安本・漆原の一族は末裔か）、蝮部宿祢（多治部宿祢）、生部臣、椋椅部首（録・和泉未定雑姓）。

吉備同族に直姓があった場合、備中国窪屋郡御簀郷の語直も吉備一族か。備前国上道郡財田郷の財田直（前川―同郡人、財田朝臣と称。税所―上道郡人）・財田忌寸も、同様に吉備一族の可能性もあるが、他の氏族（鏡作連ないしは久米氏族、吉備弓削部の同族の可能性）も考える。白猪屯倉に因む白猪臣・三宅臣・大庭臣や、備前国上道郡日下郷に因む日下部臣（安原―備中人、称源姓。同国窪屋郡の大族石川氏は吉備津神社の社務代職を請け負ったが、安原一族か）も吉備一族か。

播磨に起こる宇自可臣（牛鹿臣。録・右京）、春庭宿祢、宇志賀宿祢、馬養造、印南野臣、賀祜臣。牛鹿首や河内に見える牛鹿部も同族か。

父系で見れば実際には吉備氏と異系とみられるのが、笠臣（録・右京。備中国後月郡の笠原は族裔か。分れて早雲に従い関東下向、武州橘花郡小机住。その一族に富川）、笠朝臣（録・右京。笠―備中人、筑前にもあり。守矢。牟久―若狭国若狭彦社祢宜、常陸に分る）、笠宿祢、笠新羅木臣（笠新羅臣）、笠難波臣、三野臣（美濃、大守〔大森〕―備前国三野郡人、吉備津宮社家。木村、辻、森下、高塚、大石、庭瀬、大村、高松―備前人）。

備中国小田郡の小田臣・小田朝臣は、笠臣と同族とみられ、中世の小田氏は同郡矢掛に居城。中世の同郡笠岡山の大族で大江姓とも称する陶山氏は、小田郡陶山邑に起り、小田臣ないし笠臣の族裔か。陶山の一族に杉・田辺・原・高辻のほか、備後国深安郡の坪生。

吉備津彦命の吉備平定の際、これに従った留玉臣命（遣霊彦命、置玉彦命）か関係者の後の中田古名命の後裔に鳥飼部（鳥取部）があり、同じく留霊臣命後裔と伝える堀家（堀毛）氏は姓氏不明も、備中吉備津彦神社の有力祠官で神饌を司る御供座であった。同社祠官の河本も姓氏不明で叔奈麿後裔といい、古くより神楽座を組織した伶人で、美作にも多く分布した。吉備弓削部（あるいは久米氏族）の出か。両氏ともに古代吉備の土豪神の裔という。

吉備の首姓諸氏は吉備津彦従者の後裔か。白髪部首（備中国窪屋郡白髪部郷）、矢田部首（同下道郡八田郷）、軽部首・私部首（同窪屋郡）、生部首（同賀陽郡）、服部首（同都宇郡）。

(2)北陸東海関係……倭建命遠征に随行して、その路程の東海・越等に留まった一族である。越中の利波臣・射水臣は武内宿祢後裔と称し、遊部君は垂仁天皇後裔と称するが、ともに実際には角鹿国造の同族とみられる。駿河の廬原公も吉備氏族の出であった。

角鹿直（敦賀直）、角鹿朝臣（角鹿、鶴岡、気比―越前国敦賀郡気比神社祠官。島―気比摂社の角鹿神社社家）、角鹿宿祢、角鹿ノ海直。気比社の社家衆で室町期以降に見える平松、宮内、長屋、石蔵、比田の諸氏は、角鹿国造族裔か。斯波家重臣で、室町中期まで敦賀郡代職を独占の甲斐氏は系譜不明も同族か。同社家の河端、石塚は大中臣姓で見える。

利波臣（石黒―越中国砺波郡人、称藤原姓。長谷川―尾張国春日井郡人、石黒支流。福満〔福光〕、高楯、井口、泉、太見、河上、弘瀬、坊坂―石黒一族で砺波・射水郡人。荒井、中田―射水郡人で石黒末流。千国〔千石〕、福田、向田、水巻、野尻、鴨島〔加茂島〕、蟹谷、吉田―砺波・射水郡人、これら諸氏はあるいは射水臣姓か。砺波郡雄神神社神主の藤井は利波姓といわれる。中村、池田はこの姓か遊部君姓）、射水臣（伊弥頭臣。宮崎―越中新川郡人。入善〔入膳〕、別府、南保、佐美（佐見）―宮崎一族、あるいは新川臣姓か。黒田、山吹―信濃国伊那郡人、宮崎一族。射水郡櫛田神社神主山本氏は射水姓といわれる）、射水宿祢、三尾臣（この流れにも笠朝臣あり）、遊部君（遊部、赤祖父―越中人)、池田君(池田―越前国今立郡人)、坂井君(坂井―越前国坂井郡人、斯波に従い尾張に分れ小守護となる)、大伴君(越後国沼垂柵造。射水郡射水神社の古来からの神主関氏は、伴宿祢姓と称するが、射水同族か。その場合の姓は不明。関一族の厚見氏は江戸期、金沢の卯辰山八幡宮神主家)、大伴臣(越中国新川郡領)。

廬原公(五百原公。録・右京)、廬原朝臣(菴原〔庵原〕、茶谷―駿河国庵原郡人。岡部、藤枝―同国志太郡人)。廬原郡の南隣有度郡の郡領家有度君や有度部も同族か。為憲流藤原氏と称する諸氏のなかに、入江・岡部・蒲原など廬原君・有度君の族裔が多く混入したか。とくに岡部〔岡辺〕庶流に興津〔沖津〕、庵原、岩原など。

(3)九州関係……「国造本紀」には、九州で吉備一族の三井根子命後裔と称する国前国造及び葦分国造があげられるが、系譜的には十分な検討を要する。景行天皇の九州巡狩随行に起源があり、これにより勢力を扶植したものか。国前国造は豊後の国東半島あたりを領域とし、葦分国造は肥後南部、後に南方の薩隅地方にも展開した。これらが上記所伝通り吉備一族としたら、笠臣と同族かとも思われるが、多氏族と称する肥国造や宇佐氏族とも密接な関係を有した(関係諸氏は、本シリーズ『息長氏』巻末に掲載の記事を参照のこと)。

【著者】

宝賀　寿男（ほうが・としお）

昭和21年（1946）生まれ。東大法卒。大蔵省を経て、弁護士。古代史、古代氏族の研究に取り組み、日本家系図学会会長、家系研究協議会会長などを務める。

著書に『古代氏族系譜集成』（古代氏族研究会、1986年）、『巨大古墳と古代王統譜』（青垣出版、2005年）、『「神武東征」の原像』（青垣出版、2006年）、『神功皇后と天日矛の伝承』（法令出版、2008年）、『越と出雲の夜明け』（法令出版、2009年）、『豊臣秀吉の系図学』（桃山堂、2014年）など、著作・論考が多数。

「古代氏族の研究」シリーズは『和珥氏—中国江南から来た海神族の流れ』（2012年３月刊）、『葛城氏—武内宿祢後裔の宗族』（2012年10月刊）、『阿倍氏—四道将軍の後裔たち』（2013年３月刊）、『大伴氏—列島原住民の流れを汲む名流武門』（2013年10月刊）、『中臣氏—卜占を担った古代占部の後裔』（2014年５月刊）、『息長氏—大王を輩出した鍛冶氏族』（2014年11月刊）、『三輪氏—大物主神の祭祀者』（2015年８月刊）、『物部氏—剣神奉斎の軍事大族』（2016年３月刊）に続いて９作目。

古代氏族の研究⑨

吉備氏—桃太郎伝承をもつ地方大族

２０１６年１１月２４日　初版印刷
２０１６年１２月　８日　初版発行

著者　宝賀寿男
発行者　靏井忠義

発行所　有限会社　青垣出版
〒636-0246 奈良県磯城郡田原本町千代３８７の６
電話 0744-34-3838　Fax 0744-47-4625
e-mail　wanokuni@nifty.com
http://book.geocities.jp/aogaki_wanokuni/index.html

発売元　株式会社　星雲社
〒112-0005 東京都文京区水道１－３－３０
電話 03-3868-3275 Fax 03-3868-6588

印刷所　互恵印刷株式会社

printed in Japan　ISBN 978-4-434-22657-1

青垣出版の本

「神武東征」の原像

ISBN978-4-434-08535-2

宝賀 寿男著

神武伝承の合理的解釈。「神話と史実の間」を探究、イワレヒコの実像に迫る。

Ａ５判３４０ページ　本体2,０００円

巨大古墳と古代王統譜

ISBN978-4-434-06960-8

宝賀 寿男著

巨大古墳の被葬者が文献に登場していないはずがない。全国各地の巨大古墳の被葬者を徹底解明。

四六判３１２ページ　本体１,９００円

奈良の古代文化①

纒向遺跡と桜井茶臼山古墳

ISBN978-4-434-15034-0

奈良の古代文化研究会編

大型建物跡と２００キロの水銀朱。大量の東海系土器。初期ヤマト王権の謎を秘める２遺跡を徹底解説。

Ａ５変形判１６８ページ　本体１,２００円

奈良の古代文化②

斉明女帝と狂心渠《たぶれごころのみぞ》

ISBN978-4-434-16686-0

靏井 忠義著
奈良の古代文化研究会編

「狂乱の斉明朝」は「若さあふれる建設の時代」だった。百済大寺、亀形石造物、牽牛子塚の謎にも迫る。

Ａ５判変形１７８ページ　本体１,２００円

奈良の古代文化③

論考 邪馬台国＆ヤマト王権

ISBN987-4-434-17228-1

奈良の古代文化研究会編

「箸墓は鏡と剣」など、日本国家の起源にまつわる５編を収載。

Ａ５判変形１８４ページ　本体１,２００円

奈良の古代文化④

天文で解ける箸墓古墳の謎

ISBN978-4-434-20227-8

豆板 敏男著
奈良の古代文化研究会編

箸墓古墳の位置、向き、大きさ、形、そして被葬者。すべての謎を解く鍵は星空にあった。日・月・星の天文にあった。

Ａ５判変形２１５ページ　本体１,３００円

奈良の古代文化⑤

記紀万葉歌の大和川

ISBN978-4-434-20620-7

松本 武夫著
奈良の古代文化研究会編

古代大和を育んだ母なる川―大和川（泊瀬川、曽我川、佐保川、富雄川、布留川、倉橋川、飛鳥川、臣勢川…）の歌謡（うた）。

Ａ５判変形１７８ページ　本体１,２００円

青垣出版の本

古代氏族の研究①　ISBN978-4-434-16411-8

和珥氏—中国江南から来た海神族の流れ

宝賀 寿男著

大和盆地北部、近江を拠点に、春日、粟田、大宅などに分流。

Ａ５判１４６ページ　本体1,２００円

古代氏族の研究②　ISBN978-4-434-17093-5

葛城氏—武内宿祢後裔の宗族

宝賀 寿男著

大和葛城地方を本拠とした大氏族。山城の加茂氏、東海の尾張氏も一族。

Ａ５判１３８ページ　本体1,２００円

古代氏族の研究③　ISBN978-4-434-17675-3

阿倍氏—四道将軍の後裔たち

宝賀 寿男著

北陸道に派遣され、埼玉稲荷山古墳鉄剣銘にも名が見える大彦命を祖とする大氏族。

Ａ５判１４６ページ　本体1,２００円

古代氏族の研究④　ISBN978-4-434-18341-6

大伴氏—列島原住民の流れを汲む名流武門

宝賀 寿男著

神話の時代から登場する名流武門のルーツと末裔。金村、旅人、家持ら多彩な人材を輩出。

Ａ５判１６８ページ　本体1,２００円

古代氏族の研究⑤　ISBN978-4-434-19116-9

中臣氏—卜占を担った古代占部の後裔

宝賀 寿男著

大化改新（645年）の中臣鎌足が藤原の姓を賜って以来、一族は政治・文化の中枢を占め続けた。

Ａ５判１７８ページ　本体1,２００円

古代氏族の研究⑥　ISBN978-4-434-19823-6

息長氏—大王を輩出した鍛冶氏族

宝賀 寿男著

雄略、継体、天武ら古代史の英雄はなぜか、息長氏につながる。「もう一つの皇統譜」の謎に迫る。

Ａ５判２１２ページ　本体1,４００円

古代氏族の研究⑦　ISBN978-4-434-20825-6

三輪氏—大物主神の祭祀者

宝賀 寿男著

大和王権発祥の地で三輪山を祭祀。大物主神の後裔氏族とされる。

Ａ５判２０６ページ　本体1,３００円

古代氏族の研究⑧　ISBN978-4-434-21768-5

物部氏—剣神奉斎の軍事大族

宝賀 寿男著

ニギハヤヒノミコトを祖神とし、神武東征以前に河内の哮峰《いかるがみね》に天磐船《あまのいわふね》で降臨したと伝承。同族諸氏最多、全国に広がる。

Ａ５判２６４ページ　本体1,６００円